数字经济与高质量发展丛书

数据赋能：
激发新质生产力的数据要素

王志刚　著

中国商务出版社

·北京·

图书在版编目（CIP）数据

数据赋能：激发新质生产力的数据要素 = Data Empowerment: Igniting New Quality Productivity with Data Elements / 王志刚著. -- 北京：中国商务出版社，2025. --（数字经济与高质量发展丛书）.
ISBN 978-7-5103-5620-9

Ⅰ. F120.2；TP274

中国国家版本馆CIP数据核字第20258AS516号

数字经济与高质量发展丛书

数据赋能：激发新质生产力的数据要素

SHUJU FUNENG：JIFA XINZHI SHENGCHANLI DE SHUJU YAOSU

王志刚　著

出版发行：中国商务出版社有限公司
地　　址：北京市东城区安定门外大街东后巷28号　　邮编：　100710
网　　址：http://www.cctpress.com
联系电话：010-64515150（发行部）　010-64212247（总编室）
　　　　　010-64243016（事业部）　010-64248236（印制部）
策划编辑：刘文捷
责任编辑：刘　豪
排　　版：德州华朔广告有限公司
印　　刷：北京建宏印刷有限公司
开　　本：787毫米×1092毫米　1/16
印　　张：14.75　　　　　　　　　　字　　数：264千字
版　　次：2025年6月第1版　　　　印　　次：2025年6月第1次印刷
书　　号：ISBN 978-7-5103-5620-9
定　　价：78.00元

丛书编委会

主　　编　王春枝

副 主 编　米国芳　郭亚帆

编　　委（按姓氏笔画排序）

王志刚　王春枝　刘　阳　刘　佳　米国芳　许　岩

孙春花　陈志芳　赵晓阳　郭亚帆　海小辉

序 一

自人类社会进入信息时代以来，数字技术的快速发展和广泛应用衍生出数字经济。与农耕时代的农业经济，以及工业时代的工业经济大有不同，数字经济是一种新的经济、新的动能、新的业态，其发展引发了社会和经济的整体性深刻变革。

数字经济的根本特征在于信息通信技术应用所产生的连接、共享与融合。数字经济是互联经济，伴随着互联网技术的发展，人网互联、物网互联、物物互联将最终实现价值互联。数字经济是共享经济，信息通信技术的运用实现了价值链条的重构，使价值更加合理、公平、高效地得到分配。数字经济也是融合经济，通过线上线下、软件硬件、虚拟现实等多种方式实现价值的融合。

现阶段，数字化的技术、商品与服务不仅在向传统产业进行多方向、多层面与多链条的加速渗透，即产业数字化；同时也在推动诸如互联网数据中心建设与服务等数字产业链和产业集群的不断发展壮大，即数字产业化。

近年来，我国深入实施数字经济发展战略，不断完善数字基础设施，加快培育新业态新模式，数字经济发展取得了显著成效。当前，面对我国经济有效需求不足、部分行业产能过剩、国内大循环存在堵点、外部环境复杂严峻等不利局面，发展数字经济是引领经济转型升级的重要着力点，数字经济已成为驱动中国经济实现高质量发展的重要引擎，数字经济所催生出的各种新业态，也将成为中国经济新的重要增长点。

为深入揭示数字经济对国民经济各行各业的数量影响关系，内蒙古财经大学统计与数学学院组织撰写了"数字经济与高质量发展丛书"。本系列丛书共11部，研究内容涉及数字经济对双循环联动、经济高质量发展、碳减排、工业经济绿色转型、产业结构优化升级、消费结构升级、公共转移支付缓解相对贫困等领域的赋能效应。

丛书的鲜明特点是运用统计学和计量经济学等量化分析方法。统计学作为一门方法论科学，通过对社会各领域涌现的海量数据和信息的挖掘与处理，于不确定性的万事万物中发现确定性，为人类提供洞见世界的窗口以及认识社会生活独特的视角与智慧，任何与数据相关的科学都有统计学的应用。计量经济学是运用数理统计学方法研究经济变量之间因果关系的经济学科，在社会科学领域中有着越来越广泛的应用。本套丛书运用多种统计学及计量经济学模型与方法，视野独特，观点新颖，方法科学，结论可靠，可作为财经类院校统计学专业教师、本科生与研究生科学研究与教学案例使用，同时也可为青年学者学习统计方法及研究经济社会等问题提供参考。

本套丛书在编写过程中参考与引用了大量国内外同行专家的研究成果，在此深表谢意。丛书的出版得到内蒙古财经大学的资助和中国商务出版社的鼎力支持，在此一并感谢。受作者自身学识与视野所限，文中观点与方法难免存在不足，敬请广大读者批评指正。

丛书编委会

2023 年 9 月 30 日

序 二 ➤

朱建平*

纵观人类文明的长河，每一次生产力的跃迁，都伴随着关键生产要素的深刻变革。从蒸汽机的轰鸣叩响工业时代的大门，到电力的普及点亮现代文明的灯塔，再到计算机的诞生与互联网的互联编织起信息世界的经纬，我们如今正站在一个新的门槛前——以数据为核心驱动力的新纪元已然在望。

作为一名在统计领域耕耘多年的工作者，我深切地感受到，数据要素的崛起绝非仅仅是技术曲线上的又一次平滑延伸，它是一场静水深流却又波澜壮阔的革命，正悄然重塑着我们的生产逻辑、社会结构，乃至学科自身的基础。《数据赋能：激发新质生产力的数据要素》一书，恰逢其时，为这场深刻的变革提供了系统性的理论支撑与实践路径。

回望传统统计学，我们常将数据视为映照现实世界的"镜像"，通过精心设计的抽样、严谨的建模与审慎的推断，力图揭示隐藏在现象背后的客观规律——这是一种基于"样本"去理解"总体"的智慧。然而，时至今日，数据早已超越了工具的范畴，它本身已然升华为直接参与价值创造的、不可或缺的核心生产要素。本书敏锐地捕捉到了这一根本性的质变：数据要素所固有的非竞争性、可复制性、边际成本递减乃至边际效用递增的特性，使其在智能制造、个性化服务、智慧城市等诸多领域，展现出惊人的、指数级的价值增殖能力。书中以工业物联网实时优

---

*朱建平，厦门大学管理学院教授、博士生导师，厦门大学健康医疗大数据国家研究院副院长，厦门大学数据挖掘研究中心主任，国家社科基金重大项目首席专家，入选教育部"新世纪优秀人才支持计划"，获评福建省哲学社会科学领军人才。曾任第八届、第九届中国统计学会副会长。

化为例，生动地印证了数据要素如何从被动的分析对象，蜕变为主动驱动生产流程优化的生产力载体，同时也清晰地揭示了统计学这门学科，正经历着从"传统方法论"向"数据驱动的现代方法论"的深刻蜕变。

这场变革对统计学者而言，既是机遇，更是挑战。它不仅要求我们掌握流式数据处理、实时分析等新的技术技能，更迫使我们直面统计学科根基的深层革命。我们熟稔的传统假设检验中的显著性阈值，在实时、动态的数据流场景下，正越来越多地被机器学习中的异常检测、模式识别所补充甚至部分替代；抽样调查中曾奉为圭臬的随机性原则，在全员数据或大规模数据集的支持下，其应用场景与内涵也在发生演变，转向了对长尾需求、细分市场的精准洞察。书中深入浅出介绍的隐私计算、联邦学习等前沿领域，正是统计学理论框架在数据要素时代，为了适应数据所有权、隐私保护等新现实而做出的必要延伸与智慧拓展。当数据要素与资本、劳动力等传统生产要素交织融合，产生乘数乃至指数效应时，经典的柯布-道格拉斯生产函数已显得力不从心，难以解释数据要素边际收益递增的独特属性。书中关于"数据驱动的服务创新""数据管理与资源优化"等章节，明确地昭示着统计学家必须勇于超越传统回归分析的舒适区，积极拥抱复杂网络分析、因果推断、机器学习等新工具、新范式，方能更精准地量化数据要素在复杂系统协同价值创造中的真实贡献与独特作用。

《数据赋能：激发新质生产力的数据要素》一书的价值，不止于理论的构建与体系的完善，其更鲜明的特色在于那份强烈的实践导向。从制造业生产线的质量控制优化，到现代服务业商业模式的颠覆性创新；从微观企业基于数据的精准决策与风险控制，到宏观层面基于大数据的经济结构转型研判，书中通过丰富而鲜活的案例，印证了统计学已不再是束之高阁、仅存于实验室中的精密仪器，它已然化作撬动产业变革、激发经济活力的有力杠杆。在数据要素日益成为重塑全球竞争格局关键变量的今天，本书既是为身处一线的统计从业者、数据科学家们量身打造的一本实践指南，也是向整个学术界发出的一个充满诚意的创新邀请。

序 三

杭栓柱*

作为长期关注数字经济发展的学者，当看到《数据赋能：激发新质生产力的数据要素》一书的清样时，我就被这题目吸引住了。在通读完全书后，深感其重大的理论价值与指导实践的意义，这是一部具有极强创新性、专业性的论著，它立意宏大、观点新颖、逻辑严谨、表达流畅，字里行间反映出作者深厚的学术底蕴，透露着年轻学者的不懈追求。全书不仅系统梳理了数据要素的基本内涵，分析了数据赋能的影响与机理，提出了对传统经济理论与实践治理的挑战，更为我们理解数字经济时代的运行规律提供了分析框架。在此，我不由得想从专业角度分享以下几点收获，尽管不是全部。

通读全书，首先感受到的浓浓气息是，数据要素正带来的系列变革。回顾经济学发展历程，生产要素理论始终随着技术的进步而演进。从亚当·斯密强调劳动分工，到马歇尔将组织纳入生产要素，再到索洛强调技术进步对经济增长的决定性作用，每一次理论突破都反映了当时的生产力发展水平。当前，在新一轮科技革命和产业变革深入发展的时期，数据要素正在引发更为深刻的变革，这种颠覆性的变革，正在迅速改变生产函数的边界，成为发展新质生产力的关键变量。数据要素具有典型的非竞争性，打破了传统生产要素的边际收益递减规律。以网约车平台为

*杭栓柱，内蒙古自治区有突出贡献的中青年专家，享受国务院政府特殊津贴专家，"改革开放30年内蒙古最具影响力经济人物""改革开放30年内蒙古先锋人物"。曾任内蒙古自治区发展研究中心（内蒙古自治区经济信息中心）党委书记、主任，内蒙古自治区社会科学界联合会主席、党组书记。

例，其通过实时数据匹配实现的效率提升，已经超出了传统规模经济的解释范畴。平台经济中常见的"赢者通吃"现象，正是数据要素网络效应的具体体现，这促使我们不得不重新思考生产函数的基本形式。

《数据赋能：激发新质生产力的数据要素》一书告诉我们，全球价值链重构是数据要素影响的重要维度之一。传统比较优势理论难以解释发展中国家在数字经济时代的崛起。作者的实证研究表明，依托人口规模形成的数据资源优势，正在帮助发展中国家突破困境，开启发展新篇。中国的数字产业化和产业数字化加速发展，制造业的数字化转型正展现出独特优势，工业互联网平台的兴起使得制造业企业能够基于实时数据很好地进行精准决策，大幅提升了运营效率。书中以蚂蚁集团等数字支付平台的发展历程为例生动说明，数据要素可以成为后发国家实现技术赶超的重要杠杆。同时值得注意的是，数据要素正在改变国际贸易的传统模式，服务贸易的数字化程度不断提高，跨境数据流动的价值创造效应日益凸显。以软件服务外包为例，印度企业凭借其英语优势和工程师资源，通过云端协作平台为全球客户提供服务，这种新型贸易模式完全突破了地理空间的限制。

与理论的创新同样难能可贵的是在方法论层面，《数据赋能：激发新质生产力的数据要素》一书传递出的信息需要引起高度关注，数据要素的特性要求我们突破传统经济学的均衡分析框架。作者通过研究发现，数据要素定价呈现出独特现象，这与传统商品的边际成本定价形成鲜明对比。书中引用了大量案例，这些实证研究的结论共同表明：数据要素价值随着规模增长而放大。这种现象在人工智能领域表现得尤为明显，训练数据量的增加往往带来模型性能的质的飞跃。这些发现具有重要的方法论意义，将指导数据要素市场化运作理论的建构，例如在数据交易所的定价机制设计中，需要考虑数据要素的这种特殊价值规律，避免简单套用传统商品的定价方法。

在方法论上，从更宏观的视角来看，《数据赋能：激发新质生产力的数据要素》一书的结论是，数据要素的兴起正在推动经济学研究范式的转变。传统经济学建立在"稀缺性"假设基础上，而数据要素在一定程度上突破了这一约束。同时，数据要素的网络效应使得经济系统呈现出更多复杂系统的特征。这些变化要求经济学家们突破传统思维定式，在研究方法上进行创新。例如，可能需要更多地运用大数据分析、复杂网络建模等新方法，才能准确把握数字经济运行的规律。

《数据赋能：激发新质生产力的数据要素》的价值不仅在于数据要素研究的理论与方法上的创新，而且也在于其指导实践的意义与贡献。特别是书中提出的"数据治理"理念，既体现了对效率的追求，也兼顾了公平考量，为构建数字时代的治理体系提供了重要思路。从政策实践来看，各国正在积极探索数据治理的有效模式和形成不同的路径。欧盟通过《通用数据保护条例》强调个人数据权利保护。中国注重在发展中解决问题，通过"数据要素市场化配置改革"等举措推动数据要素的价值释放。这些不同的实践模式反映了各国数字经济发展阶段的差异，也为比较制度研究提供了丰富素材。从不同路径的国际比较来看，各国在数据要素发展治理方面采取了不同策略，美国更强调市场主导，欧盟注重规则先行，中国则采取更加平衡的发展路径。这些不同的实践也为理论研究带来了多元化的案例选项，特别是在跨境数据流动规则方面，各国的主张存在明显差异，这反映了数字时代国家竞争的新态势，因此如何在维护数据主权的同时促进国际合作，成为全球数字治理的重要议题。当然在数据治理上，同样需要关注的是，由于数据要素的发展正在重塑产业组织形态而带来对监管的挑战。平台企业的崛起就是一个典型例证。这些企业通过构建数据驱动的生态系统，正在改变传统的产业边界和组织形式。从理论上看，这既挑战了传统的企业边界理论，也为理解数字经济时代的组织演进提供了新的观察窗口。在实践中，如何既发挥平台经济的创新活力，又防范可能的市场垄断风险，成为各国监管者面临的重要课题。

《数据赋能：激发新质生产力的数据要素》也对未来发展作出了展望。从长期发展趋势来看，数据要素将为经济增长源源不断地注入新的动力。作者的研究表明，数据要素对全要素生产率的提升作用在未来将不断增强。过去几年，特别是在疫情防控期间，数字技术的广泛应用充分展现了数据要素的韧性价值。未来，随着5G、人工智能等新一代信息技术的发展，数据要素的价值创造潜力还将得到进一步释放。这就要求我们与时俱进地完善数据要素市场体系，健全数据交易规则，优化数据要素配置效率。

总的来看，《数据赋能：激发新质生产力的数据要素》这部著作的出版恰逢其时。本书从生产要素理论的突破到全球价值链的重构，从产权制度的创新到复杂系统方法的应用，为理解数字经济时代的运行规律提供了全新的理论视角和分析工具。期待学界同仁能够以此为基础，以开放的心态迎接数据要素变革带来的理论挑战，继续深化相关研究，共同推动经济学理论在数字时代的创新发展。我粗浅地认为，数据要素研究至少需要在以下几个方向继续深耕：首先，需要构建更加完善的数据要素价值评估体系，解决数据资产"入表"等现实问题；其次，要深入研究数据要素的分配效应，探讨如何让数据红利更公平地惠及全体人民；再次，数据安全风险、数字鸿沟问题、算法歧视等现象都提醒我们，在推进数据要素发展的过程中必须统筹发展与安全、效率与公平，需要加强数据安全与隐私保护研究，在促进数据流通的同时切实保障个人权益，特别是在个人信息保护方面需要找到数据利用与隐私保护的平衡点。在这方面，中国的《个人信息保护法》和《数据安全法》等法律法规的出台，为规范数据要素市场发展提供了制度性保障；最后，要重视从数据要素的国际化维度出发，研究如何构建互利共赢的全球数据治理规则体系等。

衷心期待在不远的将来，衷心期待有更多新的数据要素方面的研究成果面世！

前　言

在这个数字化浪潮席卷全球的时代，数据已然成为推动经济社会发展的核心驱动力。随着人工智能、大数据、物联网等新技术的快速发展，数据要素正在深刻改变着传统的生产方式、商业模式和社会治理模式。2023年9月，习近平总书记提出"新质生产力"这一重要概念，为我们理解和把握数字时代生产力发展提供了全新视角。在此背景下，深入研究数据要素如何激发新质生产力，不仅具有重要的理论价值，更有着紧迫的现实意义。

本书正是基于这样的时代背景和现实需求创作的。作为国内率先关注数据要素与新质生产力关系的专著，本书力图在以下几个方面做出创新性贡献：首先，深入阐释了数据要素的本质特征及其在新质生产力形成过程中的关键作用，构建了数据要素赋能新质生产力的理论框架；其次，通过大量翔实的案例分析，展现了数据要素在智能制造、质量控制、服务创新等领域的具体应用，搭建起理论与实践的桥梁；最后，本书特别强调"以人为本"的发展理念，探讨了数据要素时代人的发展问题，并深入分析了数据要素在推动可持续发展中的重要作用。

本书共分为九章，结构清晰，逻辑严密。从数据要素和新质生产力的基础理论入手，依次探讨了数据要素在智能制造、质量控制、服务创新等领域的具体应用，以及数据治理、人才培养、可持续发展等关键议题。每个章节都力求理论与实践相结合，既有深入的理论分析，又有丰富的案例讨论，使读者能够全面把握数据要素赋能新质生产力的内在机理和实践路径。

在写作过程中，始终秉持"深入浅出"的原则，力求使本书既能满足专业研究者的学术需求，又能让普通读者轻松理解。对于重要概念和理论，都通过具体案例和生动示例加以解释，使抽象的理论变得直观易懂。同时，也特别关注实践应用，每个章节都包含了大量来自行业的最新应用案例，帮助读者更好地理解理论在实践中的运用。

本书的目标读者包括但不限于：企业管理者和决策者，希望了解如何运用数据要素提升企业竞争力；政府部门工作人员，需要把握数据要素时代的政策导向；研究人员和学者，关注数据要素与新质生产力领域的最新研究成果；以及所有对数字经济发展感兴趣的读者。无论您的背景如何，相信都能在本书中找到有价值的内容。

感谢中国商务出版社编辑的辛勤工作和专业指导，他们的严谨把关和建设性意见使本书的质量得到了显著提升。同时，也要感谢在研究过程中给予我们帮助和支持的各界人士。限于作者的认知水平和经验，本书难免存在不足，恳请读者批评指正。

在数字化转型的关键时期，期待本书能为读者提供有益的启示，为推动数据要素更好地赋能新质生产力贡献一份力量。让我们共同见证和参与这场数据驱动的生产力革命，创造更美好的数字未来。

王志刚

2025 年 1 月

目 录 ➡

1 数据要素概述

在数字化时代，数据要素已成为与土地、劳动力、资本、技术并列的第五大生产要素，其重要性日益凸显。本章作为全书的开篇，旨在构建数据要素的基础理论框架，为后续各章的深入讨论奠定概念基础。通过对数据要素的定义、特点、分类及其在经济社会发展中的价值与作用进行系统阐述，帮助读者全面理解数据要素在新质生产力发展中的核心地位。

本章首先从理论层面明确了数据要素的定义与基本概念，并基于不同维度对数据要素进行了详细分类。随后，深入分析了数据要素的基本特征，包括可复制性、非竞争性、外部性等。在此基础上，本章重点阐述了数据要素在推动经济增长、科技创新、优化资源配置、促进协同发展、国家治理、产业升级等方面的重要作用，展现了数据要素作为新型生产要素对经济社会发展的全方位影响。通过系统的理论分析和丰富的实践案例，本章为理解数据要素的本质特征和实践价值提供了清晰的认知框架。

1.1　数据要素的定义与概念

随着信息技术的迅猛发展和数字化浪潮的席卷，数据已成为驱动经济社会发展的核心要素。数据要素构成了数字生态的基石，在数字化的潮流中，数据已成为推动经济增长和技术创新的关键资源。了解数据要素及其在数据生态系统中的作用对于有效管理和利用数据至关重要。本节将深入探讨数据要素的定义、概念以及它们如何相互作用，为整个数据生态系统的运行和发展提供理论基础。

1.1.1　数据要素的定义

1.数据的概念

在现代社会，数据的概念和应用经历了从简单到复杂、从局部到全局的深刻变革。数据作为信息和事实的记录，不仅是人类认知世界的重要工具，随着科技的发展也逐渐成为推动创新和经济增长的核心资源。为了全面理解数据的内涵和外延，有必要从数据的定义、历史发展和现代应用等方面进行深入探讨。

数据是一个古老而又现代的概念，其内涵和外延不断丰富和扩展。根据《辞海》的定义，数据是描述事物的数字、字符、图形、声音等形式；而《牛津英语词典》则将数据定义为可处理或解释的信息，通常用来支持决策、研究或分析。国际标准化组织（International Organization for Standardization，ISO）则进一步强调，数据是对事实、概念或指令的特殊表达形式，旨在通过数据形式提升信息的交流、解释或处理效率。这些定义表明，数据不仅是符号的简单堆积，它同时还包含了通过分析和处理实现对事物本质认知的过程。

在实际应用中，数据的定义往往根据不同的领域和情境有所差异。例如，在法律和隐私保护领域，欧盟的《通用数据保护条例》（General Data Protection Regulation，GDPR）中将"个人数据"定义为"与已识别或可识别的自然人相关的任何信息"，这进一步延展了数据在个人隐私和信息安全层面的重要性。

数据的历史经历了一个漫长的演变过程，科技进步为数据的收集、存储和分析带来了革命性的变化。在人类文明的早期，数据的记录形式极为简单，如使用符木、雕刻、刻石等方式记录信息。这些早期的数据记录形式主要用于追踪财产、人口统计、天文观测等。古巴比伦人通过黏土板来记录天文数据，古埃及人则使用莎草纸记录尼罗河水位。

进入17世纪后，随着统计学的兴起，数据的记录和呈现方式逐渐发生改变。英国经济学家威廉·配第（William Petty）和约翰·格劳特（John Graunt）开创了使用数据进行社会经济分析的先河，标志着数据在科学分析中的重要性得到广泛认可。这一时期，人们开始使用图表、图形和表格来系统地呈现和分析数据，推动了数据作为知识生产工具的进一步应用。

20世纪中叶，电子计算机的发明彻底改变了数据的处理方式。计算机能够以惊人的速度处理大量数据，推动了数据库管理系统、编程语言和数据分析工具的快速发展。1951年，美国人口普查局首次使用通用自动计算机（Universal Automatic Computer I，UNIVAC I）处理人口普查数据，这标志着大规模数据处理时代的开始。

21世纪，随着信息技术和互联网的飞速发展，数据科学成为一个重要领域，涵盖了从数据采集、清洗、分析到可视化、机器学习等多个方面。数据科学家开始利用数据来解决从商业到社会科学等各个领域的复杂问题。例如，谷歌的流感趋势项目（Google Flu Trends，GFT）通过分析搜索查询数据，成功地预测了流感的传播。这一现象表明，数据不再仅仅是被动的记录，它正在成为主动预测和决策的重要依据。

在大数据时代，数据已不再局限于简单的记录，它已成为通过二进制编码、按照预先设置的规则聚合的复杂现象的反映。随着数据处理技术的进步，人们能够发掘并记录越来越多的复杂现象，数据的利用范围也得到极大的扩展。例如，社交媒体平台每天产生的海量用户行为数据不仅用于个性化推荐和广告定向，还为社会科学研究提供了丰富的素材。通过对这些数据的深入分析，研究人员可以获得前所未有的洞察，从而推动新技术和新方法的开发与应用。

数据作为一种信息载体，其重要性在现代社会中愈发凸显。无论是从历史发展来看，还是从现今大数据时代的应用来看，数据的定义和内涵都在不断扩展。数据从最早的简单记录发展到现在支撑社会、经济、科技发展的核心要素，这一过程体现了数据对人类活动的深远影响。随着技术的进一步发展，数据的作用将继续扩大，成为驱动未来创新和进步的重要力量。可以预见，未来的数据处理与应用方式将更为复杂和多样化，数据科学将在更广泛的领域中发挥不可替代的作用。

2. 数据发展成为生产要素

毕达哥拉斯提出的"数即万物"的观点在现今数字时代获得了全新的解读和实践应用。数据不再仅仅是一种抽象的数学概念，而是数字经济和科技发展的核心驱动力。数据作为现实世界各种属性和特征的映射，已成为刻画和描述物质世界的基本单位。通过数据，人们能够以数字化的方式理解、分析世界，从而推动了从简单信息处理到复杂决策支持的全面发展。

如图1.1所示，在数据信息知识智慧金字塔（Data Information Knowledge Wisdom Pyramid，DIKW）模型中，数据位于最基础的层次，代表未经处理的原始观测结果。这些原始数据通过添加上下文或关联因素，可以转化为具有特定意义的信息。信息在进一步组织和理解后形成知识，而知识则为更高层次的智慧提供了基础。智慧的获得意味着人类能够灵活运用这些知识进行有效的决策与判断。

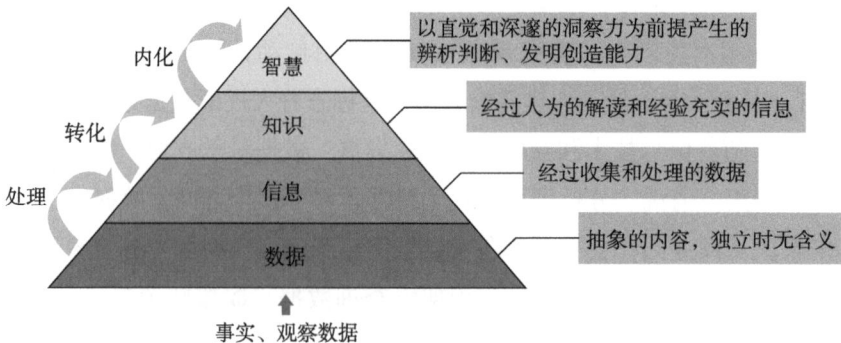

图1.1　数据信息知识智慧金字塔

以气象领域为例，温度数据与具体的时间和地点相结合形成信息，而对这些信息的进一步分析与理解生成天气模式知识。将这些知识应用于天气预测和相关政策的制定，则体现了智慧的作用。这一过程不仅展示了数据转化为智慧的具体路径，还表明了数据在复杂决策中的核心价值。

随着全球经济数字化进程的加速，人工智能、区块链、云计算、5G等数字技术应用场景的泛在化，数字经济与实体经济深度融合，使得一切皆可数据化，数据成为继土地、劳动、资本、技术、知识、管理之后的新生产要素。

在这一背景下，数据作为新型生产要素，已成为驱动经济增长的重要力量。例如，电商平台利用用户行为数据优化产品推荐系统，不仅提高了销售转化率，还通过大数据分析改善了用户体验，这生动地展示了数据如何直接参与价值创造的过程。同时，数据的积累与分析成为科技创新的关键推动力，尤其是在药物研发、人工智能等高科技领域，海量数据的应用显著加速了技术突破和进步。

不仅如此，数据在优化决策支持与公共政策制定中也发挥着至关重要的作用。例如，城市管理部门通过分析交通流量数据，优化了交通信号灯的设置，从而有效提升了交通效率。企业通过数据驱动的个性化服务更加精准地满足了客户的需求，而制造业则借助数据分析进行设备的预防性维护，减少了停机时间并优化了资源利用效率。这些实例不仅展示了数据要素在各个领域的广泛应用，还体现了它在提升生产效率、促进技术创新、推动现代经济社会发展中的核心作用。数据的广泛应用已经深刻改变了传统生产方式，成为经济和社会发展的关键引擎。

3.定义数据要素

基于对数据概念和其发展历程的理解，我们对数据要素做出以下定义：

从静态角度来看，数据要素的外延涵盖了各行各业所涉及的不同类型的数据，包括但不限于产品数据、设备数据、工业数据、农业数据、金融数据、物流数据、社交数据、消费数据以及公共数据等。这些数据在生产经营活动中，依据需求被加工为不同的形态。

从理论角度看，数据要素是基于特定生产需求，通过汇聚、整理、加工形成的计算机数据及其衍生形态。在数字经济背景下，数据要素不仅代表生产力中的数据，还代表生产关系中的数据，并强调数据在提升生产价值方面的重要作用，进一步体现了数据资源的资本化特性。

该定义主要体现了几个关键要素。首先，数据要素的多样性，这反映了数据在不同行业和领域中的广泛应用；其次，生产需求导向，这一点表明数据要素的形成和应用是基于特定的生产需求，展现了其实用性和目的性；再次，数据要素的生成依赖于数据的加工与转化，即原始数据必须经过汇聚、整理和加工才能转化为有价值的生产要素；第四，数据要素的定义具有数字经济视角，这突显了数据在现代经济中的重要地位；最后，数据要素的一个核心特征是其对生产价值的提升作用，而且其资本化特性表明，数据已经转化为能够创造经济价值和收益的关键资本资源。

此外，数据要素不仅指数据本身，还包括数据生命周期中的各个环节，如生产、处理、存储、传输、分析和应用。数据要素构成了数据生态系统的基础，确保数据能够有效地被创造、捕获、管理和应用。例如，在智能制造领域，数据要素包括生产设备的传感器数据、生产线的实时状态数据、产品质量检测数据、供应链管理数据，以及客户订单和反馈数据等。这些数据共同构成了智能制造的基础，支持从生产计划到质量控制的整个制造过程。

数据作为生产要素的概念，意味着它在推动经济增长和创新发展方面发挥着至关重要的作用。通过数据分析和数据驱动的决策，企业能够优化生产流程、资源配置，提高生产效率，并创造新的产品和服务。数据不仅为生产和管理过程提供了优化途径，还能帮助企业更好地了解市场需求、调整营销策略、预测未来趋势，并提供个性化的产品与服务。例如，在农业领域，数据要素的应用显著提升了农业生产效率。具体而言，气象数据可以优化种植时间和灌溉计划，土壤传感器数据能够调整施肥策略，卫星图像数据用于监测作物生长状况，而市场价格数据则为农产品销售决策提供支持。这些不同类型数据的综合应用推动了精准农业的发展。

回顾数据要素的发展历程，可以将其大致分为以下几个阶段。首先，数据收集阶段（20世纪50—60年代），随着计算机的普及，开始有能力收集和存储大量的数据；接着是数据管理阶段（20世纪70—80年代），数据库管理系统的发展大幅提高了数据的组织和检索效率；随后进入数据分析阶段（20世纪90年代至21世纪初），数据仓库和商业智能工具的出现使企业能够从海量数据中提取有价值的信息。其次，是大数据时代（21世纪10年代），大数据技术的快速发展使得处理和分析海量、多样且高速的数据成为可能。最后，进入人工智能和机器学习时代（21世纪10年代后期至今），数据不仅用于分析，还被用于训练人工智能模型，推动了自动化决策和预测的实现。

每个阶段的发展都标志着数据作为生产要素的重要性不断提升，其应用范围也在持续扩大。例如，早在20世纪90年代，沃尔玛便通过分析销售数据优化库存管理和供应链，而今天的亚马逊则通过复杂的数据分析与机器学习技术，实现个性化推荐和需求预测。这一演变过程不仅展示了数据要素的重要性，也进一步证明了数据在现代经济中的核心地位。

1.1.2 数据要素的概念

数据要素作为一种新型的生产要素，与土地、劳动力、资本和技术并列，构成了五大基础性生产要素。基础性生产要素是所有生产活动的起点，它们是经济发展的基础动力，推动生产活动的进行。数据本质上是对客观世界中事实信息的记录与描述，属于数字化的事实信息。然而，只有一部分事实信息能够对经济社会的生产活动产生实际价值，这部分信息被称为有效事实信息，而无助于生产活动的信息则被视为无效信息或噪声。

随着新一代信息通信技术的广泛应用和数字经济时代的到来，数据逐渐被视为经济活动中的副产品。然而，只有那些能够对经济社会生产活动产生积极影响的数据，才可称为生产要素。因此，数据要素并不等同于所有的数据，而是从海量数据中筛选出的、具备经济生产价值的部分。换句话说，数据要素可以被视作数据的"子集"，但它更加突出数据的生产属性和经济价值。

基于此，数据要素的经济学定义可以界定为经过数字化整理并能有效支持经济社会生产活动的有益事实信息。这一定义强调了几个关键点：第一，数据要素是经过数字化处理的信息，这使其能够被计算机系统分析；第二，数据要素具有生产导向，直接服务于经济社会的生产活动；第三，数据要素强调其有效性，只有那些对生产活动有帮助的信息才能被视为数据要素；第四，数据要素基于客观事实，而不是主观推测。

为更好地理解数据要素的概念，可以通过具体案例加以说明。在制造业，生产线传感器收集的设备运行数据（如温度、压力、振动等）经过分析后用于预测设备故障并优化生产流程，从而提升生产效率。在零售业，顾客的购买历史、浏览记录及搜索关键词可以帮助零售商进行精准营销和库存管理。在金融行业，客户的交易记录、信用评分和资产负债情况是开发风险评估模型和设计个性化金融产品的重要数据要素。同样地，在智慧城市建设方面，交通流量数据、能源消耗数据和空气质量数据为优化城市管理和提升资源使用效率提供了数据支持。

数据要素不仅构成了数据生态系统的核心，还涵盖了从数据的产生到应用的全过程，主要包括以下几个方面：第一，数据源是数据的起点，可能来自传感器、数据库等多种途径，如智能家居系统中的温度和湿度传感器；第二，数据流涉及数据的传输机制，确保数据在系统内或系统之间安全、高效地流动，如物联网系统中常用的消息队列遥测传输协议（Message Queuing Telemetry Transport，MQTT）；第三，数据库为数据的存储提供有组织的空间，如大型电商平台通常会同时使用关系型数据库和NoSQL数据库；第四，数据处理是确保数据质量、为后续分析奠定基础的必要步骤；第五，数据分析通过统计分析、机器学习等技术，从数据中提取有价值的洞见；第六，数据应用是数据最终发挥价值的体现，如基于天气数据的需求预测系统帮助零售商优化库存管理。

这些数据要素彼此关联、相互影响。例如，数据源的质量直接决定了后续数据处理和分析的效果，数据流的效率则影响整个系统的实时性和响应能力。数据库设计对数据的存储和检索效率至关重要，而数据处理的质量影响着最终分析结果的准确性。数据分析的深度和广度决定了数据应用的价值，应用的成效反过来也进一步促进了数据要素在实践中的运用。

在实际应用中，数据要素通常被整合进完整的数据生态系统。以智能制造为例，典型的数据生态系统可能包括：生产线传感器作为数据源，工业物联网系统作为数据流，时序数据库作为存储传感器数据的基础设施，数据清洗系统负责数据处理，预测性维护系统用于数据分析，而生产管理系统则基于分析结果优化生产计划。通过这种闭环方式，数据要素在从生成到决策应用的每个环节中都发挥了关键作用，从而推动了智能制造的发展。

随着数字经济的深入发展，数据要素将在更多领域中发挥关键作用，推动经济社会的创新与进步。然而，数据要素的广泛应用也带来了隐私保护、数据安全和数据权属等问题，如何应对这些挑战将成为未来发展的重要课题。

1.2　数据要素的分类与特点

在数字化时代的浪潮中，数据已成为宝贵的资产之一。它们如同细胞中的基因，携带着丰富的信息和潜力，为各行各业提供决策支持和业务创新的无限可能。数据要素不仅多样性、大量性、实时性强，更是价值连城。本节将深入探讨数据要素的特点和分类，以最大化挖掘和展示数据的价值和潜力。

1.2.1　数据要素的分类

在当今信息化的时代，数据已成为企业和组织不可或缺的重要资产。为了更好地管理和利用这些数据，了解其分类至关重要。数据要素可以根据性质、用途和来源等不同维度进行多种分类，下面我们将深入探讨这些分类。

数据分类是指按照一定的原则和方法对具有相同属性或特征的数据进行归类。

数据分类存在多种维度和多种方法，适用于不同的场景。以下是常见的数据要素分类方法。

1.按照数据来源分类

根据数据来源进行分类是理解数据性质和潜在价值的重要方式，通常可分为原始数据、加工数据和衍生数据三种类型。

（1）原始数据

原始数据是直接从数据源收集的未经处理的信息，尽管其真实性和完整性较高，但通常包含噪声、错误或不完整的部分，因此需要进一步处理以用于分析和决策。例如，气象站采集的温度、湿度数据，工厂传感器记录的设备参数，以及社交媒体上的用户原始帖子等，都是典型的原始数据。

（2）加工数据

加工数据是在原始数据的基础上经过处理、分析或整合而得出的，通常具有更高的附加值。通过清洗、转换和聚合等步骤，这类数据更结构化，适合直接用于决策支持。例如，原始销售数据计算得出的销售增长率，整合多个数据源后的统一客户视图，以及经过自然语言处理后的情感分析结果，都是加工数据的实例。

（3）衍生数据

衍生数据是基于原始数据或加工数据通过复杂的分析、模型或算法生成的新数据集。它能够提供更深入的洞察或预测，且其商业价值较高，但其质量和准确性依赖于原始数据和处理方法的有效性。例如，利用用户浏览历史和购买记录生成的用户画像，基于历史销售数据的销售预测模型，以及通过社交网络数据计算的用户影响力指数，都属于衍生数据。

首先，这种分类方法有助于数据质量管理，了解数据的来源和处理程度可以帮助评估数据的可靠性。其次，数据分类能够支持数据价值链管理，通过有效管理数据的转化流程，组织可以提炼出更多的价值。再次，不同类型的数据对使用权限有不同的要求，原始数据通常包含敏感信息，需要更严格的访问控制，而加工或衍生数据可能适合更广泛的共享。此外，数据生命周期管理也因数据类型不同而有异，原始数据可能需要长期保存，而某些衍生数据则需定期更新以保持时效性。最后，数据治理策略的制定也需依据数据的来源和处理程度，确保数据标准化、元数据管理和数据质量控制等工作有的放矢。

在实际应用中，原始数据、加工数据和衍生数据常常是相互关联、循环迭代的。例如，在电子商务平台中，用户的点击流数据、浏览记录和购买记录构成了原始数据；这些数据经过处理后生成的购买频率、平均订单金额等则属于加工数据；而基于加工数据进一步产生的用户生命周期价值预测或个性化推荐列表则是衍生数据。通过这种循环迭代，数据不断转化与增值，最终促进决策制定并推动业务发展。

2.按照数据相关权益归属分类

2022年12月19日，中共中央、国务院发布的《关于构建数据基础制度更好发挥数据要素作用的意见》提出了"数据二十条"，其中明确提出要"建立公共数据、企业数据、个人数据的分类分级确权授权制度"。基于此，我国根据数据相关权益归属，将数据分为公共数据、企业数据和个人数据三大类型。这一分类方法不仅反映了数据所有权和使用权问题，还对数据的管理、共享和交易具有重要意义。

（1）公共数据

公共数据的概念和范围目前尚未形成统一标准，各地方和机构的定义存在差异，但其核心内容基本一致。例如，《浙江省公共数据条例》将公共数据定义为"本省国家机关、法律法规规章授权的具有管理公共事务职能的组织以及供水、供电、供气、公共交通等公共服务运营单位在依法履行职责或提供公共服务过程中收集、产生的数据"；《上海市公共数据开放暂行办法》界定公共数据为"本市各级行政机关以及履行公共管理和服务职能的事业单位在依法履职过程中采集和产生的各类数据资源"；《深圳经济特区数据条例》则规定，公共数据是"公共管理和服务机构在依法履行公共管理职责或提供公共服务过程中产生、处理的数据"；而《中共中央 国务院关于构建数据基础制度更好发挥数据要素作用的意见》则将公共数据定义为"各级党政机关、企事业单位依法履职或提供公共服务过程中产生的公共数据"。

综合这些定义，公共数据可以概括为：党政机关、法律法规授权的具有公共事务管理职能的组织，以及供水、供电、供气、公共交通等公共服务运营单位在依法履行职责或提供公共服务过程中产生、管理的数据。公共数据的范围主要包括两类：政务数据，如人口统计数据、经济指标、公共政策文件等；公共事业数据，如科研、教育、供水、供电等公共事业领域产生的数据。

需要注意的是，企业在提供公共服务性质的业务时所收集的数据是否属于公共数据仍存在争议，未来可能需要通过立法进一步明确。

公共数据的重要性体现在多个方面：提高政府透明度和公共服务效率，促进社会创新和经济发展，支持科学研究和政策制定，增强公民参与度和社会监督。例如，美国的Data.gov平台提供了大量公共数据，这些数据广泛应用于科研、商业分析和公民参与。

（2）企业数据

企业数据是指企业在生产经营活动中产生、收集和处理的数据，其来源广泛，形式多样。由于企业生产和管理链条复杂，其数据需求也多样化，对数据的处理、整理和分析过程丰富了企业数据的表现形式。根据企业数据的生成方式，可以将其划分为三类：企业自行采集的客观数据，如制造企业通过传感器收集的生产线运行数据，或零售企业记录的销售交易数据；企业与用户交互产生的数据，如电子商务平台的用户浏览与购买记录，社交媒体平台的用户发帖和互动数据；基于现有数据生成的衍生数据，如根据销售数据得出的客户细分结果或构建的推荐系统模型。

在企业数据的生成过程中，企业付出了不同的资源和劳动，这些数据为企业赋予了独特的业务价值。因此，如何认定企业数据的业务贡献并促进数据价值"显性化"成为企业数据管理的关键问题。

企业数据的重要性体现在支持企业决策、优化业务流程、提升客户体验以及创新商业模式。例如，亚马逊公司利用大数据和机器学习技术，通过分析大量用户行为数据优化其推荐系统，进而实现个性化的商品推荐，提升在线购买率。

（3）个人数据

个人数据指的是与已识别或可识别的自然人相关的任何信息，如姓名、身份证号、位置数据和在线标识符等。个人数据大多由公共部门和企业持有，根据数据的性质和生成方式，可将其分为两类：直接标识个人身份的数据，如姓名和身份证号，这类信息具有高度的客观性，但可能涉及隐私风险；以及个人与数据持有者交互产生的行为痕迹数据，如电商平台上的浏览和购买记录、社交媒体上的互动数据等。

个人数据的合理使用可以为社会和经济带来巨大价值，但滥用则可能导致隐私泄露和权益被侵犯。因此，如何在保护个人隐私与促进数据价值释放之间找到平衡，是当前数据治理的核心挑战。

个人数据保护的重要性体现在保护个人隐私权和信息安全、维护个人在数字时代的自主权、防止信息滥用（如身份盗窃、广告骚扰），并建立公众对数字经济的信任。例如，欧盟的《通用数据保护条例》（GDPR）为个人数据保护提供了全面的法律框架，对全球数据保护实践产生了深远影响。

值得注意的是，公共数据、企业数据和个人数据之间并非完全独立，往往存在交叉和重叠。例如，某些公共数据可能包含个人信息，企业在经营过程中收集的客户数据既是企业数据，又可能涉及个人数据，而个人在使用公共服务时产生的数据可能同时属于公共数据和个人数据。这种复杂的关系增加了数据治理的难度，要求法律制定和实践操作中考虑多种情况，以确保数据的合理使用和有效保护。

3.按照数据的可访问性分类

根据数据的可访问性，我们可以将数据分为三类：开放数据、受限数据和保密数据。这种分类方法反映了数据的共享程度和使用限制，对数据管理和安全策略的制定具有重要意义。

（1）开放数据

开放数据是指任何人都可以自由访问、使用和共享的数据。这类数据通常以标准化、结构化的格式提供，便于机器处理和分析。开放数据的理念是通过数据公开，促进创新、提高透明度并推动社会进步。开放数据的特点在于其可自由获取、无版权限制和易于共享，通常通过互联网发布，如政府统计数据、公共交通数据或气象数据等。开放数据不仅能够提高政府透明度和公共服务效率，还能推动社会创新和科学研究。然而，开放数据也面临挑战，如数据质量、标准化以及隐私保护等问题。在开放数据时，需确保个人隐私信息得到适当保护。

（2）受限数据

受限数据是只有特定群体或在特定条件下才能访问的数据。与开放数据相比，受限数据通常具有更高的敏感性或商业价值，必须通过权限控制或身份验证才能获取。受限数据的使用往往受到明确的限制，并且有较强的安全措施保护，如企业内部财务报告、行业市场研究数据或科研数据等。受限数据的管理在保护商业利益、确保数据质量和遵守法规方面起着重要作用。在科研、商业和政府部门等领域，受限数据的共享可以在保护敏感信息的同时，促进各方合作。例如，医疗研究中的患者数据作为受限数据，往往需要严格的伦理审查和数据保护措施。

（3）保密数据

保密数据则是高度敏感的数据，通常只允许经过严格授权的人员访问。这类数据涉及国家安全、商业机密或敏感的个人信息，保护措施极为严密。保密数据的访问受限于最严格的控制手段，通常需要多层次的安全保障措施，如物理隔离和加密技术。典型的保密数据包括国家安全情报、企业核心技术机密以及高度敏感的个人医疗或金融信息。保密数据的重要性不仅在于保护国家安全和商业利益，还在于维护个人隐私和社会稳定。任何对保密数据的误用或泄露都可能带来严重的后果。

值得注意的是，这三类数据的划分并非绝对，而是一个动态的过程。数据的分类可能随着时间和环境的变化而调整。例如，某些最初属于保密的数据可能在一定时间后降级为受限数据，甚至成为开放数据；反之，某些开放数据可能由于敏感性增加而被升级为受限数据或保密数据。因此，组织通常会根据数据的敏感度、重要性和法律要求制定相应的数据分类政策。此类政策帮助合理分配资源、制定访问控制策略、遵守法律法规，并有效管理数据风险。通过这种分类和管理策略，既能保障数据的合理使用和共享，又能确保其安全性。

在数字经济时代，如何在数据开放共享和安全保护之间找到平衡，是数据治理的重要挑战。开放数据为社会经济创造了巨大的价值，而敏感数据的滥用或泄露则可能带来严重的后果。因此，构建科学的数据分类体系并制定相应的管理政策，是实现数据价值最大化的关键，同时也有助于减少数据泄露和隐私风险。这种平衡将有助于促进数据的安全和有效应用，推动社会和经济的持续发展。

4.按照数据性质分类

根据数据的结构化程度和处理难度，可以将数据分为结构化数据、半结构化数据和非结构化数据。这种分类方法反映了数据的组织形式和处理特点，对于数据存储、处理和分析策略的制定具有重要意义。

（1）结构化数据

结构化数据是具有预定义数据模型或固定结构的数据，通常以表格形式存储在关系型数据库中。这类数据易于输入、查询和分析，常用的查询语言如结构化查询语言（Structured Query Language，SQL）使得数据的处理和检索变得高效。结构化数据的典型特点是格式固定、结构明确，每个字段都有清晰的定义和数据类型。例如，客户信息表中的姓名、年龄、地址等字段，或销售记录中的商品ID、数量、金额等都是结构化数据。结构化数据的优势在于易于存储、检索和分析，并且标准化程度高，便于不同系统之间的数据交换。然而，结构化数据的局限在于难以表示复杂的、非线性的信息结构，对数据模式变化的适应性较弱。

（2）半结构化数据

半结构化数据介于结构化数据和非结构化数据之间。它既具有一定的结构，也保留了非结构化数据的灵活性。半结构化数据没有严格的结构限制，通常使用标签或标记来分隔语义元素，常见的存储格式有XML、JSON等。这类数据的灵活性体现在其能够表示比结构化数据更复杂的信息，并且具有自描述性，数据本身包含结构信息，便于解析和扩展。例如，网页数据的HTML文档、应用配置文件、某些日志文件等都是半结构化数据。半结构化数据广泛应用于Web开发、数据交换和配置管理领域，它提供了在不影响现有数据的前提下增加新结构的能力。

（3）非结构化数据

非结构化数据是没有预定义模型或不符合特定数据结构的数据。非结构化数据种类繁多，通常包括文本、图像、音频、视频等人类可读的数据，但对计算机而言处理难度较大。其特点是没有固定结构、格式多样，无法直接通过传统数据库系统存储或分析，通常需要依赖高级技术如自然语言处理、图像识别等进行处理。常见的非结构化数据包括文本文档、社交媒体帖子、多媒体文件以及科学研究中的复杂数据，如基因序列或天文观测数据。虽然非结构化数据的处理复杂，但其信息量丰富，蕴含着巨大的分析价值。例如，像IBM Watson这样的系统能够从海量的医学文献中提取有价值的信息，为医生提供决策支持。

这三类数据在实际应用中往往是混合存在的。例如，在一个客户关系管理（Customer Relationship Management，CRM）系统中，客户的基本信息如姓名和联系方式是结构化数据，而社交媒体的互动资料可能是半结构化数据，客户服务记录则可能是非结构化的文本内容。在这种情况下，组织需要制定综合的数据管理策略，以应对不同类型数据的存储、处理和分析需求。

为了有效管理不同类型的数据，组织需要根据其特点选择合适的技术和工具。数据存储方面，可以选择关系型数据库、非关系型数据库（NoSQL）或对象存储；数据处理方面，可以采用大数据框架如Hadoop或Spark；数据分析方面，可能需要结合传统统计方法、机器学习算法和自然语言处理技术；数据集成则需要构建数据湖或数据仓库，以支持全面的分析工作。此外，组织还应制定统一的数据治理政策，确保数据质量和一致性，特别是在复杂的数据环境中进行数据整合时尤为重要。

随着技术的不断进步，结构化、半结构化和非结构化数据之间的界限正在逐渐模糊。例如，自然语言处理技术能够从非结构化文本中提取出结构化信息，图数据库等新型技术为半结构化数据提供了更好的存储和查询支持。因此，组织在数据管理方面需要时刻关注技术的发展趋势，并不断优化其策略，以最大化数据的价值。

5.按照时间属性分类

根据数据的时间特性，可以将数据分为实时数据和历史数据两类。这种分类方法反映了数据的时效性和处理要求，对于数据采集、存储、处理和应用策略的制定具有重要意义。

（1）实时数据

实时数据是指在产生后需要立即或在极短时间内处理和使用的数据。这类数据通常以数据流的形式持续产生，适合支持即时决策或实时响应。实时数据的特点在于时效性极强，数据的价值会随着时间快速衰减，因此需要极高的处理速度和响应能力。其应用场景非常广泛，如金融市场中的实时交易数据、物联网设备的传感器数据、社交媒体的动态更新、交通监控系统的车流数据等。在这些应用中，实时数据支持即时决策，如金融交易系统中的自动化交易、交通监控中的流量优化等。实时数据处理技术依赖于高性能的流处理框架（如 Apache Flink、Apache Spark Streaming）、消息队列（如 Apache Kafka、RabbitMQ）和内存数据库（如 Redis、MemSQL）来保证低延迟和高吞吐量的要求。

然而，实时数据的处理也面临诸多挑战。首先，系统必须具备强大的数据采集、传输和处理能力，以保证高效的实时响应。其次，实时数据通常量大且复杂，需要处理多种类型的数据流，并且在高速处理中要保证数据的准确性和完整性。此外，系统还需要具备高可靠性，确保在高负载下持续运行，不出现明显的延迟或中断。例如，Uber 利用实时数据处理技术动态调整车价、匹配乘客与司机，并预测需求高峰，从而提高运营效率和用户体验。

（2）历史数据

历史数据指的是已经产生并经过一段时间存储的数据。与实时数据不同，历史数据更适合用于长期分析、趋势预测和战略决策。这类数据时间跨度长，可能覆盖数月、数年甚至更长时间。历史数据通常经过清洗和整理，质量较高，并且需要可靠的长期存储解决方案，如数据仓库、大数据存储系统或数据湖等。典型的历史数据应用场景包括企业的财务报表、气象部门的长期天气数据、医疗机构的患者病历等。这类数据为趋势分析和预测建模提供了基础。例如，Netflix 利用用户的观看历史数据训练其推荐系统，极大提高了内容推荐的准确性。

历史数据的处理也面临挑战。首先，存储成本问题，随着时间的推移，历史数据量的累积可能非常庞大，需采用经济高效的存储解决方案。其次，长期存储的数据可能存在质量问题，因此在使用前需进行清洗和验证。再次，不同时期或来源的数据可能需要整合，这对数据一致性提出了较高要求。最后，历史数据的安全性与访问控制也至关重要，需要确保数据在长期存储期间不会发生泄露或丢失。

实时数据和历史数据并非完全独立，而是经常结合使用。实时数据往往会随着时间积累成为历史数据，因此在设计数据架构时需要考虑数据的生命周期管理。历史数据为实时数据的处理提供了上下文和参考，如基于历史数据训练的模型可以用于实时分析，帮助做出更准确的预测。例如，金融风险管理系统需要同时处理实时市场数据和历史交易数据，通过历史数据预测市场波动，结合实时数据进行风险控制和决策。因此，在大多数应用场景中，组织不仅需要高效地处理实时数据，还要能够利用历史数据进行全面分析，以确保数据的综合利用与价值最大化。

在设计和实施数据管理策略时，组织者需要根据实时数据和历史数据的不同特点制定相应的存储、处理和分析技术。通过结合这两类数据，可以为企业提供更全面的数据支持，帮助其实现从实时响应到战略决策的全方位数据应用。

数据要素的分类是一个多维度的过程，每种分类方法都从不同的角度反映了数据的特性和用途。在实际应用中，这些分类方法往往是交叉使用的，以全面把握数据的各个方面。例如，客户的购买记录可能同时属于以下多种类别：

按来源分类：原始数据（直接从交易系统获取）。

按权益归属分类：企业数据（由公司收集和拥有）。

按可访问性分类：受限数据（只有特定员工可以访问）。

按数据性质分类：结构化数据（存储在关系型数据库中）。

按时间属性分类：既可能是实时数据（最新交易），也可能是历史数据（过去的交易记录）。

按敏感性分类：敏感数据（包含个人身份信息）。

按价值和用途分类：高价值数据（对客户行为分析和营销策略制定至关重要）。

这种多维度的分类方法使组织能够从多个角度全面了解和管理数据资产。首先，全面了解数据资产有助于评估数据的特性和价值。通过不同的分类维度，组织者可以更加精细地制定数据的存储、处理和使用策略。例如，敏感数据需要更高的安全保障，而实时数据则需要快速响应和处理能力。其次，优化资源分配成为可能，数据分类使得企业能够根据数据的重要性、时效性和敏感性合理分配存储资源、计算能力和人力资源。

数据分类也显著提升了数据安全性。组织可以根据数据的敏感性和访问权限实施不同级别的安全控制，以确保敏感数据不会被未经授权的人员访问或使用。此外，数据分类还支持合理合规的管理，帮助企业确保数据处理和使用符合相关法律法规，如《通用数据保护条例》（GDPR）等。这种基于分类的策略使得数据不仅能更高效地共享与协作，还能在保证安全性的前提下最大化数据的利用价值。

然而，数据分类并非没有挑战。首先，分类标准的一致性问题。在大型组织中，不同部门可能会对同一数据集有不同的理解和需求，保持统一的分类标准可能会非常困难。此外，数据的动态特性意味着它的属性可能随时间和上下文变化，需要定期更新分类。自动化分类也是一大挑战，尤其是面对海量数据时，手动分类几乎不现实，必须依靠自动化工具。跨部门的协调与员工的培训也是确保数据分类准确和有效的关键步骤。

为了应对这些挑战，组织可以采取一系列措施。首先，可以建立统一的数据治理框架，确保在整个组织中有一致的数据分类标准和政策，在此基础上实施元数据管理，记录每个数据集的分类信息，以便于后续管理和更新。此外，借助AI技术，开发基于机器学习的自动分类工具，大大提高了分类效率和准确性。为了确保数据分类持续符合组织需求，可进行必不可少的定期审核和更新。最后，为确保各部门正确执行分类政策，员工培训有助于提升全员对数据分类策略的理解和应用。例如，微软的 Azure 信息保护服务就提供了自动数据分类和保护功能，帮助组织更好地管理和保护敏感数据。这一类技术工具在数据管理中发挥了重要作用，能够自动识别、分类并为数据添加适当的安全标签。

总的来说，数据要素的分类是数据管理的基础工作，对于充分发挥数据的价值、保障数据安全以及遵守法律法规都至关重要。随着数据量的不断增长和数据类型的日益多样化，建立并完善有效的数据分类体系将成为组织数据战略中的核心组成部分。数据分类不仅是为了提升管理效率，更是为了在复杂的数字环境中保持竞争优势。

1.2.2　数据要素的特点

数据要素，数字经济时代的新动力。在信息技术迅速发展的今天，数据已成为一种新的生产要素，其价值和潜力在各个领域得到广泛认可和利用。数据要素不仅能创造价值和财富，还具有多种特性，如复制性、非排他性、流通性和可加工性，这些特性使其在数字经济时代拥有独特的地位和作用。

作为数字经济时代涌现的关键生产要素，数据要素具有与其他关键生产要素相同的变迁特征，即生产成本的下降性、供给能力的无限性和运用前景的广泛性。但与此同时，数据要素和传统的土地、劳动力、资本、技术等生产要素在多个维度上存在差异。数据要素作为独特技术的产物，具有虚拟性、低成本复制性和主体多元性。上述三个技术的维度特征影响了数据要素在经济生活中的特征，使得数据要素在此基础上具有了非竞争性、潜在的非排他性和异质性。

综上所述，数据要素具有六大特征，即虚拟性、低成本复制性、主体多元性、非竞争性、潜在的非排他性以及异质性。下文将对其六大特征进行展开说明。

1.虚拟性

虚拟性是数据的一个核心特征，指的是数据是非物质的、无法触摸或感知的。数据是以数字形式存在的，作为信息和符号的载体。例如，数字文档、数据库中的记录、网站上的文本等都是虚拟数据。这些数据虽然可以在电子设备中存储和传输，但本身没有物理形态。虚拟性的存在意味着数据必须依托其他生产要素作为载体，才能发挥其作用。在当前技术条件下，数据主要存在于信息与通信技术产品中，二者的有效结合被认为是全球经济增长的主要动力之一。与传统生产要素如劳动力、资本和土地相比，虚拟性是数据要素的一大独特性，也是知识、技术、管理和数据等新生产要素的重要特征。

数据的虚拟性特点体现在多个方面。首先是非物质性，数据不占用物理空间，可以无损传输和复制，且在不同的设备和系统间自由流动；其次是可压缩性，通过算法进行压缩，减少存储和传输的需求；再次，数据易处理和易分析的特点使其可以通过各种软件和算法进行快速处理，虚拟数据还具备可持久存储的优势，只要存储介质完好，数据是可以长期保存的；最后，数据的易于整合和关联特点允许不同来源的数据整合，创造新的价值。

这种虚拟性为数据要素带来了显著的优势。例如，数据的存储和传输费用相比物理商品要低得多，快速复制和分发的能力使数据可以瞬间传递至全球任意地点，数据的灵活处理使其可以根据需求进行各种分析。此外，数据具有极强的可扩展性，其规模可以随着需求增长，几乎没有物理限制。

然而，虚拟性也带来了一些挑战。首先，安全性问题，由于数据可以轻易复制和传输，未经授权的访问和数据泄露风险显著增加。其次，版权保护，虚拟数据的易复制性使得知识产权保护面临巨大挑战。再次，真实性验证也是一个关键问题，确保虚拟数据的准确性和完整性需要依赖特殊技术。最后，虚拟数据对技术和设备的依赖性也不可忽视，数据的存取和使用往往受制于设备和技术的可用性。

为了充分利用数据虚拟性的优势，同时应对其带来的挑战，组织需要采取一系列策略。首先，建立强大的数据管理系统，确保数据的安全存储和高效使用。其次，实施严格的数据安全措施，包括加密、访问控制和备份机制。进一步，组织应发展数据分析能力，通过投资数据分析技术和培养相关人才，挖掘数据的最大价值。同时，制定数据治理政策也是必不可少的，明确数据的所有权、使用权和责任。最后，组织应提高员工的数据素养，确保成员具备使用和管理数据的能力。

总体而言，虚拟性是数据要素的核心特征，它为数据的广泛应用和价值创造提供了基础，但同时也带来了新的管理和安全挑战。随着数字技术的不断发展，如何充分利用数据的虚拟性并有效管理相关风险，将成为组织在数字经济时代取得成功的关键因素之一。

2.低成本复制性

数据的低成本复制性是指数据可以以相对容易且经济高效的方式进行复制、备份、传输和存储的特性。这一概念在信息科技和数据管理领域具有重要意义，因为它直接影响到数据的可用性、安全性和可扩展性。与物理产品不同，数据的复制成本几乎为零，这为全球数字经济的发展提供了巨大的便利。例如，一本电子书可以在不损失质量的情况下复制成数百万个副本，而每个副本的制作成本几乎为零。

数据的低成本复制性表现出以下几个关键特点：

数据的低成本复制性使其容易备份和恢复。当数据具有低成本复制性时，组织能够轻松地备份数据，确保在数据损坏、硬件故障或其他问题发生时快速恢复。例如，云存储服务（如 Dropbox 或 Google Drive）允许用户轻松同步和备份数据，从而确保业务的连续性。此外，数据的低成本复制性支持数据冗余，多个副本可以存储在不同位置或设备上，增强了系统的容错能力和数据可靠性。这种冗余机制广泛应用于独立磁盘冗余阵列（Redundant Array of Independent Disks，RAID）技术中，以提高存储系统的可靠性。

低成本复制性提高了数据的可用性。通过在不同地理位置创建多个数据副本，即使某个地点的服务器发生故障，用户仍然可以访问数据。内容分发网络（Content Delivery Network，CDN）技术正是利用数据的复制性在全球范围内分发内容，从而提高用户的访问速度。与此同时，数据的复制性使得数据在传输和共享方面更加高效。无论是组织内部的部门共享，还是跨组织的数据交换，低成本复制性都显著降低了数据传输的成本。例如，电子邮件或文件传输工具成为常见的低成本数据传输手段。

低成本复制性支持数据存储容量的扩展。随着数据量的增长，组织可以灵活扩展存储容量，以容纳更多的数据。例如，云存储提供的按需扩展服务可以帮助企业轻松应对数据量增长带来的需求。在容错和灾难恢复方面，低成本复制性也起到了至关重要的作用。通过在不同地理位置存储数据副本，能够有效防止由灾难性事件导致的数据丢失。常见的 321 备份策略，通过在不同存储介质和位置保留多个数据副本，确保数据的可靠性。

然而，低成本复制性也带来了一些挑战。数据的易复制性增加了数据安全风险，容易受到未经授权的访问或泄露的威胁。与此同时，数字内容的版权保护也变得更加复杂，因数据复制成本低，知识产权的保护变得更加困难。此外，多个数据副本的存在可能引发数据一致性问题，尤其是在多个系统间进行同步时，需要强大的技术来保证数据一致性。尽管单次复制成本较低，但大规模数据复制可能会带来显著的存储成本，特别是需要长期存储的大数据集。在数据质量方面，低成本复制还可能导致过时或不准确的数据广泛传播，影响数据的完整性和准确性。

为应对这些挑战并充分利用数据的低成本复制性，组织需要采取一系列措施。首先，制定明确的数据管理策略，确保数据复制、备份和存储的流程得到妥善规划，并定期测试数据恢复机制。其次，实施严格的数据安全措施，例如加密和访问控制，保护敏感数据的安全。在版权保护方面，数字版权管理（Digital Right Management，DRM）技术能够有效防止未经授权的数据复制和分发。为确保多个副本间的数据一致性，组织应采用数据同步和一致性管理技术，例如使用分布式数据库系统来处理大规模数据的同步问题。

此外，智能存储管理策略有助于降低存储成本。通过分层存储策略，组织可以将不常用的数据移至低成本存储设备。例如，企业可以将冷数据存储在低速设备中，以降低存储和维护成本。与此同时，数据质量管理也是必不可少的，以确保复制和传输的都是高质量、准确的数据。为了提升组织内部的意识水平，还应加强员工培训，让他们了解数据安全与版权保护的重要性，减少不当复制与共享行为。

在实际应用中，数据的低成本复制性优势已广泛显现。例如，在科研领域，科研机构可以通过复制和共享大型数据集，促进全球范围内的合作。在流媒体领域，Netflix利用低成本复制性将视频内容分发到全球各地的服务器，从而显著提升了用户观看体验。开源软件分发利用低成本复制性推动了全球技术创新。在大数据分析领域，企业通过复制海量数据进行高级分析和机器学习，优化了业务流程和决策。此外，在线教育平台（如中国大学MOOC）也利用这一特性将优质教育资源复制并分发到全球，扩大了教育的覆盖范围。

总之，数据要素的低成本复制性是数字经济中的关键特征，它为全球创新、共享和价值创造带来了前所未有的机遇。然而，伴随这种优势的同时，数据管理中的安全、版权和数据质量问题也变得日益复杂。因此，如何有效利用数据的低成本复制性，并同时管理数据风险，将成为未来数字经济中的重要课题。

3. 主体多元性

数据要素的主体多元性是指在数据的生成、收集、处理和使用过程中涉及多个不同的实体、组织、技术和环境因素。数据的生产与应用并不是单一主体的行为，而是多个主体共同参与的复杂过程，形成了一个多样化的数据生产生态系统。比如，数字空间中的数据记录了不同用户的信息，这些数据集的收集和汇总由数据收集者完成，而用户与收集者之间存在复杂的互动关系。同时，数据在企业或项目中被不断加工，每次加工都会对数据集进行改动，因此这些加工者也成为数据构建的重要参与者。主体多元性不仅体现在数据的生成和使用过程中，还表现在各方利益、权责、技术手段等方面的多样性。

在数据生态系统中，多元主体参与是其显著特征之一。个人用户、企业、政府机构和研究机构等共同参与了数据的生成和应用过程。例如，一个社交媒体平台上的数据可能涉及用户、广告商、平台运营者等多个主体，每个主体的诉求各不相同。不同主体在利用数据时，存在利益多元化的现象。用户关注的是隐私保护，而企业往往更注重数据的商业价值。这种多元化的利益需求使得数据要素的管理和使用变得复杂。与此同时，数据的所有权、使用权和控制权也变得模糊，特别是在物联网等领域，设备制造商、服务提供商和用户之间的数据权属关系往往不明确。此外，技术多样性增加了数据整合和共享的难度。不同企业使用不同的数据收集工具、分析方法和数据格式，这些差异需要通过标准化和技术协调来加以解决。数据价值的实现也常常需要跨领域、跨组织的协作，智慧城市项目就是一个典型的例子，它需要政府、企业和市民的共同参与才能发挥作用。

主体多元性带来了数据权属、数据质量管理、数据安全、隐私保护、数据共享机制以及数据治理框架方面的挑战。在多元主体参与的数据生态系统中，数据的所有权和使用权界定非常复杂。例如，智能汽车产生的数据可能涉及车主、制造商、服务提供商等多方，如何界定数据权属是一个亟待解决的问题。此外，多元主体的参与也带来了数据质量参差不齐的风险。因此，统一的数据质量标准和管理机制变得尤为重要。数据安全和隐私保护在多元主体参与的数据生态中面临更大的挑战。多个主体共享和使用同一数据集时，数据泄露的风险加大，尤其是在医疗数据等敏感领域，如何平衡数据共享需求与隐私保护是关键问题。数据共享和交易的机制同样需要公平、透明的原则，才能平衡各方的利益需求，建立有效的市场机制。数据治理框架必须包容各方利益，以协调不同主体的需求。欧盟的GDPR就是一个试图平衡个人、企业和政府利益的数据治理框架的典范。

为了解决主体多元性带来的复杂性和挑战，组织需要采取一系列应对策略。首先，建立多方参与的数据治理机制至关重要，组织应通过包括各利益相关方的治理委员会，共同制定数据使用和共享规则。制定明确的数据共享协议，有助于平衡各方在数据收集、使用、共享和保护方面的利益。发展数据中介服务也是一项重要策略，数据中介机构可以协调不同主体之间的数据交易和共享需求，确保数据交易的公平性和有效性。此外，推动数据标准化的工作十分必要，统一的数据标准将提升不同主体之间的数据互操作性，从而提高数据的流通效率。与此同时，强化各方的数据伦理意识，促使各主体在数据的使用过程中遵守道德规范，这不仅提高了数据管理的责任感，也促进了负责任的数据使用。隐私增强技术的发展，如联邦学习和差分隐私技术，为在保护数据隐私的同时实现数据的价值提供了有效的技术解决方案。

在实际应用中，主体多元性的影响得到了充分体现。智慧城市项目是典型的多元主体参与的场景，涉及政府、企业和市民的共同参与，例如，阿姆斯特丹的智慧城市项目就是一个成功的案例。医疗大数据平台也需要协调医院、药企、保险公司和患者等多方的利益，IBM沃森健康（IBM Watson Health）平台通过整合多方医疗数据，提升了医疗效率和准确性。金融领域的风控系统同样依赖多元主体的数据共享，蚂蚁金服的芝麻信用系统整合了银行、第三方支付公司和信用评级机构的数据，实现了多元数据的整合与利用。此外，供应链管理系统需要整合供应商、制造商、物流公司和零售商的数据，实现供应链的高效可视化。科研数据共享平台也是多元主体参与的典型应用场景，欧洲核子研究中心（European Organization for Nuclear Research，CERN）的开放数据门户展示了科研数据的共享如何促进全球研究协作。

总的来说，数据要素的主体多元性是数字经济时代的一个重要特征，它为数据的创新应用提供了丰富的可能性，但同时也带来了治理和协调的挑战。如何在多元主体之间建立有效的协作机制，平衡各方利益，将成为数据要素市场发展的关键问题之一。

4.非竞争性

数据要素的非竞争性是指在数据的使用过程中，一个主体对数据的使用不会减少或影响其他主体使用同一数据的能力。换句话说，同一份数据可以被多个用户同时使用，而不会因为一个用户的使用而减少其他用户的可用性。与传统的物质资源相比，这一特性使数据成为一种独特的经济资源，具有本质的区别。物质资源的使用通常是排他的，而数据则可以被无限次使用和重复利用，不会因使用次数的增加而消耗殆尽。

非竞争性表现在多个方面。首先，同一份数据可以被多个主体同时使用，而不会产生冲突。例如，天气预报数据可以同时为多个应用程序所使用，不影响其他用户对该数据的访问。其次，数据的重复使用不会导致其消耗。一个客户数据库可以被多次分析，不会因为频繁使用而失效。此外，数据的边际使用成本极低，一旦生成和存储，额外的使用几乎不会产生新的成本。与此相应，数据的价值在使用中可能会进一步提升，使用得越多，其价值积累的效应越显著。例如，机器学习模型处理更多数据后，通常会变得更准确。

数据的非竞争性为数据经济带来了深远的影响。首先，规模经济效应，由于数据能够被多次使用，数据收集和处理可以实现显著的规模经济效应。例如，Google通过处理海量搜索数据来不断改进其搜索算法。其次，数据的非竞争性促进了网络效应，用户数量的增加往往会提升服务的整体价值。社交网络平台就是典型的例子，用户越多，平台的价值越大。此外，非竞争性还促进了创新和协作，因为数据能够被广泛共享和使用，鼓励了不同主体之间的合作。例如，开放数据运动推动了政府数据的广泛应用，促进了诸多创新项目。

然而，数据的非竞争性也带来了一些挑战。首先，传统基于稀缺性的定价模式不再适用于数据，数据定价成为一个难题。许多数据服务提供商采取了基于使用量或数据价值的定价模式。其次，数据的非竞争性可能会加剧市场垄断，特别是在某些行业中，拥有大量数据的公司可能占据主导地位。Facebook在社交网络数据领域的垄断地位就是一个典型的例子。

为了充分利用数据的非竞争性并应对其带来的挑战，组织可以采取一系列策略。首先，通过建立数据共享平台和机制，促进数据共享，最大化数据的使用价值。例如，欧盟的欧洲开放科学云（The European Open Science Cloud，EOSC）项目就是为了促进科研数据的共享而设计的。其次，发展数据市场，建立公平、透明的数据交易平台，促进数据流通和价值实现。此外，创新商业模式也是应对非竞争性的关键策略，订阅制、API经济等模式正是利用数据的非竞争性来创造新的商业机会。

在此基础上，制定适当的数据治理政策至关重要，这不仅能平衡数据共享与保护之间的矛盾，还能应对数据垄断问题。例如，欧盟的GDPR在促进数据流通的同时，严格保护个人隐私。为了维护市场的公平竞争，反垄断政策也必须针对数据经济中的垄断现象做出调整，确保数据市场的健康发展。教育和培训是增强社会各界对数据非竞争性认识的有效手段，培养各方合理利用数据的能力。例如，麻省理工学院的"数据素养"课程为学生提供了全面的数据分析和使用培训。

实际应用中，数据非竞争性的优势在多个领域得到了充分体现。开放政府数据就是一个典型例子，政府将公共数据免费开放，供企业和研究机构使用，例如美国的Data.gov平台就为创新提供了大量的数据资源。科研数据共享也是数据非竞争性的一个成功案例，人类基因组计划的数据共享推动了生物医学研究的快速进展。在地图数据领域，开放街道地图（OpenStreetMap，OSM）允许用户共同贡献和使用地图数据，成为众包和协作的典范。应用程序编程接口（Application Programming Interface，API）经济通过数据和服务的共享为企业创造了新的商业机会，例如Twilio通过API为各种创新应用提供通信服务。此外，预训练的机器学习模型，如Google的BERT模型，因其非竞争性得以广泛应用于各种自然语言处理任务中。

数据的非竞争性也被视为数字公共物品的一个重要特征。像维基百科这样的知识平台，其内容可以被全球用户自由访问和使用。同时，数据在汽车行业、金融领域等多个行业的应用中也发挥了重要作用。汽车区块链倡议联盟（Mobility Open

Blockchain Initiative，MOBI）就是通过共享数据促进汽车行业创新的一个典型案例。

总之，数据要素的非竞争性为数据的广泛应用和价值创造提供了基础，但也带来了诸如数据垄断、隐私保护等新的挑战。未来，如何在充分利用数据非竞争性的同时，解决由此引发的市场和社会问题，将是数据经济发展的核心问题之一。随着技术和市场的进一步成熟，我们有望看到更多基于数据非竞争性的创新商业模式和应用场景，这将推动数字经济迈向新的高度。

5. 潜在的非排他性

数据要素的潜在非排他性是指在数据的生成、控制和使用过程中，数据的获取和利用不受独占或垄断的限制。这就意味着数据可以更广泛地共享、访问和利用，而不由少数实体垄断控制。然而，这种非排他性是"潜在的"，在现实中，技术手段和法律规定往往对数据的自由流动和使用施加了某种程度的限制。

这一特性使得数据理论上具备广泛的可得性。例如，公共气象数据能够被任何人或组织获取并使用，不限制特定用户的访问权限。此外，数据的复制非常便利，一旦数字内容发布在互联网上，就难以完全阻止他人访问和复制。这种易于传播的特性使得数据的完全排他使用变得困难。数据使用权的灵活性也是其潜在非排他性的核心特征，多个主体可以同时拥有使用数据的权利，而不必限制在某一个实体内。例如，开源软件的源代码数据可以被多个开发者自由使用和修改。同时，数据的价值往往具备非独占性，多个主体可以从同一数据集中获得各自的利益。不同研究团队可以使用同一个基因组数据集进行多种不同的研究，而彼此之间不会发生冲突。

潜在的非排他性对数据要素市场和数据经济带来了诸多正面影响。首先，数据的广泛可得性促进了创新。开放数据使得更多的开发者和企业能够基于相同的数据创造新的应用和服务，例如，开放政府数据已催生了众多创新应用。其次，数据共享可以提升效率，避免重复劳动。例如，科研数据的共享可以避免研究人员重复进行相同的实验，加快科研进展。同时，数据的非排他性也有助于降低数据垄断的风险，促进市场上的公平竞争。例如，开放银行（Open Banking）政策通过数据共享促进了金融服务的创新。通过允许多方使用数据，社会价值能够得到最大化。城市交通数据的开放不仅能支持交通优化，还能为环境监测等多种服务提供支持。此外，数据的潜在非排他性催生了新的商业模式，如数据即服务（Data as a Service，DaaS），例如Bloomberg通过提供金融数据服务创造了巨大的商业价值。

然而，数据的潜在非排他性也带来了一些挑战。隐私保护是其中最为显著的问题之一，数据的广泛共享可能会增加隐私泄露的风险。例如，位置数据共享可能会导致个人隐私被暴露。同样地，数据的广泛流通也增加了安全问题的复杂性，医疗数据共享可能引发患者信息的安全风险。在商业环境中，如何公平地分配数据使用带来的收益也是一个需要解决的问题。数据提供者和使用者之间的利益分配机制亟待建立。与此同时，确保数据质量在数据广泛共享的环境下变得更加困难，如何保证开放数据的准确性和可靠性是一个重要挑战。此外，数据的广泛使用引发了新的法律和伦理问题，尤其是在人工智能等新兴技术领域，数据的使用权和归属问题日益突出。

为应对这些挑战，制定清晰的政策和策略至关重要。首先，建立有效的数据共享框架，明确数据共享的规则和协议，能够确保数据在多方之间的有序流通。例如，欧盟的《关于公平访问和使用数据的统一规则的条例》（以下简称《数据法案》）旨在促进数据的公平共享。其次，发展先进的隐私保护技术，如差分隐私和联邦学习，以在保护隐私的同时实现数据价值。例如，苹果公司采用差分隐私技术来保护用户数据。数据治理模式的创新也在解决这一挑战中起到了积极作用，例如，英国的数据信托模式平衡了各方的数据利益诉求。完善的法律法规为数据的安全和有序流动提供了必要的法律保障，中国的《数据安全法》正是为此目的而制定的。建设强大的数据基础设施也是支持数据共享和利用的关键，欧盟的GAIAX项目旨在建立一个开放、透明和安全的数据基础设施。此外，提高社会各界的数据素养和数据伦理意识，确保各方在使用数据时遵循合理的道德规范，也同样重要。例如，芬兰推出的"AI元素"课程帮助公民提升了对数据素养和AI技术的理解。

潜在非排他性在实践中得到了广泛应用，尤其是在公共健康、科研和城市管理领域。新冠疫情期间，各国共享病例数据和基因组数据，极大加速了疫苗的研发和全球防控措施的制定。气象数据的开放是另一个显著例子，许多国家的气象部门将气象数据免费共享，为气候研究和天气预报提供了基础。在开源软件领域，Linux操作系统的源代码对全球开发者开放，持续推动了软件创新。许多城市通过开放公共交通数据，支持了多个交通应用的开发，提升了市民的出行体验。学术研究中，arXiv.org平台允许研究者在正式发表前共享研究成果，加快了科学发现的速度。公民科学项目，如eBird，允许公众贡献观察数据，促进了生物多样性研究。

综上所述，数据要素的潜在非排他性为数据的广泛应用和价值创造提供了可能性，但同时也带来了隐私保护、安全管理、收益分配等方面的挑战。随着技术和法律框架的进一步发展，更多基于数据共享的创新应用和商业模式将不断涌现，推动数字经济向前迈进。

6.异质性

数据要素的异质性是指在数据生成、处理和管理过程中，由于涉及不同的实体、组织、技术和环境因素，导致数据呈现多样性和差异性。这些异质性使得相同的数据对不同使用者和应用场景具有不同的价值。这种异质性不仅影响数据的来源和格式，还影响数据的质量、处理需求、法律和伦理约束等方面，塑造了数据在不同领域中的多样化应用和价值。

数据的来源多样性是异质性的重要体现。数据可以来自传感器、用户行为、交易记录等不同来源，涵盖多个领域。例如，在智慧城市项目中，交通、环境、能源等领域的数据会共同构成完整的城市管理解决方案。此外，数据的格式多样性也十分明显，既包括结构化数据，如数据库记录，也包括非结构化数据，如文本文档、图像、视频等。这种格式上的差异增加了数据处理的复杂性，要求使用不同的技术和方法来整合和分析。

数据的质量差异是另一重要特征。不同来源的数据可能在准确性、完整性、时效性等方面存在显著差异。例如，社交媒体数据通常包含大量的噪声和不准确的信息，而官方统计数据则相对更可靠和精确。同一数据在不同场景下的价值差异也显而易见。举例来说，位置数据对于广告公司和城市规划部门的价值是不同的：前者可能关注用户的地理位置以进行精准广告投放，而后者则更关注数据对交通流量优化的作用。

异质性还体现在处理需求的差异上。不同类型的数据需要不同的分析算法和处理技术。例如，处理图像数据需要使用计算机视觉算法，而处理文本数据则需要自然语言处理技术。此外，数据的法律和伦理约束也因数据类型不同而存在差异。个人健康数据受到严格的隐私保护，而公共交通数据通常可以自由共享。

数据的异质性对数据市场和数据经济带来了许多挑战和机遇。首先，异质性增加了数据集成的复杂性。整合来自不同来源和格式的数据需要更加复杂的技术和工具，如ETL（提取、转换、加载）工具和数据湖技术。其次，数据价值评估的复杂性也是一个重要问题。由于不同数据集的异质性，难以建立统一的价值评估标准，导致数据交易中的定价和价值评估更加复杂。此外，异质性也使得数据质量管理更加困难，必须建立有效的标准来确保不同来源数据的准确性和一致性。

另外，数据的异质性为创新和价值创造提供了机会。通过整合来自不同领域的异构数据，企业和研究机构能够获得新的见解和应用。例如，结合基因组数据和生活方式数据的精准医疗可以为患者提供个性化的治疗方案。此外，数据异质性也推动了分析技术的多样化发展，数据科学家必须开发新的算法来处理多种类型的数据。这一需求带来了人才需求的多元化，这就要求数据从业者具备跨领域的知识和技能。

为应对数据异质性带来的挑战并充分利用其潜力，组织可以采取多种策略。首先，建立数据标准是关键。标准化能够提升不同来源和格式数据的互操作性，确保数据在不同系统之间的顺畅流动。例如，医疗领域的HL7标准促进了不同医疗系统之间的数据交换。其次，投资于数据集成技术的开发，如Apache NiFi等流处理工具，可以帮助企业更好地整合和利用多源数据。灵活的数据架构也至关重要，数据网格（Data Mesh）等架构能够处理异构数据，满足不同场景的需求。

跨领域人才的培养对于处理复杂的异质性数据至关重要。交叉学科的数据科学项目能够培养具备数据科学、领域知识和商业洞察力的复合型人才，帮助组织更好地应对数据挑战。此外，AI和机器学习技术的应用在处理异质性数据方面具有巨大潜力，深度学习技术已经被广泛应用于同时处理文本、图像和结构化数据的场景中。为提高数据的可发现性和可理解性，元数据管理和数据目录也必须得到重视，工具如Apache Atlas可以帮助企业更好地管理其数据资产。

在实际应用中，数据异质性在多个领域都有显著体现。例如，智慧城市项目通过整合交通、环境、能源等多领域数据，提供了全面的城市管理解决方案。新加坡的"虚拟新加坡"项目正是通过多种数据类型的融合实现了城市的智能化管理。在精准医疗领域，整合基因组数据和电子健康记录等多种类型的健康数据，为个性化医疗提供了支持。在金融风险管理中，机构结合交易数据、新闻数据和社交媒体数据，利用AI技术进行全面的风险评估。这些实际应用展示了数据异质性如何为企业和社会带来巨大的创新机会。

综上所述，数据要素的异质性不仅带来了挑战，如数据集成、数据质量管理和价值评估的复杂性，同时也提供了巨大的创新和发展空间。通过发展先进的数据集成技术、标准化的数据治理、跨领域人才培养以及AI技术的应用，我们可以更好地应对数据异质性带来的挑战，推动数字经济的进一步发展。数据的多样性为跨领域合作和创新应用提供了广阔的机会，未来随着技术的进步，异质性数据的潜力将得到进一步释放。

数据要素相较于其他生产要素，具有其独有的特征，使其在数字化时代的经济和社会中扮演了不可替代的角色。这些特征包括以下几个方面。

虚拟性使得数据是非物质的，存在于数字空间中，这赋予了数据极高的存储、传输和处理灵活性。首先，数据的这种非物质性为其低成本存储和快速传输提供了支持，使得全球范围内的信息交流变得更为便捷和高效。其次，低成本复制性意味着数据可以以极低的成本被复制和广泛分发，这为数据的共享和再利用提供了坚实的基础。多个主体可以同时使用同一数据资源，而不会增加额外的物理成本。正因如此，数据要素成为推动数字经济规模化发展的核心动力。

主体多元性则体现在数据生成、收集和使用过程中，涉及多个主体，包括个人、企业、政府和研究机构。这一特征带来了管理和治理的复杂性，但同时也为跨领域的合作与创新提供了机遇。在多个主体之间协调和利用数据，能够激发新的应用场景和技术革新。与此同时，数据的非竞争性进一步增强了其经济价值，因为数据可以被多个用户同时使用而不受限。与传统资源不同，数据的使用不会导致其价值的减少，反而可能通过不同的分析和处理方法，创造更大的规模效应和网络效应。

潜在的非排他性意味着数据理论上可以被广泛共享和使用，这为创新和价值创造提供了巨大的空间。但这种非排他性也是"潜在的"，因为在实际应用中，法律、隐私和安全等因素限制了数据的自由流动。如何在共享与保护之间取得平衡，成为当今数据治理的关键问题。异质性使得数据在来源、格式和质量上具有多样性，这既增加了管理和分析的难度，也为跨领域的融合和创新提供了广阔的机会。通过对异质数据的有效整合，不同领域的洞察力能够得到极大提升，推动经济和社会的进步。

这些特征共同塑造了数据在数字经济中的重要作用。数据不仅是一种新兴的生产要素，更是创新驱动、优化决策和提升效率的关键引擎。然而，伴随着数据要素的独特优势，也出现了一系列挑战，包括数据安全、隐私保护、数据质量管理以及数据权属等问题。为充分发挥数据的潜力并应对这些挑战，多方面的措施变得至关重要。

首先，技术创新是关键。发展先进的数据处理、分析和保护技术，特别是在人工智能、区块链和隐私计算等领域的突破，将有助于在确保数据安全的同时最大化数据的利用价值。

其次，制度建设也是必要的。完善相关法律法规，构建健全的数据治理框架，明确数据权属，规范数据交易，将有助于解决数据流通和利用中的法律障碍。

在此基础上，人才培养显得尤为重要。跨学科人才的培养将推动数据科学、技术开发与管理的深度融合，进而提高社会整体的数据素养。同时，基础设施建设也是推动数据流通与应用的核心，数据中心和高速网络等基础设施的投资，将加速数据经济的全面发展。在国际层面上，国际合作对于推动数据跨境流动以及全球数据要素市场的形成至关重要。通过建立国际规则，各国之间能够更好地协调数据的使用和保护。

最后，数据的应用必须符合伦理规范。通过建立伦理准则，确保数据使用符合社会价值观和道德标准，能够帮助数据技术的应用走向更加可持续的发展道路。这不仅是在保护个人隐私和数据安全方面的需求，更是社会整体公平和正义的体现。

未来，随着技术进步和制度的不断完善，数据要素将在更多领域发挥关键作用，催生新的商业模式、服务形态和社会治理方式。数据作为连接物理世界和数字世界的桥梁，将推动经济和社会向更智能、更高效、更可持续的方向发展。通过政府、企业、学术界和公民社会的共同努力，数据要素的价值将得到充分释放，而由其引发的风险也将得到有效控制，推动数字经济的健康成长。

1.3　数据要素的价值与作用

数据不仅被誉为新时代的"石油"，更是被提升为与土地、劳动力、资本、技术并列的第五大生产要素，对企业的生产方式、社会运行模式乃至政府的治理方式都产生了革命性的影响。在信息时代，数据已经成为新的生产要素，其价值和作用日益凸显。数据要素不仅能够创造经济价值，推动新产业、新业态、新模式的发展，而且还对经济增长、生产方式变革、传统行业升级、市场培育、数字经济、社会治理、国家战略、全球竞争以及创新驱动等方面产生了深远影响。本节将进一步探讨数据要素的价值与作用。

1.3.1　驱动经济增长

数据要素通过参与社会生产经营活动，成为推动经济效益增长的核心因素。其作用不仅限于直接创造经济效益，还通过提升其他生产要素的效率，对整个经济产生乘数效应。这种价值创造的过程促使新产业、新业态和新模式的涌现，为经济发展注入了新的活力。更重要的是，数据要素在推动经济总量提升的同时，也优化了经济结构，促进了产业的升级与转型。

作为数字经济的核心引擎，数据要素在推动生产力发展、社会进步以及数字经济新时代的到来中扮演着至关重要的角色。它为社会经济的数字化转型提供了强有力的支撑，并通过广泛应用促进了新技术的发展，如人工智能、云计算和大数据等。这些技术的发展不仅促进了经济增长，还加速了数字化创新，推动了整个社会的技术进步。

具体而言，数据要素作为经济增长的新引擎，体现在多个方面。首先，数据要素能够显著提高生产效率。通过对生产数据的精准分析和预测，企业可以优化资源配置，提升生产流程的效率。工业互联网就是一个典型的应用案例，它通过收集和分析生产数据，帮助企业实现精准控制和预测性维护，大幅提升生产效率。其次，数据为创新提供了丰富的资源和工具。例如，在医疗领域，利用海量基因组数据可以加速药物研发；在企业管理中，大数据分析有助于优化决策流程。这些数据驱动的创新推动了各行各业的进步。

此外，数据要素正在创造新的商业模式。共享经济平台通过数据的匹配功能实现供需平衡，开辟了新的市场机会。与此同时，数据也推动了传统产业的数字化转型和升级。例如，精准农业通过数据优化生产过程，提高了农业生产效率和可持续性。数据要素还推动了跨行业的融合与创新，如金融科技的发展通过数据打破了金融与科技之间的壁垒，促进了跨界融合。

阿里巴巴是利用数据要素推动经济增长的典型案例之一。作为全球领先的电子商务平台，阿里巴巴通过其庞大的数据生态系统收集并分析了海量数据，推动了精准营销、供应链优化和金融服务创新。例如，阿里巴巴通过分析用户的浏览和购买历史数据，为商家提供精准的广告投放服务。这不仅提高了广告的转化效果，还改善了用户体验，推动了平台交易额的增长。同时，阿里巴巴利用大数据帮助商家优化库存管理，减少库存积压，提升了供应链效率。此外，基于交易数据和信用评估模型，阿里巴巴的蚂蚁金服为中小企业和个人提供了创新的金融服务，开辟了新的收入来源。

阿里巴巴的成功不仅体现在其电子商务平台的卓越表现，还通过新零售模式、智能物流和云计算服务推动了整个生态系统的快速发展。例如，阿里云通过提供云计算服务，帮助企业处理大规模数据，成为推动数字经济发展的重要引擎。这种数据驱动的创新模式，不仅帮助阿里巴巴保持了持续的高速增长，也带动了整个数字经济生态的繁荣。据《阿里巴巴2020财年年报》，阿里巴巴集团的收入达到了5097.11亿元人民币，展现了数据要素作为经济增长引擎的巨大潜力。

通过阿里巴巴的案例可以看出，数据要素不仅直接创造经济价值，还通过提升决策效率、促进创新和优化流程，对整个经济体系产生了广泛而深远的影响。这种数据驱动的增长模式正在成为数字经济时代的主流特征，推动着全球经济结构的转型与升级。未来，随着数据要素的进一步发展以及技术的持续突破，数据将在更多领域中发挥核心作用，继续推动新的商业模式、服务形态和社会治理方式的变革。

1.3.2 支撑科技创新

数据要素通过支持人工智能、大数据分析和云计算等领域的研究和应用，推动了科技进步和产业升级，为我国的科技发展注入了强大的动力。首先，数据要素为科技创新提供了丰富的信息资源。在海量数据的支持下，科研人员和工程师能够通过数据分析和挖掘发现新的规律、趋势和机会，从而为科技创新提供必要的指导和支持。其次，数据要素促进了科技领域的跨界融合与创新。不同领域的数据通过整合与交叉应用，推动了跨学科的合作与创新。例如，生物信息学整合了生物学和计算机科学的知识，带来了基因组学的突破性发展。此外，随着互联网和物联网技术的普及，各种数据源不断涌现，为科技创新提供了广阔的发展空间。数据要素的广泛应用不仅加速了技术的普及，还提升了人们的生活质量，从智能家居到智慧城市，数据驱动的科技创新成果正在改变人们的日常生活。

数据要素在支持科技创新的过程中，主要体现在多个关键方面。首先，为科学发现提供实证基础。大规模数据的收集和分析为科学研究提供了前所未有的实证支持，例如，天文学中的天体观测数据为理解宇宙结构和演化提供了重要基础。其次，数据要素能够加速实验和模拟过程。通过机器学习和数据分析，科学家能够更快地进行实验和模拟过程，材料科学领域中通过数据驱动的方法加速了新材料的发现和设计。此外，数据要素还促进了跨学科研究，通过数据的整合，不同学科之间的研究可以产生协同效应。例如，基因组学与计算机技术的结合推动了生物学研究的巨大进步。

数据要素还为支持复杂系统研究提供了工具。大数据分析使得研究复杂系统成为可能，例如，气候变化研究需要整合大量的观测数据和模型模拟数据。在推动技术创新方面，数据驱动的方法改变了传统的技术创新模式，人工智能的深度学习技术依赖大量的训练数据来不断优化算法。数据要素同样能够优化创新过程，制药行业利用数据分析优化了临床试验设计，加速了新药的开发。此外，数据共享平台的建立也为开放创新创造了条件，开源软件社区通过共享代码和数据，加速了软件技术的迭代与创新。

一个典型的数据要素推动科技创新的案例是CERN的大型强子对撞机（Large Hadron Collider，LHC）项目。LHC作为全球最大、最复杂的科学仪器之一，每秒生成约1PB的原始数据，这些数据为物理学研究提供了详尽的实验数据。为了处理如此庞大的数据量，CERN开发了复杂的数据处理系统，并通过全球LHC计算网格（Wordwide LHC Computing Grid，WLCG）进行分布式数据处理与分析。LHC项目还积极推动了数据共享，CERN将处理后的数据向全球科研人员开放，促进了国际的科学合作。基于LHC产生的海量数据，科学家在2012年成功发现了希格斯玻色子，验证了标准模型中的一个关键理论，这一发现促成了2013年诺贝尔物理学奖的获得。

除了在物理学上的突破，LHC项目还推动了技术创新。为应对海量数据的处理需求，CERN开发了多项数据处理和分析技术，万维网正是为了满足CERN科学家之间信息共享的需求而诞生的。此外，LHC的数据处理技术已经在医学影像、金融分析等领域得到应用，如癌症诊断技术就得益于CERN的数据处理技术。LHC项目还培养了大量的科研人才，这些具备大数据处理和分析能力的科学家推动了多个领域的数据驱动创新。

CERN的LHC项目生动展示了数据要素如何在科技创新中发挥核心作用。从生成、处理到分析海量数据，LHC不仅推动了科学的重大突破，还带动了相关技术的创新与跨学科应用。这个案例表明，数据要素已成为现代科研中的第三支柱，与理论和实验同等重要。数据不仅为科学发现提供了基础，还推动了技术创新、促进了国际合作，并培养了大量数据科学人才，对科技创新产生了深远的影响。

总之，数据要素在支持科技创新、促进跨界融合、推动技术发展方面的作用日益突出。通过为科学研究提供实证基础、加速实验与模拟、促进跨学科合作，数据要素为科技进步注入了新的动力。在LHC等大型科研项目的推动下，数据要素已经成为科技创新的核心驱动力之一，推动了全球范围内的科学发现和技术突破。未来，随着数据技术的进一步发展，数据要素将在更多领域发挥关键作用，推动新一轮的科技革命和产业升级。

1.3.3　优化资源配置

通过数据的流通和交易，数据资源得以实现最优配置和价值最大化。这种优化不仅促进了经济的健康发展，还为企业和行业提供了新的竞争优势，推动了新产业和新业态的形成与发展。首先，数据驱动的决策是数据要素的重要应用之一。数据要素为企业提供了全面、准确的信息支持，帮助管理者做出基于事实的决策。这种基于数据的决策过程减少了主观臆断，增强了决策的科学性和准确性，从而有效提高了工作效率。

其次，数据要素在业务流程优化中也扮演着重要角色。通过对现有业务流程的分析和评估，数据要素可以帮助企业发现运营中的瓶颈和低效环节。通过数据分析，企业能够更好地简化流程，提升整体效率和响应速度。同时，数据要素还在资源利用效率的提升中发挥了关键作用。数据分析能够帮助企业深入了解资源使用情况，识别浪费和效率不足的地方，并通过合理分配资源来降低成本和提高资源利用率。

生产计划优化是数据要素的另一大应用。通过分析市场需求和供应链状况，企业能够制定更科学合理的生产计划，从而减少库存积压、避免缺货，提高生产效率和客户满意度。在人力资源管理中，数据要素也具有重要作用。企业通过分析员工的工作绩效、培训需求等信息，优化人力资源配置，制定精准的培训和激励策略，从而提升员工效率和满意度。

最后，在成本管理和控制方面，数据要素同样发挥着重要作用。企业通过数据分析可以有效监控和识别成本来源，制定成本控制策略，提升盈利能力。

数据要素提高企业效率和优化资源配置的作用体现在多个方面。首先，通过数据分析，企业能够做出精准决策。例如，零售企业可以利用销售数据和客户行为数据来优化商品布局和定价策略。其次，数据分析帮助企业识别业务流程中的瓶颈，实现流程优化。制造企业利用生产线数据优化流程，显著提升了生产效率。此外，数据要素还支持企业进行需求预测，通过历史数据和实时数据的分析，快消品企业能够更准确地预测产品需求，从而优化库存管理。

在资源调配方面，数据分析能够帮助企业合理分配资源。物流公司通过分析实时交通和订单数据，可以优化配送路线和资源调度，从而提升效率。数据还可以帮助企业进行风险管理，例如，银行通过客户交易数据和信用数据评估贷款风险，从而更好地管理风险。与此同时，数据要素还推动了个性化服务的实现，企业通过分析客户数据提供个性化的产品和服务，提高客户满意度。在制造业，数据要素支持预测性维护，通过分析设备运行数据，企业可以预测设备故障，降低维护成本。

联合利华的数据驱动供应链优化案例就是数据要素应用的典型范例。作为全球领先的快速消费品公司，联合利华通过利用数据要素优化供应链，实现了更高的效率和资源配置优化。联合利华通过机器学习算法分析历史销售数据、天气数据、社交媒体数据等，显著提升了需求预测的准确性，减少了库存积压和缺货现象。同时，联合利华开发了基于数据的动态定价系统，根据实时市场需求、竞争对手价格和库存水平等动态调整产品价格，从而优化收入和利润。

联合利华还通过数据分析优化库存管理策略，减少了库存成本并提高了产品可用性。在运输优化方面，公司利用交通、天气和订单数据优化运输路线，减少了运输成本和碳排放。此外，联合利华还通过数据分析优化了供应商管理，提高了供应链的稳定性。利用市场和消费者数据，联合利华还优化了产品组合，集中资源于高增长和高利润的产品线，并通过数据分析追踪和优化其可持续发展目标，如减少用水和碳排放等。

联合利华通过跨职能协作和数据共享，进一步提升了整体运营效率。公司还建立了数据驱动的"数字孪生"供应链模型，支持实时决策，能够快速响应市场变化和突发事件。此外，联合利华还在数据分析培训方面投入巨大，提高了员工的数据素养，使数据驱动决策成为公司文化的一部分。据《联合利华2020年年报》报道，联合利华通过实时对全平台数据做动态分析，打造了"数据获取—数据分析—模型搭建—数据预测—智能决策—新数据融入"的完美数据闭环。基于快速精准的销量预测制订订货和出货计划，减少人工决策带来的误差，平衡商品产量与市场需求，从而避免了库存积压和缺货现象，降低了库存成本，并提升了产品可用性和客户满意度。联合利华的案例展示了数据要素在优化单个业务环节以及跨职能协作中的巨大潜力。通过数据整合和分析，公司能够实现整个价值链的优化。这不仅提升了运营效率，还增强了公司的市场竞争力和可持续发展能力。然而，实现这一成果需要企业在数据基础设施、分析能力和组织文化方面进行系统性投入和变革。随着数据技术的不断发展，数据要素在提升效率和优化资源配置方面的作用将变得更加突出。

1.3.4　助力国家治理

通过将大数据与社会治理相结合，国家可以实现治理体系和治理能力的现代化，提升在新闻发布、医疗资源调度、民生保障、交通管理等方面的精准性和效率。这种社会治理的优化，不仅提升了社会的运行效率，还显著提高了公民的生活质量。数据要素被视为国家发展的战略性基础资源，是推动数字经济发展的核心动力，对实现第二个百年奋斗目标具有重要的战略支撑作用。数据要素的这种国家战略定位，突显了其在国家发展中的重要地位。

数据要素在推进国家治理体系和治理能力现代化中，发挥了多方面的重要作用。首先，通过大数据分析，政府能够提高决策的科学性，全面准确地了解社会状况，做出更加科学的政策决策。例如，政府可以基于经济、社会和环境等多维度的数据进行政策效果的评估。其次，数据要素能够优化资源配置，帮助政府合理分配公共资源。例如，基于人口分布和需求数据，政府可以更好地优化公共服务设施的布局。

在提升政府服务效率方面，数据要素同样发挥着重要作用。通过数据驱动的服务模式，政府能够通过创新政务服务平台如"一网通办"，提高办事效率和服务质量。与此同时，数据分析还可以增强政府的风险预警能力，通过大数据技术，政府可以更早地识别和应对社会和经济中的潜在风险。例如，利用社交媒体数据监测舆情。此外，数据共享和开放不仅有助于政府提高决策效率，还可以促进社会协同，推动政府、企业和公众之间的协作，激发社会创新活力。

数据要素在国家治理中的另一个关键作用是提高监管的精准性。通过大数据分析，政府可以更精确地监管金融市场和经济活动，减少违法行为。例如，利用金融交易数据进行反洗钱监控。数据要素也是智慧城市建设的核心基础，通过整合城市交通、环境、公共服务等多方面的数据，智慧城市系统能够实现更加智能化的城市管理和运行。

中国杭州市的"城市大脑"项目就是数据要素助力国家治理现代化的典型案例。该项目自2016年启动，通过整合大数据和人工智能技术优化了城市的各个管理和服务领域。首先，交通管理是"城市大脑"项目的亮点之一。该系统通过分析实时交通数据，优化了交通信号控制，显著提高了道路通行效率，高峰期间平均车速提高了15%。此外，应急响应系统整合了交警、消防、医疗等部门的数据，实现了快速协同响应。例如，当发生交通事故时，系统会自动调整周边的交通信号，为救援车辆开辟绿色通道。

"城市大脑"在城市规划中也发挥了重要作用。通过大数据分析人口流动和经济活动，杭州市政府得以优化公交线路和公共服务设施的布局。在环境监测方面，系统整合了空气质量、水质、噪声等数据，实现了环境问题的实时监控和预警。此外，杭州市通过利用视频分析技术加强公共安全管理，快速定位走失儿童或识别可疑行为，提高了社会的安全性。

政务服务的效率也通过"城市大脑"得到了显著提升。数据共享和部门间的协同使市民能够通过"一网通办"平台便捷地获得政务服务。在健康医疗领域，系统整合了跨医院的医疗资源和电子病历，实现了数据的互通互享，减少了重复检查，优化了医疗服务的资源配置。同样地，教育资源通过大数据分析得以优化，根据学生需求调整学校的布局和招生计划，提高了教育资源的有效性。通过为企业提供数据服务，支持创新和产业链优化，"城市大脑"项目还在企业服务领域发挥了积极作用。

杭州市的"城市大脑"项目还通过移动应用等渠道提高了市民的参与度，市民可以实时与政府互动，增加了参与社会治理的机会。据报道，该项目不仅提高了城市管理效率，还为杭州带来了显著的经济效益。例如，在交通管理方面，杭州公交数据大脑通过优化公交运营调度，实现了行车计划编制时间大幅缩短、人均调度能力显著提升、线网班次密度提高、线路准点率提升以及投诉率下降等优化，不仅提高了公交运营效率和服务质量，还吸引了更多市民选择公交出行，减少了私家车出行带来的交通拥堵和经济成本，为城市交通管理带来了可观的经济效益。这一案例充分展示了数据要素在推动国家治理现代化中的巨大潜力。然而，杭州的成功经验也表明，要充分发挥数据要素的作用，需要在数据收集、共享、分析和应用等方面进行持续的系统性创新。同时，数据安全和隐私保护问题也应引起重视，国家需要建立健全相关的法律法规和伦理规范。随着技术的不断进步和实践的深化，数据要素将在国家治理现代化中发挥越来越重要的作用，推动政府从传统的经验驱动向数据驱动的现代治理模式转变。

1.3.5 推动新质生产力发展

数据要素与技术、资金、人才等要素的协同融合，是推动新质生产力发展的关键力量，对传统产业的转型升级具有重要作用。通过数据要素的创新驱动，传统产业得以注入新的活力，焕发出新的生命力。数据要素通过影响决策融入生产的各个环节，促进企业核心技术的突破，提升劳动生产率，构建精细化管理和产品质量控制体系。这种科学、高效的生产方式提升了企业的竞争力。同时，数据的流动突破了传统行业的信息壁垒，促进了农业智能管控、制造业质量改进以及零售供应链的优化。这种传统行业的升级，使其在信息化浪潮中焕发出新的生机。

数据要素在推动传统行业升级转型和发展新质生产力方面表现突出，主要体现在多个领域。首先，智能化生产通过数据驱动的智能制造系统，实现了生产过程的自动化和智能化。例如，工业互联网平台通过收集生产数据，优化生产流程，大幅提升了生产效率。在市场营销中，数据要素支持精准营销，通过分析客户行为数据，帮助企业实现更精确的市场定位和制定个性化营销策略。此外，数据分析还推动了产品创新，企业能够通过用户反馈和产品使用数据进行创新设计，如汽车制造商利用车载数据优化产品设计。

同时，数据要素还推动了服务转型，帮助企业从产品导向转向服务导向。制造业企业利用产品运行数据提供预测性维护服务，提升了用户体验。数据分析在供应链优化中发挥了重要作用，通过分析销售数据和库存数据，企业可以优化采购和配送流程，提升供应链的效率。在风险管理方面，金融机构利用数据分析提高风险识别和防范能力，例如通过交易数据进行风险评估和欺诈检测。此外，数据要素还可以优化企业的资源配置，如农业企业通过气象数据和土壤数据优化种植决策，提升资源利用效率。

海尔集团的工业互联网转型是数据要素推动传统制造业升级的典型案例。海尔通过构建COSMOPlat工业互联网平台，实现了智能制造、定制化生产和服务转型。通过收集和分析生产数据，海尔实现了生产过程的智能化和柔性化，生产效率和产品质量大幅提升。同时，海尔通过数据共享实现了与供应商的实时协同，缩短了供应链的交付周期。海尔还通过分析产品使用数据，开发了更具创新性的产品，如适应不同水质的洗衣机等。在服务转型方面，海尔利用物联网技术收集产品运行数据，提供预测性维护服务，从单一的产品销售模式转向全生命周期服务提供的模式。

此外，海尔通过开放工业互联网平台，构建了一个开放的工业互联网生态系统，推动了整个行业的数字化转型。海尔还通过分析能源消耗数据，优化了能源管理，大幅减少了能耗和碳排放。该公司利用全流程数据分析实现了产品质量的全程可追溯，提高了质量管理能力。为了支撑其转型，海尔投资建立了工业互联网创新中心，培养具备数字化能力的复合型人才。海尔的成功不仅推动了自身的国际化发展，还通过数据驱动的创新提高了生产效率和运营效率。例如，海尔青岛洗衣机互联工厂通过应用5.5G高频定位、数字孪生等先进技术，生产规模提高20%以上，在满负荷生产的情况下，成品暂存区没有库存，产品不入库率达到了85%。解决了高精度下高效率难题的COSMOPlat，是全球首家引入用户全流程参与体验的工业互联网平台。海尔的案例充分展示了数据要素在推动传统行业升级和发展新质生产力方面的巨大潜力。通过数据驱动的智能制造、大规模定制、服务转型等创新，海尔不仅增强了自身的竞争力，还带动了整个产业链的升级。这表明，数据要素不仅可以优化传统生产模式，还能够催生新的商业模式和产业形态。

然而，海尔的经验也表明，要充分发挥数据要素在产业升级中的作用，企业需要在技术创新、组织结构重构、人才培养和商业模式创新等方面进行全面变革。同时，企业还需要构建开放的生态系统，推动整个产业链的协同创新。随着5G、人工智能、区块链等新技术的不断发展，数据要素将在推动传统行业转型升级和新质生产力发展方面发挥越来越重要的作用，成为经济高质量发展的核心动力之一。

1.3.6　促进协同发展

数据要素的共享和跨领域应用促进了各行各业的合作与创新，推动社会朝着更加协同发展的方向迈进。首先，数据的整合与共享提升了信息的互通互联，使得不同领域之间的信息更加全面、准确，从而促进了资源的高效利用。例如，在医疗领域，不同医疗机构间共享患者信息与研究数据，加速了疾病诊断与治疗方案的研发，推动了医疗技术的进步。

其次，数据要素的跨领域应用带来了更多的跨界合作与创新机会。通过数据的跨领域整合，各领域能够更好地合作，共同探索解决复杂问题的新途径。比如，数据科学家与医学专家的合作，利用大数据分析发现了疾病的新规律，推动了医学研究的创新和诊疗水平的提高。此外，随着数据技术的不断发展，各行业正在积极探索如何通过数据推动自身的数字化、智能化发展。制造业通过工业互联网技术，实现了生产数据的实时监控和分析，显著提高了生产效率和产品质量。

数据要素在推动跨领域协同发展方面发挥着重要作用，主要体现在信息共享、跨界创新、资源优化、风险管理、政策制定、产业融合以及科研突破等多个方面。通过数据共享平台，不同领域之间的信息可以互通互联，提升了公共服务的全面性和精准性，例如医疗、社保、民政等部门的数据共享。跨领域数据的应用催生了新的创新机会，像金融科技（Financial Technology，FinTech）领域就是金融与科技融合的成果。数据分析还可以实现更优的资源配置，比如交通、气象、旅游等数据的结合，有助于优化旅游资源。数据要素的跨领域整合也为风险管理提供了新的工具，像金融、环境、社会等多维度数据的综合分析，能够更全面地识别和管理风险。

阿里巴巴的"新制造"模式是数据要素推动跨领域协同发展的一个典型案例。这一模式通过整合电商、制造、物流等多个领域的数据，实现了从消费到生产的全链路数字化，推动了制造业的智能化转型。通过对海量交易数据和消费者行为数据的整合，阿里巴巴能够准确预测市场需求，并将这些预测结果转化为生产决策，实现了从"以销定产"向"以预测定产"的转变。此外，通过数据共享，阿里巴巴实现了供应链的高效协同，使得供应商、制造商和物流商之间的合作更加紧密和高效。这不仅提升了生产效率，还使个性化定制成为可能，消费者可以在线定制产品，而系统自动将订单转化为生产指令。

通过数据的跨领域整合和应用，阿里巴巴不仅优化了自身的运营，还重塑了整个产业链，推动了制造业的数字化和智能化升级。参与阿里巴巴"新制造"模式的企业，如犀牛智造，相较其他工厂能够缩短75%的交货时间、降低30%的库存，甚至减少50%的用水量（易山，2020）。这一案例展示了数据要素在推动跨领域协同发展中的巨大潜力，说明数据要素的价值不仅体现在单个领域内，更体现在多个领域之间的整合与应用。

然而，要实现数据要素的跨领域协同价值，仍然面临许多挑战，如数据标准化、隐私保护和利益分配等问题。不同领域的数据共享需要开放的生态系统支撑，以推动协作与创新。随着技术进步和制度完善，数据要素将在推动跨领域协同发展方面发挥越来越重要的作用，成为推动产业融合、技术创新和社会进步的重要力量。这种跨领域的协同发展不仅推动了经济高质量发展，也为社会的全面转型升级注入了新的动力。

1.3.7 其他作用

数据要素在现代经济和社会中的重要性日益凸显，其跨领域的应用和广泛影响力促使各行各业的合作与创新加速推进，推动了社会的协同发展。首先，数据的共享和整合推动了信息互通，使不同领域能够获得更全面、准确的信息支持，从而促进资源的高效利用。例如，在医疗领域，通过不同医疗机构之间共享患者信息和研究数据，不仅能够加速疾病的诊断和治疗研究，还推动了医疗技术的进步。其次，数据要素促进了跨领域合作和创新，通过整合不同领域的数据，相关行业能够探索新的解决方案，共同解决复杂问题。例如，数据科学与医学的合作，通过大数据分析发现疾病新规律，提高了医学研究的创新能力。此外，数据要素的应用推动了各行业的数字化和智能化转型，例如，制造业通过工业互联网实现生产数据的实时监控和分析，大大提升了生产效率和产品质量。

数据要素不仅优化了各行业内部的流程，还促进了不同领域之间的协同发展。金融科技、智慧城市和工业互联网等领域的快速发展，无不依赖于数据要素的深度应用和整合。例如，在智慧城市建设中，数据要素是核心，通过整合交通、气象、人口等数据，城市可以优化管理流程，提升市民生活质量。金融领域则通过分析海量交易数据，开发出个性化的金融产品，并加强了风险管理能力。

在国际贸易方面，数据要素的跨境流动推动了全球数字经济的一体化发展。例如，跨境电商平台通过分析全球消费者数据，优化供应链和物流配送，大大促进了国际贸易的发展。与此同时，数据要素在构建社会信用体系中的作用也非常突出。通过整合政务、金融和商业等领域的数据，社会信用体系能够评估个人和企业的信用，维护市场秩序并促进社会诚信。

数据要素还在教育、文化传播、人才培养等领域发挥着重要作用。在线教育平台通过分析学习者的数据，提供个性化学习方案，提升教育效果；高校则通过开设数据科学相关专业，培养适应数字经济发展的复合型人才。此外，在环境保护和可持续发展方面，数据要素通过卫星遥感和地面监测技术，支持精准的环境管理与资源优化。

国家安全同样离不开数据要素的支持，通过网络流量数据分析，可以及时发现潜在的网络攻击和其他安全威胁。大数据分析技术还为公共卫生、科学研究、城市管理等领域提供了强有力的支持，提升了整体治理能力。尤其是在公共卫生领域，通过分析健康数据、基因数据等，数据要素支持了疾病预防、精准诊疗以及个性化医疗。

尽管数据要素的广泛应用为经济、社会和技术的发展提供了巨大动力，但其带来的挑战也不容忽视。数据安全、隐私保护、数据垄断和数据治理等问题日益成为各国政府和企业必须解决的重点。这些问题的存在要求我们在充分发挥数据要素价值的同时，也要加强数据治理，健全法律法规和伦理规范，以确保数据的安全、合法和有效利用。

总而言之，数据要素不仅推动了经济增长、生产方式变革和传统行业升级，还在社会治理优化、国际贸易促进以及国家安全维护等方面发挥了重要作用。各国通过加强数据治理、推动数据开放共享和建立数据交易市场，试图在数字经济时代抢占先机，增强竞争力。未来，随着技术进步和应用场景的扩展，数据要素将在更多领域发挥重要作用，成为社会全面进步和高质量发展的关键动力。

2　新质生产力理论

在数据要素驱动的数字经济时代，新质生产力理论为理解和把握当前生产力发展的新特征、新趋势提供了重要的理论指导。本章在全书中起到承上启下的作用，一方面深化了对数据要素重要性的理论认知，另一方面为后续探讨数据要素在各领域的具体应用奠定理论基础。通过对新质生产力理论的系统阐述，帮助读者把握数字经济时代生产力发展的内在规律和基本特征。

本章从新质生产力的概念内涵入手，系统梳理了其理论演进过程，分析了影响新质生产力发展的关键因素。在此基础上，重点探讨了新质生产力理论在数字经济时代的新发展，包括其新内涵、新特征及实践应用。通过阿里巴巴新零售、西门子工业4.0、谷歌AI医疗等典型案例分析，展示了新质生产力理论的实践价值。同时，本章也对新质生产力发展面临的挑战进行了深入剖析，并对其未来发展方向进行了展望，为理解和推动新质生产力发展提供了理论指导。

2.1 新质生产力的概念与内涵

在当今数字化、网络化、智能化的时代背景下，生产力的形态正在发生深刻变革。传统的生产力理论已难以全面解释和指导现实生产实践，新质生产力理论应运而生。本章将深入探讨新质生产力的概念、特征及其与传统生产力的区别，以期为理解和把握新时代生产力发展规律提供理论基础。

2.1.1 新质生产力的定义

新质生产力作为一个相对新兴的概念，目前学术界尚未形成统一的定义。结合现有研究，可以将新质生产力定义为：在数字化、网络化、智能化的时代背景下，以新一代信息技术为核心驱动力，通过数据要素与各类生产要素的深度融合，达到资源配置最优化和生产效率最大化的一种新型生产力形态。

这一定义涵盖了几个关键要素。首先，时代背景是新质生产力产生和发展的重要前提。它是在数字化、网络化、智能化的时代背景下应运而生的，这一背景决定了新质生产力的基本特征及其未来发展方向。其次，技术驱动是其核心特征，新一代信息技术，如人工智能、大数据、云计算和物联网等，成为新质生产力发展的主要推动力。这些技术的进步为生产力的提升带来了新的可能性。

数据要素在新质生产力中占据了至关重要的位置。作为一种新型的生产要素，数据的采集、分析和应用是提升生产力的重要环节。通过数据要素的作用，新质生产力能够实现更精确的资源配置与管理。与此同时，要素融合是其显著特征之一。新质生产力强调数据要素与传统生产要素的深度融合，这种融合引发了生产方式的根本性变革。

最后，优化目标是新质生产力的核心追求，即实现资源配置的最优化和生产效率的最大化。这一目标与传统生产力理论的核心理念是一致的，反映了其在新技术环境下对生产力理论的继承与创新。

2.1.2 新质生产力的主要特征

新质生产力作为数字时代的重要标志，展现出一系列鲜明特征，这些特征反映了其与传统生产力的本质区别，深刻改变了现代生产方式和经济形态。通过对这些特征的深入分析，我们可以更好地理解新质生产力的发展规律及其重要作用。

数据驱动是新质生产力中最基础的特征。新质生产力将数据作为关键生产要素，通过数据的采集、分析和应用，显著提升生产效率与创新能力。这种数据驱动的特征体现在生产对象、生产过程和生产关系的全面数字化转型中。越来越多的产品和服务以数字形式存在，生产过程通过数字技术实现全面感知、精确控制和智能优化。阿里巴巴的新零售模式充分展示了数据驱动的价值，其淘宝平台不仅是一个数字化交易平台，还通过大数据分析为商家提供精准营销和库存管理服务。据阿里巴巴 2021 财年报告，其数字经济体的年度活跃消费者超 10 亿，其中中国零售市场年度活跃消费者达 8.11 亿，这种数据驱动的模式不仅提高了交易效率，还优化了整个供应链体系（蒋萍，2024）。

智能化构成了新质生产力的核心特征。人工智能技术的广泛应用推动生产方式发生革命性变革，体现在决策、生产和服务的全方位智能化。通过 AI 技术，智能决策系统能够辅助或替代人类决策，智能制造与机器人技术则实现了生产过程的自动化与智能化。这种智能化不仅在工业生产中发挥重要作用，在医疗健康等服务领域也创造了很大价值。西门子的"数字化工厂"是智能化转型的典型案例，以西门子数控（南京）有限公司为例，该公司通过人工智能和物联网技术实现了生产过程的智能化管理，投产后生产效率提升 20%，产品上市时间缩短近 20%（佟伟，2022）。

在医疗领域，AI技术在乳腺癌筛查和预测性医疗中的应用提高了诊断准确性，推动了个性化治疗的实现。

网络化体现了新质生产力突破地域限制、实现资源高效配置的重要特征。这种特征主要表现在生产要素的全球网络化配置、基于互联网的协同制造和创新的网络化模式等方面。工业互联网的兴起是这一特征的典型体现，西门子的MindSphere平台通过全球范围内的设备互联和数据共享，构建了高效协同的工业生态系统。小米公司通过"生态链"模式将众多中小企业连接到其生态系统中，截至2020年，小米生态链企业已超过200家，覆盖智能硬件与生活消费品等多个领域，极大地提高了创新效率和资源利用率（谢瑞丽，2024）。

绿色化反映了新质生产力对可持续发展的深刻追求。随着环境保护意识的增强，新质生产力越来越注重在生产和运营中实现绿色发展，这主要体现在提高能源效率、减少资源浪费和发展循环经济等方面。特斯拉公司的实践很好地诠释了这一特征，其电动汽车不仅在使用阶段大幅减少碳排放，生产过程也高度注重可持续性。据特斯拉2023年影响力报告，其柏林超级工厂在2023年实现了100%的电力与可再生能源匹配。在2024年3月的报道中，柏林超级工厂用水循环利用率已经达到100%，且该工厂每辆车的生产用水量仅为2.28立方米，比行业平均水平3.68立方米低33%。谷歌通过利用AI技术优化数据中心能耗，为推动绿色技术创新起到了示范作用。

服务化标志着新质生产力推动产业形态的深刻变革。这种特征体现在制造业向"制造+服务"的转型以及产品与价值创造的服务化趋势上。美国通用电气公司（GE）通过Predix平台转型为"工业互联网"解决方案提供商，为客户提供设备监控和预测性维护服务，其转型实践很好地展示了这一特征。

平台化重构了新质生产力的组织方式和创新模式。数字平台在新质生产力中扮演着整合资源、促进协同的重要角色，主要表现在生产、创新和治理的数字平台化。亚马逊网络服务（AWS）通过构建庞大的开发者生态系统，不仅提供了云计算服务，还极大降低了企业的IT成本，提高了创新效率。2020年，AWS的净销售额达453.7亿美元，同比增长30%，充分展现了平台化发展的强大动力（林想，2021）。

个性化反映了新质生产力适应多样化需求的能力。这一特征主要体现在柔性制造带来的大规模定制以及基于大数据分析的精准服务上。Netflix的推荐系统是个性化服务的典型案例，通过分析用户观看历史和偏好，为每个用户提供个性化的内容推荐，据估计每年为公司创造超过10亿美元的价值。

实时化凸显了新质生产力的快速响应能力。这种特征主要体现在决策、生产和服务的实时响应上。Uber的动态定价系统很好地展示了这一特征，据美国计算机协会经济与计算会议（ACM EC）的研究，动态定价系统通过根据实时供需情况动态调整价格，可使司机在加价行程中提高收入，进而减少乘客等待时间。这些特征相互交织、相互促进，共同构成了新质生产力的整体特征。它们展示了新质生产力在数字化、智能化、网络化等方面的显著优势，表明其相较于传统生产力具有革命性的变革潜力。这种变革不仅改变了生产方式，还推动整个经济社会向更高效、更可持续的方向发展。

2.1.3 新质生产力与传统生产力的区别与联系

新质生产力既继承并发展了传统生产力的概念，又在多个方面表现出显著的区别，且两者之间存在内在联系。深入理解新质生产力与传统生产力的区别和关联，有助于更好地把握生产力发展的历史脉络及未来趋势。

1.主要区别

第一，核心驱动力不同。传统生产力依赖于物质资本和劳动力的投入，而新质生产力则以数字技术和创新为核心驱动力，数据、算法和计算能力成为关键要素。例如，传统制造业主要依靠增加设备或改进工艺流程提高生产力；相比之下，新质生产力通过工业互联网和人工智能技术实现生产过程的优化。西门子的"数字化工厂"通过数字孪生技术，实现了虚拟与物理世界的实时互动，大幅提高了生产效率和灵活性。

第二，资源配置方式不同。传统生产力通过市场机制和行政手段进行资源配置，而新质生产力则利用大数据和人工智能技术，实现资源的实时、精准、动态配置。例如，在2024年跨年夜期间，滴滴平台打车需求较前一周同期飙升了393%，滴滴利用智能调度系统和实时数据分析，通过AI预测需求、提前调配车辆，并监控订单、司机位置及交通状况，动态调整派单策略，减少了乘客等待时间。

第三，生产组织方式不同。传统生产力通常采用规模化、标准化的生产方式，而新质生产力则强调个性化定制和柔性生产。阿迪达斯的"速度工厂"项目通过3D打印和数据分析，能够快速生产定制化产品，大幅缩短了产品从设计到上市的时间。

第四，价值创造模式不同。传统生产力主要通过物质产品的生产和销售创造价值，而新质生产力更注重数据、知识、服务等无形资产的价值创造。微软公司从依赖操作系统和软件销售转向云服务和订阅制服务，因此其智能云业务收入在2021财年第三季度同比增长23.1%。

第五，增长方式不同。传统生产力依赖要素投入的增加，而新质生产力强调通过技术进步和效率提升实现全要素生产率的增长。中国制造业的转型升级即体现了这一变化，格力电器通过智能制造战略提高了人均产值，同时减少了能耗。

新质生产力的影响还体现在其发展的边界和环境效应上。传统生产力局限于物质生产领域，而新质生产力渗透至服务业、文化创意产业等多个领域。例如，阿里巴巴的业务已从电子商务拓展至金融科技和云计算等多个行业。同时，传统生产力往往伴随着资源消耗和环境污染，而新质生产力则更注重绿色低碳发展，特斯拉公司通过电动汽车和绿色技术实现了可持续的生产模式。

2. 内在联系

尽管新质生产力与传统生产力有诸多区别，但两者之间仍存在紧密的联系。首先，新质生产力的理论基础继承了传统生产力的基本原理，如马克思提出的"生产力决定生产关系"这一基本原理，仍然适用于数字技术推动的新生产关系。

其次，新质生产力所依赖的数字技术是在传统工业技术基础上发展起来的，体现了技术进步的连续性。例如，工业互联网将传统工业技术与互联网技术结合，美国通用电气公司的Predix平台即这种技术融合的产物。

再次，传统的劳动力、资本等生产要素在新质生产力中仍发挥重要作用。例如，人工智能领域不仅依赖算法和计算能力，还需要高质量的数据和专业人才。同时，生产目标的一致性也是新质生产力与传统生产力的共性，无论是传统企业还是新质企业，其根本目标都是提高效率，满足需求。

最后，新质生产力的形成是一个渐进过程，许多传统企业通过数字化转型逐步融入新质生产力的发展轨道。例如，沃尔玛通过发展电子商务，实现了业务的跨越式发展。这种渐进性的体现也推动了产业结构的演进，德国的"工业4.0"战略即在保持传统制造业优势的基础上，推动其向智能化方向发展。

综上所述，新质生产力不仅在核心驱动力、资源配置和生产组织方式等方面与传统生产力存在显著区别，还在理论基础、技术进步和发展目标上与传统生产力保持紧密联系。这种区别与联系的双重关系推动了当代生产力发展。

2.1.4 新质生产力的理论意义和实践价值

新质生产力理论的提出和发展具有重要的理论意义和实践价值，既丰富了生产力理论的内涵，又为数字化转型、产业升级和科技创新提供了指导。

在理论方面，新质生产力理论丰富并发展了生产力的概念。通过将数据、算法等新要素纳入生产力范畴，该理论拓展了生产力的内涵，适应了数字经济时代的要求。例如，阿里研究院提出的"数字生产力"概念，成为对传统生产力理论的有力补充。这一理论的提出，推动了经济学领域的创新，特别是在数字经济和平台经济的相关研究中。麻省理工学院的 Erik Brynjolfsson 教授基于新质生产力的特征，提出了"数字化、去中介化、去同步化"的数字经济三大特征。这一理论也提供了理解技术进步与经济社会发展关系的新角度，帮助解释了人工智能、大数据等新兴技术对社会的深远影响。世界经济论坛基于该理论，提出了"第四次工业革命"的概念，讨论了技术变革对就业、教育等方面的影响。

在实践层面，新质生产力理论为企业数字化转型提供了具体的指导方法。麦肯锡公司提出的"4D模型"（发现、设计、交付、风险规避）就是基于该理论，帮助企业成功实现数字化转型。产业升级和经济结构优化也是新质生产力理论推动的关键结果。我国的"互联网＋"战略通过新质生产力理论的应用，推动了传统产业与互联网的深度融合，加快了产业转型。这一理论为政府制定科技创新政策提供了依据，欧盟的"地平线欧洲"计划就是其中的典型案例，重点支持前沿技术的研究，特别是在人工智能和量子计算领域。

新质生产力还强调绿色低碳发展，为实现可持续发展目标提供了新的路径。世界经济论坛提出的"科技向善"倡议，正是基于该理论，旨在利用新技术应对全球性挑战。在教育改革方面，该理论对人才的培养提出了新的要求，促使各国政府调整教育体系以适应数字时代的需求。新加坡的"SkillsFuture"计划则是面向全民的终身学习倡导，旨在提升国民的数字技能。

综上所述，新质生产力理论不仅在理论上拓展了生产力的概念，在实践中也为企业和政府提供了明确的行动框架，推动了全球经济社会的创新与发展。

2.2　新质生产力理论的历史演进

新质生产力理论并非凭空而来，而是在生产力理论发展的历史长河中逐步形成和发展的。本节将梳理新质生产力理论的历史演进过程，探讨其形成的历史背景、主要发展阶段，以及在这一过程中的重要理论突破和实践创新。

2.2.1 生产力理论的历史回顾

在探讨新质生产力理论的演进之前，对生产力理论的历史发展进行简要回顾有助于理解其理论渊源和演变过程。

1.古典经济学时期

虽然古典经济学家们没有明确提出"生产力"这一概念，但他们的理论中已包含生产力的思想。亚当·斯密在《国富论》中提出了分工理论，认为分工能够提高劳动生产率。他指出，"劳动生产力的最大改进，以及使劳动在任何地方指导或应用时表现出来的熟练、技巧和判断力，似乎都是分工的结果"，大卫·李嘉图在比较优势理论中进一步发展了生产力思想，强调了生产力差异对国际贸易的影响。

2.马克思主义经济学时期

马克思系统地阐述了生产力理论，为后世的研究奠定了坚实的基础。他将生产力定义为"人们在生产中所运用的一切力量的总和"，包括劳动者、劳动资料和劳动对象。马克思还提出了生产力与生产关系的辩证关系，明确了"生产力决定生产关系"这一重要原理，为理解生产力在社会经济结构中的作用提供了理论依据。

3.新古典经济学时期

新古典经济学家从微观角度进一步研究了生产力问题，发展了生产函数理论。柯布-道格拉斯生产函数是这一时期的代表性成果，描述了资本、劳动与产出之间的关系。罗伯特·索洛通过引入技术进步因素，提出了索洛增长模型，为理解生产力增长提供了新的视角，并将技术进步作为经济增长的重要动力。

4.熊彼特的创新理论

约瑟夫·熊彼特强调了创新对生产力提升的核心作用，为新质生产力理论的形成奠定了理论基础。他提出"创新是生产要素的新组合"，这包括新产品、新生产方法、新市场、新供给来源和新组织形式。熊彼特的理论强调了企业家是推动创新和生产力提升中的关键角色，这一观点在数字经济时代的创新中具有重要启示。

5.后工业化社会理论

丹尼尔·贝尔等学者提出的后工业化社会理论为理解知识经济时代的生产力发展提供了新视角。贝尔强调知识和信息在经济中的核心地位，并预见了经济形态从"商品生产"向"知识生产"的转变。这一理论为数字经济时代生产力形态的演变提供了理论支持。

从古典经济学到后工业化社会理论，生产力理论不断演进，逐步丰了我们对生产力的理解，为新质生产力理论的提出打下了坚实的理论基础。

2.2.2 新质生产力理论形成的历史背景

新质生产力理论的形成是在特定历史背景下逐步发展起来的，主要包括以下几个方面。

1.信息技术革命

20世纪中后期开始的信息技术革命为新质生产力理论奠定了技术基础。个人计算机的普及、互联网的兴起以及移动通信技术的快速发展极大地改变了生产和生活方式。1965年，英特尔公司创始人戈登·摩尔提出的"摩尔定律"准确预测了集成电路上晶体管数量每两年翻一番的趋势，这一规律揭示了信息技术持续快速发展的进程。

2.经济全球化

经济全球化的深化为新质生产力理论提供了宏观背景。跨国公司全球布局、国际贸易的增长以及全球价值链的形成推动了生产力形态的变革。世界贸易组织（World Trade Organization，WTO）的成立标志着全球贸易体系的建立，为生产要素的全球流动提供了制度保障。

3.知识经济的兴起

随着知识经济的兴起，知识和创新逐渐成为关键的生产力要素。1996年，经济合作与发展组织（Organization for Economic Co-operation and Development，OECD）首次提出了"知识经济"概念，强调了知识在推动经济增长中的核心作用。美国经济学家保罗·罗默的内生增长理论进一步指出了知识积累对经济增长的重要性，为知识经济时代的生产力发展提供了坚实的理论基础。

4.可持续发展理念的确立

可持续发展理念的确立推动了生产力理论向绿色化方向发展。1987年，世界环境与发展委员会（World Commission on Environment and Development，WCED）在《我们共同的未来》报告中首次提出"可持续发展"这一概念，呼吁在追求经济增长的同时，注重社会公平和环境保护。这一理念对生产力理论的绿色化转向产生了深远影响。

5.产业结构的变迁

第三产业的不断增长和服务业的主导地位推动了生产力理论的服务化转向。根据世界银行数据，许多发达国家服务业占 GDP 的比重早已超过 70%，而发展中国家服务业也在经济结构转型过程中逐渐占据主导地位。服务业的兴起要求生产力理论更注重无形资产和知识密集型活动。

6.数字经济的崛起

21世纪以来，数字经济的快速发展成为新质生产力理论形成的直接动力。2011年，麻省理工学院的Erik Brynjolfsson和Andrew McAfee提出"第二次机器时代"这一概念，指出数字技术对经济的革命性影响。大数据、云计算、人工智能等新兴技术的崛起，推动了生产方式和商业模式的根本变革，成为新质生产力理论产生的核心背景。

这些历史背景共同推动了新质生产力理论的形成，为理解数字时代的生产力形态和经济结构变迁提供了理论支持。

2.2.3 新质生产力理论的主要发展阶段

新质生产力理论的发展可以分为以下几个阶段，各阶段的技术进步与经济形态变化推动了该理论的逐步成熟。

1.萌芽阶段（20世纪90年代末至21世纪初）

在这个阶段，互联网技术开始普及，数字化和网络化趋势逐渐显现。1995年，尼古拉斯·尼葛洛庞帝在《数字化生存》一书中预见了数字技术对生活和生产方式的深刻影响。1997年，美国经济学家卡尔·夏皮罗和哈尔·瓦里安提出了"信息规则"理论，探讨了信息经济的特征和规律。虽然这一阶段尚未形成明确的新质生产力概念，但数字技术的影响已经开始显现。例如，电子商务的兴起改变了传统商业模式，大幅度提升了生产力。

2.形成阶段（21世纪初至2010年左右）

随着移动互联网和云计算的迅速发展，数字经济开始进入快速增长期。2001年，埃里克·布林约尔森提出了"生产力悖论"，指出信息技术对生产力的影响存在滞后效应。2006年，克莱顿·克里斯坦森提出的"颠覆性创新"理论，为理解数字时代的创新模式提供了新的视角。在这一阶段，新质生产力的概念逐步形成，但主要集中在信息技术产业。智能手机的普及带动了移动应用产业的爆发式增长，成为生产力提升的新动力。

3.发展阶段（2010年左右至2020年）

大数据、人工智能等技术的突破，推动了新质生产力的快速发展。2011年，德国提出了"工业4.0"概念，开启了新一轮工业革命。2015年，中国推出"互联网＋"

战略，推动互联网与各产业的深度融合。在这一阶段，新质生产力理论开始系统化发展。2016年，阿里研究院提出了"数字生产力"概念，系统阐述了数字经济时代生产力的新特征。此时，数字技术与传统产业的深度结合，推动了生产力在多个领域的显著提升。

4. 融合阶段（2020年至今）

在这一阶段，数字技术与实体经济的融合更加深入。2020年，新冠疫情的暴发加速了全球范围内的数字化转型，远程办公、在线教育等新模式得到广泛应用，推动了新质生产力的进一步发展。2021年，中国首次在政府工作报告中提出了"数字生产力"概念，标志着该理论获得了官方认可。这一阶段的特点是新质生产力理论在城市管理、工业生产等各领域的广泛应用。例如，数字孪生技术在工业和城市管理中的应用，推动了虚拟与现实世界的深度融合，进一步提升了资源配置效率和生产力水平。

各个阶段的发展奠定了新质生产力理论的基础，推动了数字经济时代生产力形态的变革。

2.2.4　新质生产力理论发展中的重要理论突破

在新质生产力理论的发展过程中，出现了一系列重要的理论突破，为理解和把握新质生产力提供了关键的理论工具。

1. 平台经济理论

平台经济理论为理解数字时代的商业模式和价值创造提供了新的视角。2016年，麻省理工学院的Geoffrey Parker等学者在《平台革命》一书中系统阐述了平台经济的特征和规律。该理论强调网络效应和多边市场的重要性，为解释阿里巴巴、腾讯等平台型企业的成功提供了理论依据。

2. 长尾理论

长尾理论揭示了数字经济时代的新型市场结构。2004年，克里斯·安德森在《连线》杂志上首次提出"长尾"概念。该理论指出，数字经济中非热门产品（长尾）的总需求可能超过热门产品，对理解数字平台的运营策略具有重要启示。

3. 共享经济理论

共享经济理论阐释了数字时代资源配置的新模式。2010年，Rachel Botsman和Roo Rogers在《共享经济时代》一书中系统阐述了共享经济的概念和特征。这一理论解释了Uber、Airbnb等共享经济模式的兴起，也为新质生产力的网络化特征提供了解释。

4.数据驱动决策理论

数据驱动决策理论强调数据在新质生产力中的核心地位。2011年，Erik Brynjolfsson等学者的研究发现，采用数据驱动决策的企业生产力均有提高。这一理论为理解大数据在企业管理和决策中的作用提供了科学依据。

5.智能制造理论

智能制造理论详细探讨了了数字技术如何变革制造业。2013年，德国发布的"工业4.0"战略报告系统阐述了智能制造的概念和实施路径。这一理论为理解新质生产力在制造业中的应用提供了重要参考，推动了制造业的数字化转型。

6.数字化转型理论

数字化转型理论探讨了企业如何适应数字经济时代的变革。2014年，George Westerman等学者在《数字化冲击》一书中提出了数字化转型的框架和策略。该理论为传统企业发展新质生产力提供了实践指南，助力企业提升竞争力。

7.人工智能经济学

人工智能经济学探讨了AI技术对经济的深远影响。2018年，Susan Athey和Joshua Gans等学者发表了关于AI对经济增长、就业和不平等影响的论文。该理论为理解新质生产力中人工智能技术的作用提供了理论基础，尤其是它对生产效率和经济结构的改变。

这些理论突破不仅扩展了新质生产力的理论框架，也为我们理解数字经济时代的生产力形态提供了多维度的分析工具。这些理论共同构成了当代新质生产力理论的基石，推动了数字技术与各产业的深度融合。

2.2.5　新质生产力理论发展中的实践创新

新质生产力理论的发展不仅体现在理论突破上，还在一系列重要的实践创新中得到了广泛应用。这些创新不仅为理论的发展提供了丰富的实践基础，还展示了新质生产力在现实中的广泛影响。

1.数字平台的兴起

数字平台的兴起是新质生产力实践创新的典型代表。亚马逊作为全球最大的电子商务平台之一，不仅通过零售业务重塑了商业模式，AWS也成为全球领先的云计算平台，2021年AWS年收入达到622.02亿美元，占总收入的13.2%。阿里巴巴通过淘宝、天猫等平台构建了庞大的电商生态系统，"双11"购物节在2021年的成交额达到了5403亿元人民币。这些平台极大提高了资源配置效率，展现了新质生产力的网络化和平台化特征。

2.智能制造的实践

智能制造是新质生产力在制造业中的重要实践。西门子的"数字化工厂"通过数字孪生技术将虚拟与物理世界实时互动，生产效率提高了20%。海尔的中国互联网工业平台——COSMOPlat，实现了大规模定制服务，截至2024年已在70余座工厂落地应用，连接企业90万家，覆盖15个行业生态，服务企业16万家。这些案例展示了数字化、智能化技术如何提升制造业的生产效率和灵活性。

3.共享经济模式的创新

共享经济是新质生产力理论在资源配置方面的重要实践创新。滴滴出行通过大数据和AI算法实现了出行需求与运力供给的精准匹配，2021年平均日订单量达4100万单。Uber通过移动互联网实现了私家车资源的共享，2021年第四季度全球月活跃用户人数达1.18亿，同比增长27%。这些实践展示了数字技术如何提高资源利用效率并创造新的商业模式。

4.人工智能的商业应用

人工智能技术在多个领域的商业应用成为新质生产力的重要实践方向。IBM的Watson系统在医疗和金融等领域得到了广泛应用，特别是在医疗诊断中，Watson能够快速分析大量医学文献并提供诊断建议。科大讯飞的语音识别技术广泛应用于教育和司法领域，截至2024年6月末，"智慧法院"系统已基本实现对全国3500家各级人民法院的全覆盖，大大提高了司法效率。这些实践展示了AI技术在提高决策效率和增强认知能力方面的潜力。

5.数字货币和区块链技术的应用

数字货币和区块链技术在金融领域的应用是新质生产力的重要实践创新。比特币作为首个去中心化的数字货币，至2024年末，比特币价格接近80000美元。截至2024年，数字人民币（数字元）在中国的试点已经扩展到17个省市的26个地区。蚂蚁集团开发的蚂蚁链广泛应用于供应链金融和版权保护等领域，2021年日均"上链量"超过1亿次。这些应用重塑了信任机制，提高了交易效率，体现了新质生产力的去中心化特征。

6.远程办公和在线教育的普及

新冠疫情加速了远程办公和在线教育的普及，成为新质生产力的实践创新之一。Zoom在疫情期间实现了爆发式增长，2021财年收入增长326%，达26.514亿美元。阿里巴巴旗下的钉钉平台为企业提供远程办公解决方案，2021年用户数超过5亿。这些实践打破了时间和空间的限制，重塑了工作和学习方式，体现了新质生产力的网络化和服务化特征。

7.数字化转型的系统性实践

许多领先企业通过系统性的数字化转型全面提升了生产力水平。星巴克通过构建全链条数字化系统，移动订单占美国公司运营交易的26%，同比增长了18%。沃尔玛通过全渠道战略实现了线上线下的深度融合，2022财年电商销售额同比增长11%，达732亿美元。这些企业通过系统性的数字化转型，增强了市场竞争力并展现了新质生产力的全面应用。

这些实践创新不仅丰富了新质生产力理论的内涵，也为企业和行业提供了应对数字经济挑战的成功范例。

2.2.6 新质生产力理论的国际比较

新质生产力理论的发展在不同国家和地区呈现出独特的特点和路径。通过国际比较，可以更好地理解该理论的多元性和复杂性。

1.中国

我国是新质生产力理论研究和实践的先行者，不仅在理论研究中贡献了诸如"数字生产力"等创新性概念，在实践中，阿里巴巴、腾讯、华为等企业在电子商务、移动支付、5G等领域的创新处于世界领先水平。我国政府通过"互联网+""数字中国"等战略为新质生产力提供了强大的政策支持，推动了新质生产力在多个行业的应用。这些努力使得我国在全球新质生产力的实践中占据重要地位。

2.美国

美国是新质生产力方法创新的策源地，在理论研究、实践创新和政策支持方面均处于全球领先地位。麻省理工学院的Erik Brynjolfsson等学者在平台经济、数据驱动决策、人工智能经济学等领域做出了开创性贡献。在实践中，硅谷的科技公司如谷歌、Facebook、亚马逊等在新质生产力的应用方面处于全球前列。这些公司通过平台经济、云计算、人工智能等技术推动了新质生产力的全球发展。此外，美国政府也通过"先进制造业国家战略计划"等政策支持新质生产力的发展，推动技术与生产力的结合。

3.日本

日本在新质生产力理论的发展中强调"以人为本"的理念。日本学者提出的"社会5.0"概念不仅关注技术创新，还强调技术与社会需求的结合。丰田、索尼等企业在智能制造、人工智能等领域的创新展示了日本企业的独特路径。日本政府通过"社会5.0"战略，旨在通过数字技术解决老龄化社会等面临的社会问题，推动技术与社会的深度融合。

4.欧盟

欧盟在新质生产力理论的发展中特别注重数据保护和伦理问题，强调数字经济的可持续发展。欧洲学者在数字经济治理、AI伦理等领域的研究为全球提供了重要的理论贡献。在实践方面，欧盟企业在工业互联网、智慧城市等领域展示了创新性的应用。欧盟通过"数字单一市场"战略和GDPR，推动了数字经济的发展，并在全球范围内引领了数字经济的规范化和数据保护的立法进程。

德国在新质生产力的工业应用方面表现突出，尤其是在智能制造和"工业4.0"领域。德国学者的研究在智能制造、工业互联网等方面具有全球领先地位。西门子、博世等企业在智能工厂的实践中取得了显著成果，通过数字孪生技术、物联网等推动生产效率和资源优化。德国政府的"工业4.0"战略为制造业的数字化转型提供了系统性指导，奠定了其在全球智能制造领域的领导地位。

通过这些国际比较可以看出，新质生产力理论在不同国家和地区的发展各具特色。美国强调技术和市场驱动的创新，我国聚焦于政策支持和实践突破，德国则着眼于智能制造与工业转型，日本注重社会需求与技术融合，而欧盟则侧重于数字经济治理和伦理问题。这种多元化的发展路径不仅丰富了新质生产力理论的内涵，也为不同国家和地区提供了互学互鉴的宝贵机会。

2.3　新质生产力的影响因素分析

新质生产力作为数字化时代生产力发展的新形态，其发展受到多种因素的影响。全面分析这些影响因素，有助于我们更好地把握新质生产力发展的规律和趋势，为制定相关政策和战略提供依据。本节将从外部因素和内部因素两个方面，深入探讨影响新质生产力发展的各种要素。

2.3.1 影响新质生产力的外部因素

外部因素对新质生产力的发展起着重要的引导和制约作用，主要表现在政策环境、经济环境、技术环境、社会环境、生态环境和全球化环境几个方面。

1.政策环境

政策环境是影响新质生产力发展的首要外部因素。政府通过产业政策、科技政策、财税政策和监管政策为新质生产力的发展提供了制度保障和资源支持。产业政策能够引导新质生产力的发展方向。如中国的"新基建"政策推动了5G和人工智能等新兴产业的发展。据中国信通院数据，2020年中国5G直接带动的经济总产出达到8109亿元，直接带动经济增加值1897亿元，间接带动经济总产出约2.1万亿元，间接带动经济增加值约7606亿元（刘艳红　等，2020）。科技政策则促进科技创新和成果转化，如美国的"国家人工智能研究和发展战略计划"提供了AI技术发展的政策支持，2023财年美国政府对非国防AI研发的投入请求资金达18.442亿美元（袁珩　等，2022）。财税政策通过税收优惠和补贴激励企业加大对新质生产力的投资，如德国的研发投入税收抵免政策鼓励企业增加研发支出（黄国庆，2023）。监管政策则通过数据安全和隐私保护等方面的法规规范新质生产力的发展，如欧盟的GDPR对全球数字经济发展产生了重要影响。

2.经济环境

经济环境直接影响新质生产力的发展空间和资源配置。经济增长为新质生产力提供了市场需求和资源基础。根据中国信通院数据，2020年测算的47个国家数字经济增加值规模达到32.6万亿美元，同比名义增长3.0%，占GDP比重为43.7%。此外，产业结构的升级也为新质生产力创造了发展机会，服务业占比的提高推动了数字服务的创新。资本市场的发展为新质生产力提供了充足的融资渠道，2020年全球主要市场IPO共筹资2687.1亿美元，其中全球信息技术行业IPO融资额最高，为657亿美元，占比24%。国际贸易环境同样对新质生产力的全球布局产生了影响，如中美贸易摩擦对全球科技产业链的重构产生了重要推动作用。

3.技术环境

技术环境是新质生产力发展的基础，决定了其潜力和边界。基础科学研究为新质生产力提供了源头创新，如量子计算研究为未来计算能力的突破奠定了基础，2020年12月中国科学家在量子计算领域取得了重大突破，成功研发了76个光子的量子计算原型机"九章"。应用技术的突破直接推动了新质生产力的发展，如5G商用加速了物联网和远程医疗等领域的创新。不同技术的融合催生了新的生产力形态，如 AI 与生物技术的结合推动了精准医疗的发展，DeepMind 的 AlphaFold 系统在蛋白质结构预测领域的突破有望加速新药研发。技术标准的制定也影响着新质生产力的推广应用，如工业互联网标准的建立促进了智能制造的发展。

4. 社会环境

社会环境则影响新质生产力的接受度和应用范围。社会的教育水平决定了对新质生产力的认知和应用能力。2020 年全球高等教育毛入学率约 40%（孟庆斌 等，2024），为新质生产力的发展提供了坚实的人才基础。创新文化和消费习惯的变化也对新质生产力产生了重要影响，如以色列的创新创业文化使其成为"创新国家"，而移动支付的普及推动了金融科技的发展。人口结构的变化，如人口老龄化，也推动了智慧医疗和养老服务等领域的创新。

5. 生态环境

生态环境的制约因素促使新质生产力向绿色、可持续方向发展。资源稀缺推动了新质生产力提高资源利用效率，如以色列的精准灌溉技术节水效率为 50%～70%。环境保护要求推动新质生产力的绿色转型，根据国际可再生能源署（IRENA）发布的《可再生能源装机容量数据 2021》报告，2020 年全球可再生能源发电总量达到 2799 吉瓦，较 2019 年增长 10.3%。气候变化挑战则促进了新质生产力在应对全球性问题方面的创新。

6. 全球化环境

全球化环境通过国际合作、跨国公司、国际竞争和全球治理影响着新质生产力的国际分工和协作。国际科技合作推动了新质生产力的全球协同创新，如"人类基因组计划"推动了基因测序成本的大幅降低。跨国公司的全球供应链促进了相关技术的国际传播，而国际竞争的压力则推动各国加快新质生产力的发展。全球治理格局中的规则制定，如 WTO 的电子商务谈判，也对新质生产力的发展起到了重要的规范作用。

总的来说，政策、经济、技术、社会、生态和全球化等外部因素共同构成了新质生产力发展的宏观环境。这些因素既可能成为新质生产力发展的动力，也可能构成制约。因此，全面把握并积极应对这些因素对于新质生产力的可持续发展至关重要。

2.3.2 影响新质生产力的内部因素

企业内部因素是新质生产力发展的微观基础，直接决定了企业在新质生产力方面的竞争力，主要包括以下几个方面。

企业战略决定了新质生产力发展的方向和重点。创新战略、数字化战略、人才战略和国际化战略是影响企业新质生产力的关键因素。企业的创新导向直接影响新质生产力的发展力度。例如，谷歌的"10X"项目鼓励突破性创新，催生了自动驾驶等新技术。该项目孵化的Waymo公司已在美国多个城市开展无人驾驶出租车服务，截至2021年，已完成超过2000万英里的自动驾驶测试。企业的数字化转型战略决定了新质生产力的应用深度，如沃尔玛的全渠道战略推动了其数字化转型，2021财年电商销售额同比增长11%，达到732亿美元（黄倩，2022）。企业的人才政策影响新质生产力的人力资源基础，如华为的人才培养体系为其技术创新提供了人才支持，华为每年将销售收入的10%以上投入研发，其中有20%～30%用于基础研究。此外，企业的全球化布局影响新质生产力的国际化程度，如阿里巴巴的全球化战略推动了其电商模式的国际扩张，据2021财年年报，阿里巴巴全球年度活跃消费者突破了10亿里程碑，达到了11.3亿。

企业的组织结构影响新质生产力的运行效率和创新活力。不同的组织结构形态对于新质生产力的发展具有不同的影响。扁平化结构有利于信息快速流通和决策效率提升，如Zappos的自主管理模式提高了组织灵活性，Zappos采用的"全息式组织"结构取消了传统的层级管理，员工可以根据自身兴趣和能力自由选择工作角色。矩阵式结构促进跨部门协作和资源整合，如IBM的全球矩阵式结构促进了全球资源的协同，IBM的矩阵式结构将业务部门、地理区域和职能部门有机结合，提高了全球协作效率。项目制结构有利于快速响应市场需求和技术变化，如亚马逊的"两个披萨团队"模式提高了创新效率，亚马逊CEO贝索斯提出，任何团队如果两个披萨不够吃，那这个团队就太大了，这种小团队模式极大提高了决策和执行效率。网络化结构有利于开放创新和生态系统构建，如小米的"生态链"模式促进了合作伙伴的共同创新，截至2021年第二季度财报，小米已投资超过330家生态链企业，覆盖智能硬件、生活消费品等多个领域。

企业文化塑造了新质生产力发展的软环境。创新文化、学习文化、协作文化和用户导向文化共同影响着企业内部的创新氛围。创新文化能够营造鼓励创新和容忍失败的氛围，例如，3M公司的"15%时间"政策鼓励员工自由创新，该政策允许员工将15%的工作时间用于自己感兴趣的项目（温敏璇，2022），催生了包括便利贴在内的多项创新产品。学习文化强调持续学习和知识共享，如微软的"成长型思维"文化促进了组织的持续学习，微软CEO纳德拉提出"知者文化"（Know-it-all）到"学习者文化"（Learn-it-all）的转变，这一转变推动了公司的创新和转型。跨部门、跨领域协作的文化氛围也对企业创新有促进作用，如特斯拉的跨学科协作文化促进了技术融合创新，特斯拉将汽车制造、能源存储、人工智能等多个领域的专家汇聚一堂，推动了电动汽车技术的快速进步。企业的用户导向文化则通过以用户需求为中心的理念推动产品创新，如苹果公司的用户体验导向推动了产品创新，苹果公司的"设计优先"理念贯穿产品开发全过程，塑造了其独特的产品风格和用户体验。

企业的资源能力是新质生产力发展的物质基础。技术能力、数据资产、财务实力和品牌影响力是决定企业创新能力的关键因素。以华为为例，其凭借强大的技术积累和创新能力，每年将10%以上的销售收入投入研发，保持技术领先，截至2020年底，华为累计获得专利授权超过10万件，90%以上专利为发明专利，位居全球企业前列（李广俊，2019）。企业的数据资产也对其新质生产力发展有着重要作用，如亚马逊利用海量用户数据优化推荐算法和供应链管理，亚马逊的数据资产不仅支撑了其电商业务，还成为AWS云服务的重要基础。财务实力则影响企业在创新领域的持续投入能力，如腾讯通过强大的财务实力支持其在AI、云计算等领域的长期投入，2020年，腾讯在研发方面的投入达到389.72亿元人民币。此外，企业的品牌影响力也为其创新发展提供了重要支持，如特斯拉的品牌影响力推动了电动汽车市场的发展，2021年特斯拉品牌价值达到319.86亿美元，在全球最有价值的100个汽车品牌中排名第六。

管理能力影响新质生产力的实施效果和持续发展。战略执行力和创新管理是企业在新质生产力发展过程中需要重点关注的管理能力。例如，华为的"铁三角"管理模式将市场、研发和交付紧密结合，确保了创新战略的有效执行，提高了创新的市场响应速度。此外，企业在管理创新过程中的能力也至关重要，如GE的"快速工作"模式通过跨职能团队协作，加速了新产品开发过程，将产品开发周期缩短了25%。数字化管理能力也是企业新质生产力发展的重要因素，联合利华通过数字化供应链管理整合原材料采购到产品配送的全过程，大大提高了运营效率，库存周转率提高了20%。企业的生态系统管理能力也影响了新质生产力的发展，以微软为例，其开发者生态系统管理推动了平台的繁荣，微软的开发者计划吸引了全球超过500万开发者，为其Windows和Azure平台提供了持续的创新动力。

领导力对新质生产力发展起着关键的引导和推动作用。企业领导者的战略远见、创新精神、变革能力和学习能力在新质生产力发展过程中具有决定性作用。领导者的战略远见可以帮助企业抓住未来趋势，如马斯克对新能源和太空技术的前瞻性布局，不仅革新了航天产业SpaceX的技术积累，还为特斯拉的电池技术提供了支持。领导者的创新精神对企业产品创新至关重要，如乔布斯对产品创新的执着追求推动了苹果公司的持续创新。此外，领导者的变革能力在推动企业组织变革中起到了至关重要的作用，如纳德拉推动微软向云计算转型的决心和执行力，使微软重新成为科技创新的领导者。领导者的持续学习和适应能力也在企业转型过程中起到了重要作用，如张瑞敏推动海尔从传统制造向智能制造转型的学习过程。

综上所述，企业的这些内部因素相互作用，直接决定了其新质生产力的发展水平。企业需要系统考虑这些因素，构建有利于新质生产力发展的内部环境。同时，这些内部因素也与外部因素相互影响，企业应根据外部环境的变化不断调整和优化内部因素，以实现新质生产力的持续发展。

2.4 新质生产力理论在数字经济时代的新发展

随着数字经济的深入发展，新质生产力理论也在不断演进和完善。本章将探讨新质生产力理论在数字经济时代的新发展，包括理论的新内涵、新特征以及在实践中的新应用。

2.4.1 数字经济时代新质生产力的新内涵

在数字经济时代，新质生产力的内涵得到了进一步拓展和深化，表现出以下几个核心特征。

第一，数据驱动的生产力成为新质生产力的核心特征。数据已不再仅仅是生产的副产品，而是重要的战略资产，具备资产化和价值化的特点。据互联网数据中心（Internet Data Center，IDC）预测，到2025年，全球数据圈将增长到175ZB（赵广立，2019）。通过大数据分析和人工智能技术，企业能够从海量数据中提取出具有决策价值的信息。如阿里巴巴的"数据中台"整合了企业内外部数据，为决策提供了强大的支持。此外，数据的采集、处理、分析和应用能力成为衡量企业生产力的重要指标。

第二，智能化生产力的崛起使人工智能技术成为提升生产力的重要推动力。认知智能和自主智能为生产过程的自动化与智能化提供了技术基础。如IBM的Watson系统在医疗诊断领域的应用，在部分疾病的诊断中其准确率已达到90%以上。自主智能则通过持续学习和优化，增强了系统的自主能力，如特斯拉的自动驾驶系统。此外，人与机器的协作智能模式也在快速发展。

第三，平台化生产力则通过数字平台的资源整合能力，成为新质生产力的重要载体。平台汇聚大量用户和资源，形成了显著的规模效应，如滴滴出行平台的日均订单量超过3000万（王加艳，2023）。此外，平台还促进多方参与者的协同创新，实现价值共创，如亚马逊的第三方卖家平台贡献了其总销售额的60%以上（周璐，2024）。平台所构建的生态系统，进一步通过网络效应扩大了经济价值，如苹果的App Store生态系统在2020年创造了6430亿美元的经济价值。

第四，敏捷化生产力则体现出企业快速响应市场和用户需求的能力。企业通过持续的小规模试验和快速迭代，提高了产品开发效率。如Spotify的"Squad模型"通过"部落"、"分会"和"工会"来确保组织内的一致性和知识共享。柔性生产通过数字化技术实现个性化定制生产，阿迪达斯的"速度工厂"将新产品从设计到生产的周期缩短至不到一周。亚马逊的动态定价系统通过实时数据进行调整，每天调整数百万次价格，以优化销售和利润。

第五，创新驱动的生产力在数字经济时代尤为关键。企业日益依赖外部资源进行开放创新，如宝洁公司（Procter & Gamble，P&G）的"连接+开发"模式，其50%以上的创新来自外部合作。颠覆式创新也推动了产业格局的重塑，特斯拉通过颠覆性的产品和商业模式，成功重塑了汽车行业。持续创新则成为企业保持竞争力的核心，如从亚马逊云科技和亚马逊全球开店等业务的发展来看，其推出新服务和功能的速度较快，在2024年亚马逊推出了包括卖家AI功能、消费者AI功能、平台管理和监管方面的AI功能等一系列新服务和功能。

第六，可持续生产力逐渐成为新质生产力的重要维度，绿色技术和循环经济成为提升生产力的有效途径。清洁能源和环保技术的应用日益广泛，2020年全球可再生能源投资达到3035亿美元。资源的循环利用也为企业提升生产效率提供了新的可能，苹果公司的回收机器人Daisy每年可回收120万部iPhone。此外，企业的社会责任和可持续发展能力也成为衡量新质生产力的重要指标，联合利华一直致力于可持续发展，其可持续生活品牌在一定程度上推动了公司的增长。从联合利华2024年的业绩报告来看，公司整体基础销售额增长有一定的表现，如第三季度基础销售额增长4.5%，前三季度基础销售额同比增长4.3%。

综上所述，数字经济时代的新质生产力展现出多维化和复杂化的特点。其不仅关注效率和产出，更注重创新、智能、协作和可持续发展。这一新内涵为企业和政策制定者提供了新的思维框架，有助于推动经济的高质量发展。

2.4.2　数字经济时代新质生产力的新特征

在数字经济时代，新质生产力呈现出一系列独有的特征，这些特征反映了生产力形态的根本性变革。

第一，非线性增长成为新质生产力的显著特征。摩尔定律效应和网络效应使得生产力的提升呈现指数级增长。2024年台积电的3纳米制程芯片已进入量产阶段，其性能与能效比持续提升，这充分体现了数字技术快速迭代对生产力的推动作用。此外，网络效应的增强也加速了平台经济的扩展，如Facebook的月活跃用户数从2004年的100万增长到2021年的29亿，其市值相应提升了近18万倍（Alanazi S S and Alanazi A A，2021）。技术领域也呈现出突破性创新，如DeepMind的AlphaFold程序在蛋白质结构预测领域的突破，也推动了生产力的飞跃发展。

第二，边际成本趋近于零是数字经济时代的重要特征。数字产品和服务的复制成本几乎为零，如Spotify以极低的成本向全球用户提供音乐流媒体服务。云计算的普及也降低了企业的IT资源成本，AWS的弹性计算服务显著减少了企业的IT投入。同时，自动化技术的应用，如亚马逊在其仓库中的机器人系统，也在大幅降低人力成本。

第三，时空界限的模糊化使得生产活动不再受物理空间和时间的限制。远程协作工具，如Slack在全球范围内实现了跨时区、跨地域的实时合作，而虚拟现实技术的应用则模糊了现实与虚拟的界限，Meta正在通过投资元宇宙创造全新的虚拟生活和生产空间。此外，数字平台实现了全天候运营，阿里巴巴的菜鸟网络提供了24小时智能物流服务。

第四，共享与协作的生产方式成为提升生产力的新途径。Airbnb通过激活闲置资源，提升了全球房屋的利用率，而维基百科的众包模式汇聚了全球志愿者的智慧，创建了多语言百科全书。开源协作也推动了技术的快速迭代，Linux已成为全球服务器和移动设备的主流操作系统。

第五，个性化与定制化通过大数据和人工智能技术实现了大规模个性化生产。Netflix的推荐系统通过用户数据提高了营销效率，每年为公司节省了约10亿美元。类似地，耐克的NIKEiD平台让消费者可以定制个性化鞋款，而Spotify通过AI技术提供个性化播放列表，根据用户的音乐喜好、播放历史和当前心情，为用户精心挑选和播放适合的音乐。

第六，生态系统的整合日益成为新质生产力的重要特征。数字平台促进了产业链的深度整合，如阿里巴巴通过电商、支付和物流构建了完整的生态系统。跨界融合也打破了行业之间的界限，如苹果公司从硬件制造商扩展到内容服务提供商，其服务业务收入在2021年达到了684.25亿美元。同时，企业越来越依赖外部生态系统进行开放创新，如微软通过开源战略成为GitHub上最大的贡献者之一。

第七，智能自主是新质生产力的重要表现，AI技术赋予生产系统自主学习和决策的能力。谷歌的AlphaGo通过自主决策能力击败了围棋世界冠军，特斯拉的自动驾驶系统则通过实时数据收集不断提升其性能。预测性维护技术也通过AI平台实现了设备的自我优化和故障预测，大幅降低了维护成本。

第八，可持续与循环理念深度融入了新质生产力的发展路径。在特斯拉的柏林超级工厂中，在2023年实现了100%的电力与可再生能源匹配，而荷兰的Fairphone通过模块化设计延长了电子产品的生命周期，减少了废弃物。此外，联合利华的"可持续生活计划"不仅减少了环境影响，还推动了企业业务的增长。这些新特征深刻改变了生产力的形态与发展模式，不仅反映了技术进步对生产力的影响，也揭示了经济社会形态的转型。理解这些特征，对于企业制定战略和政府制定政策具有重要意义，并为未来生产力的发展提供了新的思考框架。

2.4.3 新质生产力理论在实践中的新应用

新质生产力理论不仅在理论层面有所发展，更在实践中得到了广泛应用。以下是新质生产力理论在智能制造、数字农业、金融科技、智慧医疗、智慧城市和教育科技等领域的具体实践案例。

1.智能制造领域

智能制造是新质生产力理论在制造业的重要应用。通过工业互联网、数字孪生和柔性制造等技术，智能制造实现了生产过程的优化与个性化定制。如西门子的MindSphere平台通过物联网技术连接了全球数百万台设备，实现了实时监控和生产优化。通用电气的数字孪生技术在风电场应用中，使单个风机的发电效率提高5%，进而使每个风机的盈利能力提高多达20%。此外，阿迪达斯的"速度工厂"（SPEED FACTORY）利用机器人和3D打印技术，将运动鞋的生产周期缩短至不到一周。在实践中，海尔集团的COSMOPlat通过大数据和物联网技术，实现了从用户需求到生产交付的全流程数字化智能化，服务全球390万家企业用户。

2.数字农业领域

数字农业利用先进技术提升了农业生产力。精准农业通过GPS和遥感技术实现精准种植，根据国际农业工程学会公布的报告，约翰迪尔公司的解决方案使农作物产量提高10%～18%，化肥使用减少15%～22%。以色列的智能灌溉技术有效节水，效率达50%～70%，而瑞士ecoRobotix的除草机器人则大大减少了除草剂使用。阿里巴巴的"ET农业大脑"项目在浙江的实践中，通过AI和物联网技术帮助当地种植户提高产量并减少了人工成本。

3.金融科技领域

金融科技是新质生产力在金融领域的典型体现。蚂蚁金服的智能风控系统能在

1秒内完成信贷审核，坏账率低于行业平均水平。摩根大通的区块链支付网络已处理超过1.5万亿美元的交易。中国平安的"金融壹账通"平台通过AI和区块链技术，为众多金融机构提供智能服务，大幅提升了金融机构的效率。

4.智慧医疗领域

数字技术在医疗领域的应用提高了诊疗效率和准确性。美国的Teladoc Health平台在2020年实现了1060万次远程问诊，同比增长156%，而谷歌的AI乳腺癌筛查模型在某些情况下的准确率已超过人类医生。在精准医疗领域中，Illumina的基因测序技术已经将全基因组测序成本降至不到1000美元。

5.智慧城市领域

智慧城市建设应用大数据、AI和物联网技术优化城市管理。杭州的"城市大脑"项目通过大数据分析优化了交通流量，使高峰期间通行时间减少15%。北京市通过物联网技术实时监测空气质量，提升了环境管理效率。新加坡的"智慧国2025"计划通过整合城市各领域的数字化服务，提升了市民生活质量。

6.教育科技领域

教育科技推动了学习和教学方式的创新。Coursera平台为全球1.42亿注册学习者提供了来自顶尖大学的课程，而Knewton公司的自适应学习平台通过AI技术为学生提供个性化的学习路径。虚拟现实技术也被应用于教育领域，谷歌的Expeditions AR项目让学生通过沉浸式体验探索科学。中国的"三个课堂"项目通过信息技术将优质教育资源带到偏远地区，有效促进了教育公平。

这些实践案例展示了新质生产力理论在不同领域的广泛应用。它们不仅提升了各行业的生产效率，还推动了商业模式和管理方式的创新，带来了深刻的经济社会变革。然而，这些应用也面临数据安全、隐私保护和技术伦理等挑战，需要在技术发展过程中积极应对，以确保技术进步与社会发展同步协调。

2.5 挑战与展望

2.5.1 新质生产力的发展规律

新质生产力的发展展现出独特的规律性特征，主要体现在四个关键方面。首先，新质生产力呈现出显著的非线性增长特征，这种增长模式与传统生产力的线性发展有着本质区别。技术的积累和创新一旦达到关键点，往往会引发突破性变革，推动经济和产业的迅速发展。以人工智能技术为例，在图像识别和自然语言处理领域的快速突破，使得相关领域的生产力实现了跨越式提升，为产业发展带来质的飞跃。

其次，融合创新已成为新质生产力发展的重要特征。随着科技的进步，新质生产力的发展越来越依赖于多学科和多领域的深度融合。通过将不同领域的技术相结合，产生出前所未有的创新成果。生物技术与信息技术的融合就是一个典型案例，这种融合推动了精准医疗的发展，利用AI技术对基因数据和健康数据的分析，为个性化治疗提供了新的可能，开创了医疗健康领域的新范式。

再次，普惠化趋势日益凸显。新质生产力的发展不仅注重效率提升，更加强调技术红利的广泛共享，致力于缩小数字鸿沟。移动支付技术的普及就很好地体现了这一特征，它极大地推动了普惠金融的发展，尤其是在偏远和欠发达地区，为小微企业和个人提供了便捷的金融服务渠道，有效促进了经济的包容性增长。

最后，人机协作模式的不断优化成为新质生产力发展的重要趋势。新质生产力的发展并非简单地以机器取代人类，而是追求人机协作的最优模式。在医疗诊断领域，AI系统通过数据分析提供辅助诊断，医生则依靠专业知识做出最终决策，这种协作模式显著提高了诊断的准确性和效率。这表明，人机协作将在各个领域得到进一步优化，最大化发挥人类和机器各自的优势。

2.5.2 新质生产力对经济社会的影响

新质生产力正在推动经济、产业、就业以及全球竞争格局发生深刻变革。在经济增长方式方面，新质生产力推动经济发展模式从传统的要素驱动转向创新驱动。数字经济已经成为许多国家经济增长的新引擎，通过技术创新和数字化转型提升生产效率，促进新产业、新业态、新模式的蓬勃发展。人工智能、大数据和物联网等技术的广泛应用，带动了各行业的数字化升级，促进了经济的高质量发展。

在产业结构方面，新质生产力推动了传统产业的数字化转型和新兴产业的快速崛起。传统产业通过数字化转型提升了生产效率和竞争力，同时智能制造、信息技术、生物医药等新兴产业迅速发展，已成为经济增长的重要动力。这种双重变革既推动了传统行业的现代化转型，也加速了新兴产业的发展，形成了更加多元化和富有活力的产业格局。

就业结构也随之发生重大调整。新质生产力带来了新职业的不断涌现，对劳动者的技能提出了新的要求。人工智能、数据分析、区块链等领域的技术发展催生了大量的新兴职业，而传统岗位则面临着自动化和智能化的挑战。这促使劳动者需要不断提升数字化技能，推动了教育和培训体系的变革，使终身学习和技能提升成为应对新质生产力发展的重要策略。

在全球竞争格局方面，国家间的竞争重点已从传统的资源和劳动力优势转向数字经济实力和关键技术掌控能力。掌握核心技术、推动数字化创新、增强网络基础设施建设等成为衡量国家竞争力的重要指标。全球范围内，围绕人工智能、量子计算、5G等前沿技术的竞争日益激烈，这不仅影响各国的经济实力，也在政治和安全领域产生了广泛影响。

2.5.3　新质生产力发展面临的挑战

随着新质生产力的广泛应用，其发展过程中面临的挑战日益凸显。首要的是数据安全与隐私保护问题。随着数据在生产和商业活动中的核心地位不断提升，海量数据的收集、存储和使用增加了数据泄露、滥用的风险。如何在数据驱动的生产体系中有效保障用户隐私与数据安全，已成为企业和政府必须直面的重要课题。

技术伦理问题也日益突出。新兴技术，尤其是人工智能的广泛应用，带来了诸多伦理挑战。算法偏见可能导致决策过程中产生不公正的结果，AI决策的责任归属问题也变得愈发复杂。特别是在医疗、司法等关键领域，如果AI系统出现失误，如何界定责任将是一个棘手的问题。这些技术伦理问题不仅影响着技术的应用进程，也关系到社会信任的建立和法治框架的完善。

数字鸿沟问题也不容忽视。新质生产力的发展可能加剧社会中的不平等。先进技术的获取和应用需要高水平的基础设施、充足的资金和专业的人才支持，而欠发达地区和弱势群体可能在这一进程中被进一步边缘化。这种技术不平等不仅影响个人的发展机会，还可能加剧国家间的技术和经济差距。

此外，技术依赖和系统风险也带来了新的挑战。随着数字技术在各个领域的广泛应用，社会对技术的依赖程度不断提高，这带来了新的系统性风险。网络攻击、数据泄露、系统故障等问题可能对依赖数字基础设施的企业和国家造成巨大影响。如何在推动技术发展的同时确保系统安全，在技术创新和风险防范之间找到平衡，成为亟须解决的重要问题。

3 数据要素与智能制造

随着数字技术的快速发展，数据要素在推动制造业智能化转型中发挥着越来越重要的作用。本章是全书理论联系实践的重要篇章，通过深入分析数据要素在智能制造中的应用，展示了数据要素和新质生产力理论在制造业实践中的具体体现。对于理解数据要素如何推动传统制造业转型升级，实现高质量发展具有重要的参考价值。

本章首先对智能制造的基本概念、特征和发展背景进行了系统阐述，并对全球智能制造发展现状进行了全面分析。随后，重点探讨了智能制造的核心要素与关键技术，包括工业物联网、大数据分析、人工智能、数字孪生等技术的应用。通过分析数据要素在智能制造中的重要性及其在不同应用领域的具体实践，展示了数据要素对推动制造业智能化转型的重要作用。同时，本章也深入分析了智能制造发展面临的挑战，为制造企业的数字化转型提供了实践指导。

3.1　背景简介

3.1.1　智能制造的发展历程

随着新一代信息技术的快速发展和深度应用，智能制造已成为全球制造业转型升级的核心驱动力。从历史发展来看，制造业经历了机械化、电气化、自动化，直至当前的智能化阶段。每一次技术革新都推动生产方式发生革命性变革，而智能制造作为新一轮工业革命的核心，正在重塑全球制造业格局。

德国工程院院士卡加尔曼在提出"工业4.0"概念时，强调智能制造将依托信息物理系统（CPS），通过人、机器和资源的智能互联，实现高度灵活的个性化和数字化生产。这一愿景获得了全球制造业的广泛认同，推动了智能制造理念的快速发展。美国国家标准与技术研究院（NIST）从系统层面将智能制造定义为完全集成的、协作性的制造系统，强调其对供应网络、客户需求和制造环境变化的实时响应能力。中国工程院院士周济则从更宏观的角度，将智能制造定义为以新一代信息技术为支撑，实现制造全过程智慧化的新型生产方式。

随着技术的不断进步和实践的深入，智能制造的内涵不断丰富。当前，智能制造已发展成为一个涵盖设计、生产、管理、服务等全过程的综合性概念。其核心是通过新一代信息技术与先进制造技术的深度融合，实现制造系统的自感知、自学习、自决策、自执行和自适应。这种智能化生产方式不仅提高了生产效率和产品质量，还推动了制造业向服务化、个性化和绿色化方向发展。

在这一发展历程中，数字化转型发挥了基础性作用。通过将物理世界的信息转化为数字信息，制造过程中的各种要素得以被精确量化和分析。网络化则通过物联网技术实现生产设备的全面感知和互联，形成人、机、物、系统的全面互联。而智能化通过人工智能技术的应用，赋予制造系统更高层次的决策和执行能力。

3.1.2 全球智能制造发展态势

在全球范围内，智能制造的发展呈现出多元化和差异化的特点。德国通过"工业4.0"战略引领制造业变革，推动了信息物理系统在制造领域的广泛应用。2015年波士顿咨询公司发布的一份报告显示，若德国工业全面实现"工业4.0"，每年可带来约780亿欧元的额外增长，相当于GDP的1.7%，到2025年可能使德国制造业的生产效率提高30%左右，同时还会带来就业岗位的增加和产品质量的提升等积极影响。西门子公司的安贝格工厂就是一个典型案例，通过部署超过1000个物联网设备和传感器，实现了生产过程的全面数字化和智能化。

美国则通过"先进制造伙伴计划"（AMP）和工业互联网战略，积极推动制造业的智能化转型。2014年成立的制造业创新网络（Manufacturing USA）建立了多个制造创新研究所，加强制造业的研发和技术创新。通用电气公司开发的Predix平台成为工业互联网应用的典范，集成了数据采集、存储、分析和应用开发等功能。特斯拉的加利福尼亚弗里蒙特工厂以其高度自动化的生产线和数据驱动的生产管理系统，展示了智能制造的实践成果。

日本提出"社会5.0"概念，将智能制造与社会发展紧密结合，以应对人口老龄化和劳动力短缺等社会挑战。发那科公司的"智能工厂"实现了机器人生产机器人的高度自动化，通过FIELD系统实现设备互联互通，显著提高了生产效率。丰田公司通过"丰田生产方式4.0"，将物联网和AI技术与精益生产相结合，进一步提升了生产效率和灵活性。

中国作为全球最大的制造业国家，通过"中国制造2025"等战略，积极推进智能制造发展。截至2023年12月底，我国已培育421家国家级智能制造示范工厂、万余家省级数字化车间和智能工厂，智能制造装备产业规模超过3.2万亿元（郭

倩　等，2023)。海尔集团的COSMOPlat平台和徐工集团的Xrea工业互联网平台都展现了中国企业在智能制造领域的创新实践。华为在东莞的松山湖智能工厂通过5G专网实现设备之间的实时数据交互，完成从原材料仓库到生产区和成品仓1600多个零件的自动配送任务，生产线调整时间从两周缩短为两天，助推生产线价值实现大幅提升。

3.1.3　智能制造发展的驱动因素

技术进步是智能制造发展的根本动力。物联网技术实现了生产设备的全面感知和互联，据全球移动通信系统协会预测，2025年全球物联网连接数将达到250亿，其中工业物联网的终端连接数将达140亿。大数据技术为制造过程优化提供了分析工具，IDC预测到2025年全球数据圈将增长到175ZB，工业数据将是增长最快的领域之一。人工智能技术，特别是机器学习和深度学习，为制造系统的智能决策提供了强有力的支撑。5G技术的商用更是为工业互联网的大规模应用创造了条件，为实时控制和远程操作提供了可能。

市场需求的变化是另一个关键驱动因素。消费者对个性化、定制化产品的需求日益增长，传统的大规模标准化生产模式已难以满足市场需求。德勤的调查显示，超过50%的消费者对定制产品感兴趣，并愿意为此多付20%的价格。产品生命周期不断缩短，要求企业具备快速响应市场变化的能力。这种需求的变化促使制造企业必须提升其生产系统的灵活性和适应性。

全球竞争加剧也在推动智能制造发展。各国纷纷将智能制造作为提升制造业竞争力的重要手段。德国的"工业4.0"战略、美国的"先进制造伙伴计划"、日本的"社会5.0"以及中国的"中国制造2025"等国家战略的实施，反映了各国对智能制造的高度重视。这种竞争既促进了技术创新，也推动了产业升级。

资源环境约束和人口结构变化也是重要的驱动因素。全球资源日益紧缺、环境问题日益严峻，制造业面临着提高资源利用效率、减少环境污染的压力。智能制造通过精准控制和优化管理，能够显著提高资源利用效率，减少废弃物排放。西门子通过智能制造技术已实现部分工厂的碳中和，其安贝格电子工厂的能源消耗降低了20%。同时，许多国家面临人口老龄化问题，劳动力短缺日益严重，这促使制造业必须通过智能化转型来提高生产效率，减少对人工的依赖。

3.1.4　数据要素在智能制造中的重要性

数据要素在智能制造中扮演着核心驱动力的角色，深刻改变着制造业的生产方式和价值创造模式。在生产管理方面，数据驱动的决策制定显著提升了管理效率和科学性。以西门子公司为例，通过深入分析安贝格电子工厂的生产数据，不仅优化了生产计划，而且产能提高了8倍。同时还通过设备运行数据分析实现了预测性维护，减少了30%～50%的设备停机时间。通用电气公司利用Predix平台对生产数据进行分析，优化了喷气发动机叶片的生产流程，使单位生产效率提升了12%，质量缺陷率降低了40%。

数字孪生技术的应用使生产管理能够在虚拟与现实之间无缝结合。西门子为其电子工厂创建的数字孪生模型不仅详尽反映了工厂的物理布局，还包含了生产设备运行参数、生产流程以及员工操作行为等多维度信息，显著缩短了新产品的上市时间。在质量控制方面，实时数据的应用使得监控更加精确和高效。博世公司在其工厂中运用机器视觉和深度学习技术进行产品质量的实时检测，实现了日产7000个零件的生产量，并将日误检率降低至5%以下。

在个性化定制方面，客户数据的分析发挥着关键作用。阿迪达斯通过SPEED FACTORY项目，分析消费者数据和鞋类使用数据，实现了个性化运动鞋的快速设计和生产。特斯拉公司则通过分析车辆使用数据，不断优化电动汽车性能，并开发了自动驾驶等创新功能。在供应链管理领域，数据分析显著提升了响应速度和整体效率。沃尔玛利用Data Café平台整合了超过200个内外部数据源，实现了精准的需求预测，宝洁公司的纸尿裤商品的周转率大幅提高（Kim，2006）。

数据要素的价值实现路径涵盖了从采集到应用的全过程。德国博世公司在其工厂部署超过10000个传感器，实现了生产过程的全面感知。华为与宝钢集团的合作展示了5G技术在工业数据实时传输中的应用价值。GE的Predix平台通过集成大数据分析和机器学习技术，提供深入的数据洞察。同时，数据安全与隐私保护日益重要，西门子的MindSphere提供了端到端的工业数据安全保护方案。

然而，数据要素的应用也面临诸多挑战。据Gartner研究，约40%的企业数据存在质量问题；IDC调查显示，有55%的制造企业面临数据孤岛问题；IBM研究指出，制造业已成为黑客攻击的第二大目标；据德勤调查，89%的制造业高管认为人才短缺是实施智能制造的主要障碍。为应对这些挑战，工业物联网、5G、云计算、边缘计算、人工智能等技术提供了有力支撑。

展望未来，数据智能化将成为重要趋势。IDC预测，到2025年，40%的制造企业将利用AI技术实现数据的智能分析和决策。数据资产化也将深化，Gartner预测到2028年，30%的企业机构将把数据变现或融入其数据战略。与此同时，数据安全、隐私保护和伦理问题将受到更多关注，更多创新的应用场景将不断涌现，如AI驱动的自主优化工厂、基于区块链的跨企业协同制造等。

企业在推进数据要素应用时，需要基于自身实际需求和发展战略，选择适宜的技术路线，重视技术与业务的深度融合。同时，政府需要完善相关法规，企业应建立数据战略和管理体系，研究机构则需加强前沿技术研究。只有持续创新且负责任地应用这些技术，才能充分释放数据要素的潜力，推动智能制造健康发展，为经济社会的可持续发展做出贡献。

3.1.5 智能制造的价值与挑战

智能制造为制造业带来了全方位的革命性变革。在效率提升方面，麦肯锡的研究表明，智能制造技术的应用可使生产效率提高20%～50%，产品上市时间缩短20%～70%。西门子安贝格电子工厂的实践证明，通过智能制造可使生产效率相较传统模式提升8倍左右，产品合格率高达99.99%，能源利用效率显著提高。这种效率的提升不仅降低了生产成本，还增强了企业的市场竞争力。

在商业模式创新方面，智能制造推动制造业向服务化转型。美国通用电气公司通过发展智能服务，成功实现从设备制造商向解决方案提供商的转变，这种转型不仅提高了企业的盈利能力，还增强了其市场适应性。

在就业方面，智能制造虽然可能减少一些传统制造岗位，但同时也创造了大量新的就业机会。世界经济论坛预测，到2025年，人工智能和自动化将创造9700万个新工作岗位，其中很大一部分将来自制造业。这些新岗位通常要求更高的技能水平，有助于提升整体就业质量。在经济贡献方面，普华永道预测，到2030年，人工智能对全球GDP的贡献将达到15.7万亿美元，制造业将是主要受益行业之一。

然而，智能制造的发展也面临诸多挑战。技术整合的复杂性是一个主要挑战。将物联网、大数据、人工智能等先进技术有效整合到制造流程中，实现技术的协同效应，是一个复杂的系统工程。麦肯锡的调查显示，只有少数制造企业认为自己成功实现了技术的全面整合。标准化体系的缺失也是一个重要问题，在工业互联网领域，多种竞争性标准的并存，如OPC UA、MQTT、DDS等，增加了企业在选择和整合技术时的难度和成本。

网络安全风险日益突出。随着生产系统和设备的互联互通，网络安全和数据保护的风险也随之增加。IBM的研究表明，制造业已成为黑客攻击的主要目标之一，仅次于金融业。人才短缺也是一个普遍性问题。跨学科的复合型人才，尤其是那些既懂制造又懂信息技术的人才，目前严重不足。德勤的调查显示，绝大多数制造业高管认为人才短缺是实施智能制造的主要障碍。

智能化改造需要大量资金投入，这为企业特别是中小企业带来了巨大压力。根据普华永道的报告，全球企业在数字化工程转型领域的投资每年超过1.1万亿美元，其中工业制造和化工行业的投入最高。数字鸿沟问题也不容忽视，世界经济论坛的报告指出，发达国家和发展中国家在数字化转型速度上的差距正在扩大。这些挑战需要政府、企业和研究机构通过协同创新来应对，同时要建立健全相关政策和标准体系，推动智能制造的健康可持续发展。

未来，随着技术进步和实践深化，智能制造将继续推动制造业向更高质量、更有效率、更可持续的方向发展。这不仅需要持续的技术创新和投入，还需要在推动发展的同时，有效应对各种挑战，确保智能制造在为制造业带来变革的同时，也能实现包容性增长，为全球经济发展注入新的动力。

3.2　核心要素与关键技术

在智能制造的发展进程中，数据要素作为核心驱动力，其有效应用依赖一系列关键技术，这些技术涵盖数据采集、传输、存储、处理、分析和应用等环节，构建起智能制造的技术生态系统。

3.2.1　工业物联网（IIoT）技术

工业物联网是智能制造的基础，通过传感器和通信技术将物理世界数字化以实现全面感知和互联。其包含传感器技术（如温度、压力等各类传感器）、边缘计算（在数据源初步处理数据）、工业通信协议（如OPC UA、MQTT保障设备互联）和5G技术（提供高速、低延迟、大连接网络支持）。西门子安贝格电子工厂安装超1000个物联网设备和传感器，实现生产全面数字化，监测设备状态、环境参数和能源消耗等数据，进而自动优化生产过程，使生产效率提高30%，产品不良率降低20%。其发展趋势包括：5G+工业互联网（据华为预测，到2025年，5G在工业互联网中的渗透率将达35%）、边缘智能以及工业级芯片的广泛应用。

3.2.2　大数据分析技术

大数据分析技术能从海量、多样、高速的数据中提取有价值信息，为智能制造决策提供支持。它主要包括分布式存储（如Hadoop HDFS存储海量数据）、分布式计算（如Spark处理大规模数据）、数据挖掘算法（分类、聚类、关联规则等）和实时流处理（如Flink处理实时数据流）。英特尔的"制造智能系统"大数据平台，日处理超5TB制造数据，通过实时分析可早期发现质量问题并自动调整参数，使芯片良品率明显提高，每年节省数亿美元成本。发展趋势有实时大数据（重点关注实时数据流处理和分析）、智能数据湖（结合AI实现更智能的数据管理和分析）以及联邦学习（在保护隐私前提下实现跨组织数据分析和模型训练）。

3.2.3　人工智能（AI）技术

人工智能（特别是机器学习和深度学习）为智能制造提供强大的数据分析和决策能力。AI在制造业中的应用包括机器学习（用于预测性维护、质量控制等）、深度学习（用于图像识别、自然语言处理等）、强化学习（用于复杂系统优化控制）和计算机视觉（用于产品质量检测、工业机器人视觉等）。例如，徐工集团挖掘机生产线利用深度强化学习算法打造了智能调度系统，其ACS智慧物流系统使生产物资转运效率提升35%、配送准时率提升75%、物流能耗减少25%、成本降低10%。其发展趋势为可解释AI（提高决策透明度和可解释性）、小样本学习（提升数据量有限时的学习效率）以及AI＋仿真（结合数字孪生技术优化决策）。

3.2.4　数字孪生技术

数字孪生技术通过创建物理实体的数字映射，融合虚拟与物理世界，为智能制造提供新的分析和优化手段。其关键技术有3D建模（创建精确数字模型）、实时数据同步（保持物理与数字世界一致）、仿真技术（模拟和预测物理世界行为）和可视化技术（直观展示数字孪生状态和行为）。西门子为电子工厂（EWA）创建的数字孪生模型涵盖工厂布局、设备参数、生产流程和员工操作行为等，在引入新产品时，先在数字孪生中进行生产仿真优化，再应用于实际生产，使新产品投产时间缩短30%。发展趋势包括全生命周期数字孪生（涵盖设计、生产到维护全过程）、多尺度数字孪生（从单个设备到整个供应链）以及AI驱动的数字孪生（实现更智能的预测和优化）。

3.2.5　区块链技术

区块链技术凭借去中心化、不可篡改和可追溯的特性，为智能制造中的数据共享、供应链管理和质量追溯提供解决方案。在制造业中的应用包括供应链管理（实现透明化和可追溯）、智能合约（自动执行交易和结算）、数据共享（安全可信跨组织共享）和知识产权保护（保护设计制造中的知识产权）。空客的"天空链"供应链管理系统连接全球4000多家供应商，实现从原材料采购到飞机交付的全过程透明化和可追溯，借助智能合约自动执行操作，有效降低了成本并提高了响应速度。其发展趋势有跨链技术（实现不同区块链互操作）、区块链 + IoT（构建物理与数字世界的可信连接）和隐私保护（在保证数据可信同时保护敏感信息）。

3.2.6　增强现实（AR）和虚拟现实（VR）技术

AR和VR技术为智能制造提供新的人机交互方式，在产品设计、生产培训、远程协作等方面发挥重要作用，包括产品设计（虚拟原型设计和评估）、生产培训（虚拟环境操作培训）、装配指导（AR辅助产品装配）和远程协作（跨地域虚拟协作）。波音公司飞机装配中应用AR技术，装配工人佩戴AR眼镜可看到虚拟装配指导信息，使飞机线束装配时间减少了25%，错误率显著降低，新工人培训时间也从两周缩短到几天。其发展趋势为5G+AR/VR（支持更高质量、低延迟体验）、AI增强的AR/VR（提供更智能交互和指导）和触觉反馈（提供更真实虚拟体验）。

3.2.7　网络安全技术

随着制造系统数字化和网络化程度提高，网络安全技术在保护数据安全、防范网络攻击方面愈发重要。工业网络安全包括网络隔离（如工业防火墙隔离 IT 和 OT 网络）、加密通信（保护数据传输安全）、身份认证（确保授权访问）、入侵检测（监控网络流量检测异常）和安全审计（记录分析系统活动）。西门子为工业控制系统开发的网络安全解决方案采用多层防护策略，在安贝格电子工厂部署后，实时监控网络流量、检测异常行为并自动防御，成功阻止多次网络攻击，确保了工厂安全运营。其发展趋势有AI驱动的安全（提高检测和响应能力）、零信任架构（提高系统整体安全性）、量子加密（实现更高级别加密通信）和区块链安全（增强数据完整性和可追溯性）。

3.2.8　5G通信技术

5G技术以高速率（理论峰值速度20Gbps）、低延迟（端到端延迟低至1毫秒）、大连接（每平方千米支持100万个设备连接）和网络切片（提供定制化网络服务）的特点，为智能制造提供强大的通信支持。中国移动与宝钢股份合作的5G + 智能制造示范项目中，宝钢通过5G网络实现钢铁生产全流程实时监控和远程操控，在热轧生产线提高质量检测精度到毫米级，提升产品质量，5G的低延迟特性支持危险区域远程操控，提高工作安全性。其发展趋势为5G＋边缘计算（提供更低延迟、更高效率计算能力）、5G专网（满足特定工业应用需求）、5G+AI（推动更智能、更实时工业应用）和5G+VR/AR（支持更高质量的VR/AR应用，推动远程协作和虚拟培训发展）。

3.3 数据要素在智能制造中的重要性

数据要素在智能制造中扮演着至关重要的角色，数据驱动的决策制定是提升管理效率和科学性的核心。西门子公司通过深入分析安贝格电子工厂的生产数据，不仅优化了生产计划，将产能利用率提高了30%，还通过对设备运行数据的分析，实现了预测性维护，减少了20%的设备停机时间。数据分析在优化生产流程和提高生产效率方面发挥着重要作用。通用电气公司利用Predix平台对生产数据进行分析，优化了喷气发动机叶片的生产流程，使单元生产效率提升12%，质量缺陷率降低40%。实时数据的应用使得质量监控更加精确和高效。博世公司在其工厂中运用机器视觉和深度学习技术进行产品质量的实时检测，实现了日产7000个零件的生产量，并将误判率降至5%以下。客户数据的分析使得产品能够根据个人需求进行定制。特斯拉公司通过分析车辆使用数据，不断优化电动汽车性能，并开发了自动驾驶等创新功能。数据分析在供应链管理中的应用，提高了供应链的响应速度和整体效率。综上所述，数据要素在智能制造中的应用，不仅提升了生产和管理的智能化水平，还为企业带来了更大的灵活性和市场竞争力，是推动制造业转型升级的关键因素。

3.3.1 数据驱动的智能制造新范式

在智能制造领域，数字孪生、预测性维护、柔性生产、智能决策和协同制造是五个关键的技术应用，共同推动了生产管理的现代化和高效化。通过构建物理实体的数字映射，数字孪生技术使得生产管理能够在虚拟与现实之间无缝结合。

西门子公司为其电子工厂安贝格（EWA）创建的数字孪生模型，不仅详尽地反映了工厂的物理布局，还包含了生产设备运行参数、生产流程以及员工操作行为等多维度信息。这一技术的应用，使得西门子能够在虚拟环境中对生产过程进行模拟和优化，显著缩短了新产品的上市时间。通过分析设备运行数据，预测性维护技术能够预测潜在的故障并优化维护策略。罗尔斯·罗伊斯公司的Intelligent Engine系统便是此技术的杰出代表，它利用传感器实时采集航空发动机的运行数据，并通过卫星传输至地面控制中心进行分析。这使得罗尔斯·罗伊斯公司能够远程监控并预测发动机可能出现的问题，及时提供维护建议，显著降低了发动机的故障率。柔性生产技术基于订单和市场数据，使得生产能够快速适应变化，实现快速调整和重组。阿迪达斯的"极速工厂"便是一个典型案例，它通过数据驱动的柔性生产系统，能够根据实时市场需求数据快速调整生产计划，实现小批量、个性化的运动鞋生产，大幅缩短了产品从设计到成品的周期。大数据和人工智能技术的应用，为企业提供了一个辅助决策的强大工具。海尔集团的COSMOPlat便是一个全球领先的大规模定制解决方案平台，它通过分析用户需求、生产和供应链数据，实现了全流程的智能决策，显著提高了产品研发效率。数据共享是实现产业链上下游高效协同的关键。IBM与沃尔玛合作开发的Food Trust系统，利用区块链技术记录食品从生产到消费的每一个环节，极大地提高了食品溯源的效率和透明度。这一技术的应用，不仅加快了食品溯源的速度，也增强了消费者对食品安全的信心。

综上所述，这些技术的应用不仅提升了生产效率和产品质量，还为企业带来了更大的灵活性，提升了市场响应速度，是智能制造发展的重要方向。

3.3.2 数据要素的价值实现路径

在智能制造的背景下，数据要素的作用日益凸显，其价值实现路径的构建显得尤为关键。这一路径涵盖了从数据采集到数据安全与隐私保护的多个环节，每个环节都是数据价值链的重要组成部分。首先，数据采集是基础，它涉及使用传感器、物联网设备等技术手段来收集生产过程中的数据。例如，德国博世公司在其工厂中部署了超过10000个传感器，实现了生产过程的全面感知。其次，数据传输环节确保了数据的高速、可靠传输。5G、工业以太网等技术的应用，使得大规模工业数据能够实时传输。华为公司与宝钢集团的合作便是一个典型案例，通过在钢铁生产线上部署5G网络，实现了数据的实时传输。数据存储技术的发展，如分布式存储和云存储，为海量数据提供了高效存储的解决方案。亚马逊AWS提供的云存储服务就是一个例子，它能够满足不同规模制造企业的数据存储需求。数据处理与分析是数据价值实现的核心。大数据分析和机器学习技术的应用，使得从海量数据中提取有价值信息成为可能。GE的Predix平台便是集成了这些技术，能够提供深入的数据洞察。数据应用则是将分析结果转化为实际行动，如生产决策、流程优化和产品创新。特斯拉公司通过分析车辆使用数据来优化电动汽车性能，并利用OTA技术进行远程软件更新，展示了数据应用的实践。最后，数据安全与隐私保护是整个数据价值实现路径中不可忽视的环节。西门子的MindSphere提供了端到端的工业数据安全保护，确保了数据在采集、传输、存储和使用过程中的安全性。综上所述，构建完整的数据价值实现路径对于智能制造的成功至关重要，它不仅能够提升生产效率和产品质量，还能够推动制造业的创新和可持续发展。

3.4 应用领域

数据要素在智能制造的各个环节中发挥着重要的作用，正在重塑制造业价值链。

3.4.1 智能设计

在产品设计和创新过程中，数据要素的应用体现在多个方面。通过收集和分析用户使用数据、社交媒体数据等，企业能够更准确地把握用户需求，从而指导产品设计和创新。例如，特斯拉公司利用车载系统收集的大量用户驾驶数据，不断优化车辆性能和用户体验，如通过分析刹车使用数据发现并解决安全隐患，还基于用户习惯数据提供个性化的能耗优化建议。此外，利用数字孪生技术，企业可以在虚拟环境中进行产品设计和测试，大幅缩短开发周期，降低成本。美国通用电气公司利用其Predix平台为风力发电机创建数字孪生模型，使新一代风机的发电效率最高可提高20%（赵长梅 等，2024）。同时，通过数据共享和协作平台，实现跨部门、跨企业的协同设计，能够提高设计效率和质量。法国达索系统公司开发的3D EXPERIENCE平台实现了从概念设计到生产的全流程数据集成，空客公司使用该平台进行A350飞机的设计，实现了多达4000人的协同工作，将飞机的装配进程缩短了30%（金卯，2011）。

3.4.2 智能生产

在生产制造环节，数据要素的应用主要包括生产过程优化、预测性维护、柔性生产和质量控制。通过实时数据采集和分析，优化生产参数，可以提高生产效率和产品质量。德国博世公司在其斯图加特工厂实施了"工业4.0"项目，通过在生产线上安装大量传感器，实时收集生产数据，并利用人工智能算法分析这些数据，实现了生产参数的自动优化，使产品不良率降低至5%以下，利用设备运行数据进行故障预测，能够实现从被动维修到主动预防的转变。瑞典SKF公司为其轴承产品开发了智能传感器系统，通过实时监测轴承的振动、温度等参数，并将数据传输到云平台进行分析，准确预测轴承的剩余寿命和可能出现的故障，帮助客户减少设备停机时间和整体维护成本。基于实时订单和市场数据，实现生产的快速调整和重组，体现了柔性生产的特点。德国阿迪达斯公司在巴伐利亚州安斯巴赫建立的"极速工厂"是一个高度数字化和自动化的生产基地，通过数据驱动的柔性生产系统，该工厂可以根据实时的市场需求数据，快速调整生产计划，实现小批量、个性化的运动鞋生产，从设计到成品只需要不到一周的时间，比传统生产模式缩短了几个月。利用机器视觉和深度学习技术，实现产品质量的自动检测和控制。中国格力电器公司在其智能工厂中应用了基于机器视觉的智能质检系统，利用高速相机捕捉产品图像，通过深度学习算法进行实时分析，可以检测出人眼难以发现的微小缺陷，大大提高了质检效率和产品合格率。

3.4.3 智能供应链管理

在供应链管理领域，数据要素的应用主要体现在需求预测、智能仓储和供应链可视化方面。利用大数据分析技术，整合销售数据、市场数据、社交媒体数据等，能够实现更准确的需求预测。美国沃尔玛公司利用其自主开发的数据分析平台Data Café，整合了超过200个内外部数据源，包括销售数据、气象数据、社交媒体数据等。通过这个平台，沃尔玛可以在几秒钟内分析数十亿条记录，实现精准的需求预测，将库存周转率大幅提高。利用物联网和人工智能技术，可以实现仓储管理的自动化和智能化。中国京东集团在上海亚洲一号智能物流中心实现了高度自动化的仓储管理，使用了大量的AGV（自动导引运输车）和机器人，通过物联网技术和人工智能算法进行调度，系统可以根据订单数据自动优化仓储布局和拣货路径，整个系统均由京东公司总集成，90%以上的操作已实现自动化，其出货分拣区采用的全球最高水平的分拣系统，分拣处理能力达16000件/小时，分拣准确率高达99.99%，极大地提升了整体物流效率（韩迎迎　等，2024）。

利用区块链等技术，能够实现供应链的全程可视化和可追溯。IBM与沃尔玛合作开发了基于区块链的食品溯源系统Food Trust，该系统记录了从农场到餐桌的每一个环节的数据，使得食品的来源和流通过程完全透明化，在一次芒果溯源测试中，通过传统方法需要7天才能追踪到芒果的来源，而使用该系统只需2.2秒。

3.4.4 智能决策

利用大数据分析和人工智能技术，数据要素为企业经营决策提供支持。联合利华公司开发了一个名为"Ada"的人工智能系统，该系统整合了公司的销售数据、市场数据、供应链数据等，能够为管理者提供决策建议，如系统可以预测某个新产品在特定市场的潜在销量，帮助管理者做出更准确的投资决策。通过数据分析，识别和预测潜在的经营风险。德国保险公司Allianz利用大数据分析技术开发了一个风险预警系统，该系统通过分析企业的财务数据、市场数据、新闻报道等多源数据，能够提前几个月预测企业可能面临的财务风险，为保险业务和风险管理提供支持。利用数据分析，实现更精准、客观的绩效评估。日本丰田汽车公司开发了一个基于数据的员工绩效评估系统，该系统不仅考虑传统的产量和质量指标，还整合了设备维护数据、能源使用数据、安全记录等多维度数据，实现了更全面、客观的绩效评估。

3.5 典型案例

3.5.1 西门子数字化工厂

西门子在工业4.0领域的实践是新质生产力理论在制造业中的典型应用，展示了数字技术在推动制造业转型升级中的关键作用。

作为全球领先的工业企业，西门子积极响应德国"工业4.0"战略，致力于推动制造业的数字化转型。通过将先进的数字技术融入传统制造业，西门子为全球制造企业提供了创新的解决方案。

西门子在实施过程中采取了多项重要举措。首先，在数字孪生技术的开发与应用方面，西门子构建了涵盖产品、生产和性能三个维度的全面数字孪生解决方案，使制造过程的每个环节都能在虚拟环境中进行模拟和优化。其次，西门子推出了MindSphere工业物联网操作系统，这一平台连接了工厂中的设备和系统，能够实时收集和分析生产数据，提升运营效率。在智能制造方面，西门子在安贝格电子工厂实施了高度自动化的生产流程，使生产更具柔性，能够快速响应市场需求。此外，西门子还利用AI技术进行预测性维护，通过监测设备的运行状态，提前预判故障，显著提高了设备的可靠性和使用寿命。

西门子工业4.0战略的实施取得了显著的成果。首先，生产效率大幅提升，安贝格工厂的生产效率提高了30%，同时产品的不良率降低了20%。其次，数字孪生技术的应用使得产品开发周期缩短了30%，大大加速了产品的上市时间。同时，西门子通过数据驱动的预测性维护服务开辟了服务模式创新的新领域，成为新的利润增长点。

然而，西门子的工业4.0实践也面临一些挑战。首先，初始投资大，实施工业4.0解决方案需要大量的资金投入，特别是对中小型制造企业来说，资金压力较大。其次，系统整合的复杂性也是一大挑战，新旧系统的无缝整合不仅需要技术支持，还要求企业在管理流程上做出调整。再次，随着工厂和设备的高度互联，网络安全风险显著增加，如何防范网络攻击成为企业关注的重点。最后，人才技能的更新也是一个长期挑战，工业4.0要求员工掌握新的数字化和智能化技能，如何培养和留住这类复合型人才是企业需要持续解决的问题。

总的来说，西门子通过在工业4.0领域的创新实践，展示了新质生产力在制造业中的广泛应用，推动了行业的数字化升级和智能化转型。然而，面对初始投资、系统整合、网络安全和人才培养等挑战，企业需要在技术和管理层面不断创新和调整，以实现工业4.0战略的全面成功。

3.5.2 联想工业互联网平台

联想工业互联网平台是数字化制造转型的创新实践案例，展现了数据要素在推动传统制造企业向智能制造升级过程中的重要价值。作为全球领先的计算机制造商，联想通过构建LeapIOT工业互联网平台，实现了从传统制造向智能制造的成功转型，为制造业数字化转型提供了全新的实践范例。

联想在推进智能制造转型过程中实施了一系列创新举措。首先，打造数字化车间，通过部署智能传感器和工业控制系统，实现了生产设备的全面联网和智能管理。其次，联想开发了专有的工业大数据分析平台，通过对生产过程中的海量数据进行实时分析，建立了从订单到交付的全流程数字化管理体系。在供应链管理方面，联想构建了基于区块链技术的协同平台，实现了与供应商的高效协作和实时信息共享。此外，联想还利用人工智能技术开发了智能质检系统，通过机器视觉和深度学习算法，显著提升了产品质量控制的准确性和效率。

LeapIOT平台的应用为联想带来了显著的经营效益。在运营效率方面，通过对生产设备的联网和数据采集，能够及时发现设备故障隐患并进行预防性维护，减少了设备停机时间，提高了生产效率。在质量管理方面，联想引入了先进的自动化检测设备，并利用图像识别、传感器等技术对产品进行全面检测，减少了人为检测的误差，提升了产品的一次通过率。在成本控制方面，通过大数据分析市场需求和销售数据，实现了更精准的库存管理和生产计划安排。借助智能物流系统，提高了货物的运输和配送效率，降低了库存成本。更重要的是，联想通过数据驱动的智能制造体系，实现了柔性生产能力的显著提升。

然而，联想的智能制造实践也面临诸多挑战。首先是数据标准化问题，如何确保来自不同设备和系统的数据能够有效整合和利用是一大难题。其次是技术升级带来的投资压力，持续的技术创新需要大量资金支持。再次是人才转型的挑战，需要帮助现有员工适应数字化转型，同时培养和引进具备数字化能力的新型人才。最后，如何平衡自动化与人工作业，确保生产系统的灵活性和稳定性也是重要课题。

3.5.3 海尔互联工厂

海尔COSMOPlat智慧制造平台是新质生产力理论在大规模定制领域的创新实践，体现了数据要素在推动制造业变革中的核心价值。其成功经验为制造企业探索用户定制化生产模式提供了重要参考。

作为全球领先的家电制造企业，海尔积极探索"大规模定制"的创新模式，致力于打造面向未来的智能制造新范式。通过建立COSMOPlat工业互联网平台，海尔实现了用户全流程参与的智能制造模式创新，打通了用户需求与生产制造的连接通道。

海尔在实施过程中采取了系统性的创新举措。首先，建立用户交互系统，通过大数据分析准确捕捉用户个性化需求，并将其转化为可执行的生产指令。其次，海尔构建了覆盖全价值链的协同制造网络，整合了超过300家供应商资源，实现了设计、采购、生产、物流等环节的数据互通和业务协同。在生产制造环节，海尔应用物联网技术和智能控制系统，实现了生产设备的互联互通和智能调度，提高了生产的灵活性和效率。此外，海尔还建立了智能服务体系，通过收集和分析产品使用数据，为用户提供个性化的增值服务。

海尔COSMOPlat平台的实施取得了显著成效。在效率提升方面，产品研发周期相比以往传统模式有明显缩短，一些生产线的生产效率提升了35%。在质量改善方面，产品一次合格率提升至99%以上，客户满意度显著提升。在成本控制方面，运营成本降低了25%，能源使用效率提升了20%。更重要的是，海尔成功实现了从大规模生产向大规模定制的转型，个性化订单占比超过70%。

3.6 挑战及展望

3.6.1 数据基础挑战

在智能制造实践中，企业首先面临着数据质量和标准化的基础性挑战。Gartner研究显示，约40%的企业数据存在质量问题，主要表现为数据的不完整性、不准确性和不一致性。由于工业数据来源多样、格式复杂，这些问题严重影响了数据价值的发挥。企业需要建立统一的数据标准和管理制度，通过实施数据质量管理系统，采用开放的工业互联网标准如OPC UA，并利用人工智能技术进行数据异常检测和自动修复。

数据安全和隐私保护已成为重大挑战。如前文所述：制造业已成为黑客攻击的第二大目标，仅次于金融业。2021年，某大型汽车制造商遭遇勒索软件攻击导致多个工厂停产数日的案例，充分说明了这一问题的严重性。企业需要实施全面的网络安全策略，包括网络隔离、访问控制和加密传输等措施。同时，企业应建立数据分类和权限管理制度，采用区块链技术提高数据可信度和可追溯性，并定期进行安全审计和员工培训。

技术集成和系统复杂性带来了巨大挑战。IDC调查显示，有55%的制造企业面临数据孤岛问题。物联网、大数据、人工智能、边缘计算等新兴技术的快速演进，使企业在系统兼容性、技术选择和维护成本等方面承受巨大压力。为应对这些挑战，企业可采用开放式架构和标准化接口，实施分步骤的数字化转型路线图。西门子的案例显示，通过采用云计算和微服务架构，不仅降低了系统复杂性，还提高了系统的可扩展性。同时，企业应与技术供应商建立长期合作关系，并建立内部技术评估和验证团队，以确保技术选择的合理性。

3.6.2 组织管理挑战

智能制造的实施不仅是技术革新，更涉及深刻的管理模式和组织文化变革。据德勤调查，89%的制造业高管认为人才短缺是实施智能制造的主要障碍。企业面临着从经验驱动向数据驱动的决策模式转变，需要打破传统部门壁垒，实现数据和资源共享。GE的数字化转型经验表明，高层领导的坚定支持至关重要，需要制定清晰的数字化转型战略，建立跨部门的数字化转型团队，实施变革管理计划，并建立相应的激励机制。

专业人才短缺问题尤为突出。企业需要同时精通制造工艺和数据科学的复合型人才，但市场上此类人才极为稀缺。西门子智能工厂的案例显示，虽然部署了AI驱动的预测性维护系统，但由于缺乏懂得数据分析的维护人员，系统的价值无法充分发挥（张国萍，2023）。企业可以通过建立产学研合作机制，实施内部培训和轮岗计划，建立灵活的人才引进机制，并利用AI和AR/VR技术开发智能辅助系统来应对这一挑战。

在人工智能时代，平衡数据驱动的自动化决策和人为专业判断成为关键问题。算法偏差可能导致机器学习模型存在偏见或盲点，而黑箱问题则使复杂的AI模型难以解释。徐工集团的实践表明，建立"人机协作"的决策模式，提高了AI模型的可解释性，定期进行人机对比测试，并在高风险领域保留关键决策的人工审核环节至关重要。同时，企业需要加强决策者的数据素养和AI知识培训，确保科学决策。

3.6.3　战略发展挑战

从战略层面看，智能制造项目需要大规模前期投资，而收益可能需要较长时间才能显现。普华永道的报告显示，全球企业在数字化转型领域的投资每年超过1.1万亿美元。企业需要采取分步实施策略，建立全面的投资评估模型，优先选择快速见效的项目，并加强项目管理以确保投资回报。同时，利用云服务和SaaS模式可以有效降低初始投资成本。

构建开放、共赢的产业生态系统是另一个战略性挑战。博世和西门子合作建立工业物联网平台的案例表明，利益分配、标准制定和信任机制等问题都需要妥善解决。企业可以通过建立公平、透明的利益分配机制，积极参与行业标准制定，利用区块链技术构建可信数据共享环境，并建立产业联盟推动生态系统发展。

展望未来，IDC预测到2025年，40%的制造企业将利用AI技术实现数据的智能分析和决策。边缘计算、5G技术和数字孪生的结合将为产品全生命周期管理提供支持。这些变革推动制造业向智能化、个性化和服务化方向发展，生产模式将从大规模标准化转向柔性化个性定制，企业角色也将从产品供应商转变为解决方案提供商。然而，这些发展也带来了安全、伦理和就业等新挑战，需要政府、企业、研究机构多方协作，共同推动制造业的高质量可持续发展。

3.6.4 未来发展展望

数据要素将在智能制造领域发挥更加关键的作用。随着工业物联网的深度应用和5G技术的普及，制造业将实现全面的数字化转型。生产设备、供应链和客户需求等各环节产生的海量数据将得到更有效的整合和利用，推动制造业向更智能、更精准、更高效的方向发展。

智能制造将实现更深层次的柔性生产。通过数据驱动的智能决策系统，制造企业能够快速响应市场需求变化，实现产品的柔性定制和智能化生产。数字孪生技术的成熟应用将使虚拟与现实生产深度融合，显著提升产品研发效率和生产线优化能力。同时，人工智能技术将在产品质量控制、设备预测性维护等方面发挥更大作用。

跨企业协同制造生态系统将更加完善。基于工业互联网平台，制造企业、供应商、客户之间的数据共享和业务协同将更加紧密。这种深度协作不仅能够优化供应链管理，还能促进创新资源的整合，加速新技术、新工艺的应用推广，形成更具竞争力的产业集群。

绿色智能制造将成为重要发展方向。数据要素将在能源管理、环境监测、资源调配等方面发挥更大作用，推动制造业向低碳、环保、可持续的方向发展。通过数据分析和智能控制，企业能够更精准地管理能源消耗，优化资源利用效率，实现经济效益与环境效益的双赢。

4　数据监控与质量控制

在智能制造和数字化转型的背景下，数据监控与质量控制已成为确保生产效率和产品质量的关键环节。本章是全书聚焦具体应用领域的重要篇章，深入探讨了数据要素在生产过程监控和质量管理中的具体应用，展示了数据驱动的质量控制新模式。通过系统阐述数据监控的理论框架和实践应用，为企业实现数字化质量管理提供了方法论指导。

本章首先介绍了数据监控的基本概念和发展历程，分析了发展现状和未来趋势。随后深入探讨了数据监控的核心要素，包括数据采集、传输、存储与处理、分析与可视化等关键环节。通过分析数据监控在生产过程质量控制、产品质量检测、设备预防性维护等领域的具体应用，结合西门子、海尔等企业的实践案例，展示了数据要素在质量控制中的实际价值。同时，本章也对数据监控与质量控制面临的挑战进行了深入分析，为企业应用数据监控技术提供了实践参考。

4.1 背景简介

4.1.1 基本概念与架构

数据监控是通过系统性的技术手段，对特定对象或环境的各类数据进行持续性采集、存储、分析和解读的过程。在数字化时代的快速发展背景下，它已成为推动经济社会发展的核心技术手段。数据监控涉及信息技术、统计学、数据科学等多个专业领域，这一概念的发展体现了现代社会对数据管理和利用的深入理解，展现了技术进步对生产方式和管理模式的深远影响。

数据监控系统的价值主要体现在其提供实时或准实时信息和洞察的能力。通过持续的数据收集和分析，监控系统能够及时发现异常或潜在问题，为决策者提供快速响应的机会。例如，在网络安全领域，通过对网络流量的实时监控，系统能够及时发现并阻止潜在的网络攻击，有效保护信息系统的安全。这种实时监控和分析能力在现代企业管理中发挥着越来越重要的作用。

数据监控系统的技术架构包含六个关键模块。数据采集模块负责从各种数据源（如传感器、日志文件、数据库等）收集原始数据，确保数据的完整性和及时性。数据传输模块通过高速通信网络将采集到的数据实时传输到中央处理系统，这在大规模分布式系统中尤为重要。数据存储模块采用先进的存储技术对海量数据进行管理，为后续分析提供可靠的数据基础。数据分析模块运用大数据分析和人工智能技术，对存储的数据进行深度处理，包括数据清洗、特征提取、模式识别等关键步骤。可视化模块将复杂的分析结果转化为直观的图表和仪表盘，帮助决策者快速理解数据含义。预警模块则基于预设的规则或模型，对异常情况进行实时识别和报警，确保系统能够及时响应各类风险。

4.1.2　发展历程与演进

数据监控的发展历程清晰地反映了信息技术的进步和社会需求的变化，经历了四个关键阶段，每个阶段都具有其独特的技术特征和应用重点。

20世纪50—60年代的初始阶段，数据监控主要应用于工业生产领域，基于模拟技术对生产关键参数进行监测。当时的监控系统主要关注单点、单参数的监测，监控范围和深度都相对有限。例如，石油化工行业主要监控温度、压力等基本参数，通过仪表和图表显示这些关键数据。监控的目的主要是确保生产安全和基本的质量控制，系统的智能化程度和数据分析能力都相对简单。

进入20世纪70—80年代的数字化阶段，数字技术的发展推动监控系统向数字化方向发展。可编程逻辑控制器（PLC）和分布式控制系统（DCS）的出现，显著提高了数据的采集、传输和处理能力。监控的应用领域也扩展到金融、交通等多个领域。典型案例如美国航空管制系统，通过监控飞机位置、速度等数据，大幅提高了航空安全水平。这个阶段的特点是数据处理能力的提升和应用范围的扩大，为后续的网络化发展奠定了基础。

20世纪90年代到21世纪初的网络化阶段标志着数据监控进入了新的发展阶段。互联网技术的兴起使得数据的远程采集和集中管理成为可能。企业级监控系统开始普及，如ERP系统中的生产监控模块得到广泛应用。同时，面向公众的气象监测、交通监控等应用也开始出现，极大地扩展了数据监控的应用场景。这个阶段的监控系统开始具备网络化、集成化的特点，数据共享和协同分析的能力大幅提升。

进入21世纪10年代后，大数据时代的到来为数据监控带来了革命性的变化。大数据、云计算、物联网等技术的发展使得数据监控呈现出新的特点：数据量急剧增加，物联网技术使得采集点数量呈指数级增长；数据类型更加多样化，结构化与非结构化数据（如视频、音频、文本等）都成为监控对象；实时性要求更高，在金融交易、网络安全等领域，毫秒级的延迟都可能造成重大影响；智能化程度显著提高，人工智能技术的应用使系统具备了更强的分析和预测能力。

4.1.3 质量控制应用价值

数据监控在现代制造业质量控制中发挥着关键作用，通过实时数据采集、分析和预警，显著提升了质量管理的效率和准确性。其重要性主要体现在质量预测与预防、过程优化与控制、产品溯源与追踪以及持续改进等多个方面。

在质量预测与预防方面，数据监控系统通过分析历史数据和实时数据，能够及早发现潜在的质量问题。西门子公司在其数字化工厂中应用的预测性质量控制系统就是一个典型案例。该系统通过分析生产设备的运行参数和产品质量数据的相关性，建立了质量预测模型，能够在实际发生质量问题前识别异常趋势，及时发出预警。这种基于数据的预测性方法，不仅降低了质量缺陷的发生率，还显著减少了质量控制的成本。

在过程优化与控制方面，数据监控为制造过程提供了精确的实时控制能力。博世公司在其智能工厂实施的质量控制系统充分展示了这一优势。系统通过部署大量传感器，实时监测生产参数的变化，并借助机器学习算法自动调整生产参数。当监测到参数偏离设定范围时，系统能够自动进行修正，以确保产品质量的稳定性。这种智能化的过程控制使得博世的产品量产后不良品率低于5%，质量检测效率提高了20倍。产品溯源与追踪是数据监控在质量控制中的另一个重要应用。施耐德电气公司开发的智能制造平台就很好地实现了这一功能。平台为每个产品赋予唯一的数字身份，记录从原材料采购到成品出厂的全过程数据。当出现质量问题时，系统能够快速定位问题源头，精确到具体的生产批次和工序。

在持续改进方面，数据监控为质量管理提供了科学的决策依据。通过对大量质量数据的深度分析，企业能够更准确地识别改进机会。通用电气公司的航空发动机部门就利用数据分析优化了其质量改进流程。通过分析数百万个测试数据点，系统识别出影响产品质量的关键因素，并提供了针对性的改进建议。

4.1.4 应用现状分析

在现代制造业中，基于数据监控的质量控制已经成为企业的核心竞争力之一。Gartner的研究显示，到2025年，数据可视化将成为90%的世界500强企业的标准实践，这反映了企业对高效数据分析工具的迫切需求。当前的数据监控与质量控制呈现出四个主要特点：实时性、全面性、智能化和可视化。

借助先进的传感器技术和高速通信网络，企业能够实时采集和传输生产数据，实现生产过程的即时监控。监控范围已经覆盖了从原材料采购、生产制造到产品销售的全供应链过程。预防性质量管理已经成为行业趋势，企业正在从传统的事后检验转向事前预防，通过数据分析预测可能出现的质量问题。

大数据分析技术的应用实现了对生产过程的精细化管控，将生产误差控制在最小范围内。数据监控技术还使得大规模个性化生产成为可能，企业能够根据客户需求灵活调整生产参数。质量控制的范围已经延伸到产品的整个生命周期，包括设计、生产、使用和回收等各个阶段。

以上海市公共数据开放平台为例，该平台自2012年启动建设以来，已经发展成为国内领先的城市数据监控和开放平台。截至2023年，平台已开放数据集5535个，涵盖交通、教育、医疗等多个领域，为城市管理和公共服务提供了强大的数据支持。这个案例充分展示了现代数据监控系统的规模和潜力。

4.2　核心要素与关键技术

数据监控与质量控制的有效实施离不开一系列关键技术的支持。这些技术涉及数据采集、传输、存储、分析等多个环节，共同构成了现代数据监控与质量控制系统的技术基础。本节将详细探讨这些关键技术。

图 4.1　海淀区智慧城市管理系统

4.2.1 边缘计算

边缘计算技术通过将计算和数据存储功能下放到靠近数据源的位置，解决了中心化数据处理的延迟和带宽问题。在质量控制中，边缘计算主要用于实时数据处理、本地决策、数据筛选和离线操作。中国石油化工股份有限公司在其炼油厂实施了基于边缘计算的设备健康监控系统，通过边缘设备实时处理传感器数据，提高了系统的响应速度和可靠性（IDC，2019）。

4.2.2 数据采集

数据采集是整个数据监控系统的基础，其质量直接影响后续分析和决策的准确性。高效的数据采集系统应具备全面性、实时性、准确性和可靠性。全面性要求覆盖生产过程中的关键参数和指标，包括设备运行状态、环境条件、产品质量指标等。实时性意味着能够及时捕捉生产过程中的变化，提供最新的数据支持。准确性通过先进的传感器技术和校准方法来确保采集数据的精确度。可靠性则需要具备故障诊断和自我修复能力，保证数据采集的连续性。在实际应用中，企业通常采用传感器网络、RFID技术、机器视觉系统和人工录入等多种数据采集方式。

4.2.3 数据传输

高效可靠的数据传输是确保实时监控的关键。现代数据传输技术主要包括有线网络、无线网络、5G技术和工业总线。在选择数据传输技术时，需考虑传输速度和带宽、实时性要求、可靠性和抗干扰能力、安全性以及部署和维护成本等。

4.2.4 数据存储与处理

随着数据量的急剧增长，高效的数据存储和处理系统变得尤为重要。主要的数据存储技术包括关系型数据库、NoSQL数据库、分布式文件系统和时序数据库。在数据处理方面，主要技术包括批处理、流处理和边缘计算。案例分析表明，某大型制造企业采用了混合存储架构，将实时监控数据存储在时序数据库中，历史数据则存储在分布式文件系统中，同时在生产线边缘部署了边缘计算设备，对原始数据进行预处理和初步分析，提高了系统的整体响应速度（Deloitte，2018）。

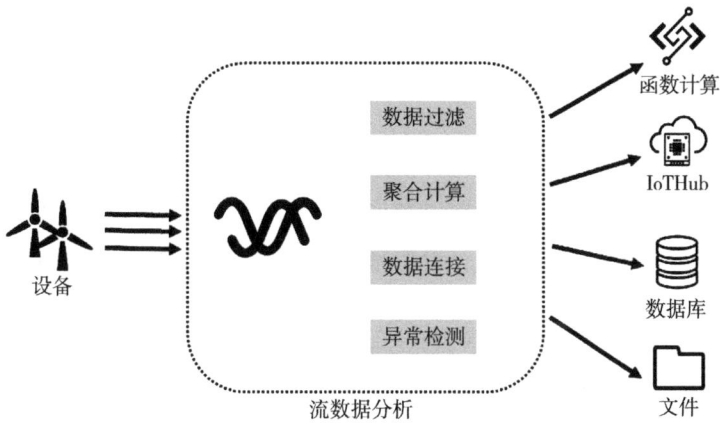

图 4.2　数据存储与处理

4.2.5　数据分析与可视化

数据分析是将原始数据转化为有价值信息的关键环节。在质量控制领域，常用的数据分析方法包括统计过程控制（SPC）、回归分析、聚类分析、机器学习和深度学习。数据可视化则是将分析结果以直观、易懂的方式呈现出来，常用的可视化技术包括仪表盘、趋势图、热力图和3D可视化。案例分析显示，ANSYS半导体制造商运用机器学习技术开发了一套智能质量预测系统，结合3D可视化系统，显著提高了产品良率并节省了成本（McKinsey and Company，2017）。

4.2.6　基于数据的决策支持

数据分析的最终目标是支持决策。在质量控制领域，基于数据的决策支持主要体现在实时质量监控、预测性维护、工艺参数优化、供应链质量管理和产品设计改进等方面。为了实现有效的决策支持，企业需要建立一套完整的决策支持系统，包括数据集成平台、分析模型库、知识库和交互式界面。案例分析表明，某全球领先的汽车零部件制造商实施了一套基于人工智能的质量决策支持系统，显著提高了产品质量和生产效率，帮助公司建立了一种数据驱动的质量文化（Deloitte，2020）。

总结来说，数据监控与质量控制的核心要素构成了一个完整的闭环系统。从数据采集开始，经过传输、存储、处理、分析和可视化，最终支持决策，每一个环节都至关重要。企业需要根据自身实际情况，合理配置资源，确保各个环节的有效衔接，才能充分发挥数据监控在质量控制中的作用。随着技术的不断进步，特别是人工智能和物联网技术的发展，我们可以预见，这些核心要素将变得更加智能和高效，为企业创造更大的价值。

4.3 应用领域

数据监控技术在质量控制中的应用范围广泛，涵盖了从原材料采购到产品售后服务的全生命周期。本节将详细探讨数据监控在各个应用领域的具体实践，包括生产过程质量控制、产品质量检测、设备预防性维护、供应链质量管理以及客户服务与售后质量控制等方面。

4.3.1 生产过程质量控制

生产过程质量控制是数据监控最重要的应用领域之一。通过实时监控生产过程中的各项参数，企业能够及时发现并解决潜在的质量问题，以确保产品质量的稳定性和一致性。主要应用包括参数监控与调整、过程能力分析、质量预测和工艺优化。如某知名钢铁制造商在其热轧生产线上实施了一套先进的数据监控系统，通过高精度传感器实时采集轧制过程中的关键参数，并利用人工智能算法进行实时分析，显著提高了产品质量和生产效率（McKinsey Global Institute，2018）。

4.3.2 产品质量检测

数据监控技术在产品质量检测中的应用，大大提高了检测的效率和准确性。主要应用包括在线检测、自动化测试、智能缺陷识别和多维度质量评估。某全球领先的电子产品制造商在其智能手机生产线上应用了一套基于人工智能的质量检测系统，利用高分辨率相机和深度学习算法，实现了高速、高精度的质量检测，大幅提升了生产效率（IBM，2019）。

图 4.3 人工智能驱动的智能手机生产线高效质检系统

4.3.3 设备预防性维护

预防性维护是确保生产设备稳定运行、保证产品质量的关键。数据监控技术为预防性维护提供了强有力的支持。主要应用包括设备健康监测、故障预测、维护计划优化和备件管理。某大型化工企业在其核心生产设备上实施了一套基于物联网和人工智能的预防性维护系统，通过安装在设备上的多种传感器持续监测设备的运行状态，利用机器学习算法分析这些数据，准确预测设备可能出现的故障，显著降低了设备非计划停机时间和维护成本（ABI Research，2021）。

4.3.4 供应链质量管理

在全球化生产背景下，供应链质量管理变得越来越重要。数据监控技术为供应链质量管理提供了新的工具和方法。主要应用包括供应商评估、原材料质量追溯、实时库存监控和物流质量监控。某全球知名的汽车制造商实施了一套基于区块链技术的供应链质量管理系统，将整个供应链过程记录在区块链上，实现了原材料从源头到生产的全程质量追溯，显著提高了问题解决的效率，并增强了消费者的信心（World Economic Forum，2019）。

4.3.5 客户服务与售后质量控制

数据监控技术在产品售出后仍然发挥着重要作用，通过对产品使用数据的分析，企业能够持续改进产品质量，提升客户满意度。主要应用包括产品性能监控、使用模式分析、预测性维护服务和客户反馈分析。

数据监控技术在质量控制的各个应用领域中发挥着至关重要的作用。通过实时监控、预测分析和智能决策，企业能够提高生产效率，降低成本，提升产品质量，并最终增强市场竞争力。随着技术的不断进步，数据监控在质量控制中的应用将更加广泛和深入，为企业带来更大的价值。

4.4 典型案例

数据要素作为智慧制造的核心驱动力，正在深刻改变着制造业的生产方式和管理模式。通过对数据的全面采集、分析和应用，企业能够实现生产过程的精确控制、产品质量的持续提升和运营效率的显著提高。本节将通过几个典型案例，深入分析数据要素如何赋能智慧制造，推动制造业向更高水平迈进。

4.4.1　台积电智能晶圆厂

台积电智能晶圆厂是半导体制造业数字化转型的标杆案例，展示了数据要素在提升制造精度和良品率方面的关键作用。作为全球最大的专业晶圆代工企业，台积电通过构建智能制造体系，在超高精度制程领域建立了显著的技术优势，为全球半导体产业发展提供了重要借鉴。

台积电在智能制造实践中采取了全方位的创新举措。首先，建立了覆盖全流程的数据采集系统，在关键工艺节点部署了数万个传感器，实时监控设备状态、工艺参数和环境指标。其次，台积电开发了专有的机器学习算法，通过分析海量生产数据，建立了工艺参数与良品率之间的关联模型，实现了制程参数的智能优化。在设备管理方面，台积电构建了基于大数据的预测性维护系统，通过实时分析设备运行数据，预测可能发生的故障，有效减少了设备非计划停机时间。此外，台积电还建立了端到端的质量追溯系统，能够精确定位产品质量问题的根源，并实现快速改进。

智能制造系统的应用为台积电带来了显著的效益提升。在良品率方面，先进制程的良品率提升至99.9%以上，处于行业领先水平。在生产效率方面，设备利用率提升了10%～20%，产品研发周期缩短了30%。在成本控制方面，通过智能化管理，制造成本降低了15%，能源效率提升了25%。更重要的是，台积电通过数据驱动的智能制造体系，成功实现了向更先进制程的技术跨越，巩固了在半导体代工领域的领先地位。

4.4.2　京东方显示面板智能检测系统

京东方显示面板的智能质量控制系统是数据驱动质量管理的典范案例，展示了数据要素在高精密制造业质量控制方面的创新应用。作为全球领先的显示面板制造商，京东方通过构建基于人工智能的智能检测系统，实现了产品质量的全方位管控，大幅提升了面板良品率，为精密制造业的质量管理树立了新标准。

京东方在质量控制创新实践中采取了系统性的技术革新。首先，企业部署了高精度视觉检测系统，在面板生产线的关键工序安装了数千个高速摄像头，实时采集产品表面特征数据。其次，京东方开发了基于深度学习的缺陷识别算法，通过分析海量的历史质量数据，建立了完整的缺陷分类模型，能够精确识别超过200种不同类型的产品缺陷。在质量追溯方面，京东方构建了端到端的数据分析平台，将产品质量数据与工艺参数、设备状态等多维数据关联分析，实现了质量问题的快速定位和根因分析。此外，企业还建立了智能预警机制，通过对关键质量指标的实时监控，提前发现潜在的质量风险。

智能质量控制系统的应用为京东方带来了显著的效益提升。在良品率方面，高世代面板生产线的良品率提升至99.8%，远超行业平均水平。在检测效率方面，缺陷识别准确率达到99.5%，检测速度提升了300%，大幅降低了人工检测成本。在质量改进方面，重大质量问题的处理时间缩短了60%，客户投诉率降低了45%。更重要的是，通过数据驱动的质量管控体系，京东方成功实现了向更高世代面板生产的技术升级。

4.4.3　GE航空发动机数字化管理

GE航空发动机的数字化管理实践是数据要素在高端装备制造领域的典型应用案例，展示了数据驱动在提升产品可靠性和服务效率方面的重要价值。作为全球领先的航空发动机制造商，GE通过构建数字孪生平台，实现了发动机全生命周期的智能管理，为航空制造业的数字化转型树立了新标准。

GE在推进数字化转型过程中实施了一系列创新举措。首先，构建了完整的数据采集体系，通过在每台发动机上安装数百个传感器，实时采集发动机的运行数据，包括温度、压力、振动等关键参数。其次，GE开发了Predix工业物联网平台，通过对海量运行数据的分析，建立了发动机性能预测模型，实现了故障的预警。在服务模式创新方面，GE推出了基于数据的发动机租赁服务，通过持续监控发动机状态，为航空公司提供精准的维护建议，优化发动机的使用效率。此外，GE还利用数字孪生技术，在虚拟环境中模拟和优化发动机的设计方案，显著提升了产品研发效率。

数字化管理系统的应用为GE带来了显著的效益。在可靠性方面，发动机的计划外停机时间减少了50%，运行可靠性提升至99.9%以上。在维护效率方面，预测性维护的准确率达到90%，维护成本大大降低。在燃油效率方面，通过数据驱动的优化，帮助航空公司节省了大量燃油消耗。更重要的是，GE通过数据驱动的服务模式创新，成功将发动机业务从单纯的产品销售转型为"产品＋服务"的综合解决方案，显著提升了企业的盈利能力。

图 4.4　GE 航空发动机技术首秀与数字化合作签约进博会纪实

这些案例充分展示了数据要素在推动制造业智能化转型过程中的核心作用。通过全面的数据采集、集成和智能分析，企业能够实现生产过程的精确控制、产品质量的持续提升和运营效率的显著提高。同时，数据驱动的方法也为制造企业创造了新的商业模式和价值增长点。然而，实现这种转型需要企业在技术、人才和组织文化等多个方面进行系统性变革，这也是许多制造企业在数字化转型过程中面临的主要挑战。

4.5　挑战及展望

4.5.1　基础性挑战

在智慧制造的实践过程中，企业首先面临着数据质量和标准化的基础性挑战。由于数据来源的多样性和格式的复杂性，数据的不完整性、不准确性和不一致性成为普遍问题。这些问题直接影响了数据价值的发挥。为此，企业需要建立统一的数据标准和管理制度，实施数据质量管理系统，采用开放的工业互联网标准如 OPC UA，并利用人工智能技术进行数据异常检测和自动修复。

数据安全和隐私保护已成为企业面临的重大挑战。2021 年，丰田汽车制造商遭遇勒索软件攻击的案例，导致多个工厂停产数天，充分说明了这一问题的严重性。

企业需要实施全面的网络安全策略，包括网络隔离、访问控制和加密传输等措施。同时，建立数据分类和权限管理制度，采用区块链技术提高数据可信度和可追溯性，并定期进行安全审计和员工培训。

技术集成和系统复杂性给企业带来了巨大挑战。物联网、大数据、人工智能、边缘计算等新兴技术的快速演进，使企业在系统兼容性、技术选择和维护成本等方面面临压力。为应对这些挑战，企业可以采用开放式架构和标准化接口，实施分步骤的数字化转型路线图，利用云计算和微服务架构降低系统复杂性，并与技术供应商建立长期合作关系。建立内部技术评估和验证团队也是确保技术选择合理性的重要措施。

4.5.2　管理与人才挑战

智慧制造的实施不仅是技术革新，更涉及深刻的管理模式和组织文化变革。企业面临着从经验驱动向数据驱动的决策模式转变，需要打破传统部门壁垒以实现数据和资源共享。高层领导的坚定支持至关重要，需要通过制定清晰的数字化转型战略，建立跨部门的数字化转型团队，实施变革管理计划，并建立相应的激励机制。

专业人才短缺是另一个突出问题。企业需要同时精通制造工艺和数据科学的复合型人才，但这类人才在市场中极为稀缺。某工业自动化公司的案例显示，许多客户虽然购买了AI驱动的预测性维护系统，但由于缺乏懂得数据分析的维护人员，系统的价值无法充分发挥。企业可以通过建立产学研合作机制，实施内部培训和轮岗计划，建立灵活的人才引进机制，并利用AI和AR/VR技术开发智能辅助系统来应对这一挑战。

在人工智能时代，平衡数据驱动的自动化决策和人为专业判断成为一个复杂问题。算法偏差可能导致机器学习模型存在偏见或盲点，而黑箱问题则使复杂的AI模型难以解释。企业需要建立"人机协作"的决策模式，提高AI模型的可解释性，定期进行人机对比测试，并在高风险领域保留关键决策的人工审核环节。同时，加强决策者的数据素养和AI知识培训也很重要。

4.5.3　战略性挑战

智能制造项目通常需要大规模的前期投资，而收益可能需要较长的时间才能显现。企业需要采取分步实施策略，建立全面的投资评估模型，优先选择快速见效的项目，利用云服务和SaaS模式降低初始投资，并加强项目管理以确保投资回报。

构建开放、共赢的产业生态系统是另一个战略性挑战。某汽车制造商试图建立开放的零部件数据共享平台的案例表明，利益分配、标准制定和信任机制等问题都需要妥善解决。企业可以通过建立公平、透明的利益分配机制，积极参与行业标准制定，利用区块链技术构建可信的数据共享环境，并建立产业联盟或创新中心来推动生态系统的发展。

展望未来，智慧制造将继续朝着更加智能化、实时化和精确化的方向发展。人工智能技术，特别是深度学习将改变质量控制方式。某半导体制造商通过深度学习算法开发的智能缺陷检测系统就显著提升了产品良率。边缘计算、5G技术和数字孪生的结合将为产品全生命周期管理提供支持，而区块链技术则将增强数据的可信度。

这些变革将推动制造业向智能化、个性化和服务化方向发展。生产模式将从大规模标准化转向更加灵活的个性化生产，质量管理将从事后检验转向全程监控和预防性管理，企业角色也将从产品供应商转变为解决方案提供商。未来，制造业将进一步拥抱自主智能系统、量子技术、生物启发的监控系统等创新技术，同时更加注重可持续发展和生态系统构建。

然而，这些发展也带来了新的挑战，包括安全和伦理问题、数据隐私保护以及就业岗位的变化。企业需要在推进技术创新的同时，认真考虑这些潜在的社会影响，并制定相应的政策和规范。只有通过政府、企业、研究机构的多方协作，才能确保数据要素在推动制造业转型过程中发挥积极作用，实现制造业的高质量可持续发展。

5　数据驱动的服务创新

在数字经济时代，数据驱动的服务创新已成为企业提升竞争力的重要途径。本章是全书探讨数据要素在服务领域应用的核心章节，通过分析数据要素如何推动服务模式创新和价值创造，展示了数据要素在促进产业升级中的重要作用。对于理解和把握数据时代服务创新的特征和规律具有重要的指导意义。

本章系统阐述了数据驱动服务创新的定义、特征和发展历程，深入分析了其发展现状和核心要素。通过零售、金融、制造、能源等不同领域的应用分析，以及Netflix个性化推荐、Uber共享出行等典型案例研究，展示了数据驱动服务创新的多样性。同时，本章也深入探讨了服务创新面临的数据质量、技术与人才壁垒等挑战，并提出了相应的解决思路，为企业开展数据驱动的服务创新提供了实践指导。

5.1　背景简介

数据驱动的服务创新正在重塑各行各业的服务模式。在零售业，亚马逊通过分析海量的用户浏览和购买数据，构建了强大的个性化推荐系统，大幅提升了用户体验和销售转化率。在金融业，蚂蚁金服基于用户的消费和信用数据，开发了创新的信用评分系统，为普惠金融提供了有力支撑。在交通领域，滴滴出行利用大数据分析实现了实时的智能调度，提高了出行效率。在医疗健康领域，IBM Watson平台通过分析海量的医学文献和临床数据，为医生提供辅助诊断建议，提升了诊疗的准确性。

数据驱动的服务创新为企业带来了前所未有的机遇和挑战。一方面，海量数据的可获取性为企业提供了深入了解客户、优化运营、创新服务的可能性；另一方面，如何有效地收集、处理、分析和应用这些数据，如何在保护用户隐私的同时实现数据的价值最大化，成为企业必须面对的重要课题。

5.1.1 数据驱动服务创新的定义

数据驱动的服务创新是指企业通过收集、分析和应用各种数据，来优化现有服务或开发新服务的过程。这种创新方式依赖于先进的数据分析技术，如大数据分析、人工智能和机器学习等，以从复杂的数据集中提取有价值的洞察。通过这些洞察，企业能够更准确地理解客户需求，预测市场趋势，优化运营流程，从而提供更加个性化、高效和智能的服务。

Hartmann等（2016）将数据驱动的服务创新定义为"利用数据和分析作为核心资源，创造新的或显著改进的服务产品、服务流程或服务商业模式"。这个定义强调了数据在服务创新中的核心地位，以及创新可能涉及的多个方面。

5.1.2 数据驱动服务创新的特征

与传统的服务创新相比，数据驱动的服务创新展现出多个显著特征，体现了其独特的价值和潜力。首先，数据在这种创新模式中扮演着核心资源和驱动力的角色，而非仅仅是辅助工具。企业通过系统性地收集、整合和分析各种数据，能够发现新的服务机会或优化现有服务。其次，数据驱动的服务创新强调实时性和动态性，能够利用实时数据快速响应市场变化和客户需求，如优步（Uber）的动态定价模型就是基于实时的供需数据来调整价格。

此外，这种创新模式还具有高度个性化的特点。利用数据分析，企业可以深入了解每个客户的具体需求和偏好，从而提供高度个性化的服务体验，Netflix的个性化内容推荐系统即为典型例证。同时，数据驱动的服务创新也表现出预测性和前瞻性。通过分析历史数据和实时数据，企业可以预测未来的趋势和需求，从而提前做出决策和调整，如亚马逊的"预测性配送"系统。

值得注意的是，数据驱动的服务创新常常涉及跨行业、跨领域的数据整合和分析，促进了不同行业间的融合创新。金融科技公司通过整合金融数据和社交数据来评估信用风险就是一个很好的例子。最后，这种创新模式是一个持续的过程，企业可以通过不断收集和分析数据来持续优化服务，从而保持竞争优势。

5.1.3 数据驱动服务创新的发展历程

数据驱动的服务创新并非一蹴而就，而是随着技术的进步和数据可用性的提高而逐步发展的。我们可以将其发展历程大致分为以下几个阶段：

初期阶段（20世纪90年代至2000年代初）：这个阶段主要是数据仓库和商务

智能（BI）技术的应用。企业开始系统性地收集和存储数据，并使用BI工具进行基础分析。如沃尔玛在这个时期就开始利用数据仓库技术来分析销售数据，优化库存管理。

大数据时代（2000年代中期至21世纪10年代初）：随着互联网的普及和传感器技术的发展，数据量呈指数级增长。大数据技术兴起，企业能够处理和分析更大规模、更多样化的数据。

人工智能驱动阶段（21世纪10年代中期至今）：深度学习等AI技术的突破使得企业能够从非结构化数据中提取洞察，实现更高级的服务创新。如亚马逊的Alexa语音助手就是利用自然语言处理技术提供的创新服务。

物联网和边缘计算阶段（兴起）：随着物联网设备的普及和5G技术的发展，实时数据的获取和处理变得更加容易。边缘计算技术的应用使得数据可以在靠近数据源的地方进行初步处理，为更加即时和情境化的服务创新提供了可能。

隐私保护和负责任AI阶段（正在发展）：随着数据隐私保护意识的增强和相关法规的出台（如欧盟的GDPR），企业在进行数据驱动服务创新时更加注重隐私保护和道德考量。差分隐私、联邦学习等技术的发展为隐私保护下的数据创新提供了新的可能。

每个阶段的技术进步都为数据驱动的服务创新带来了新的机会。如在大数据时代，Netflix利用用户观看数据来指导其内容制作决策。据报道，Netflix的原创剧集《纸牌屋》的创作决策就是基于对用户喜好的数据分析（Netflix，2013）。而在AI驱动阶段，智能客服系统的广泛应用极大地提高了客户服务的效率和质量。

随着技术的不断进步，数据驱动的服务创新正在向更加智能化、个性化和情境化的方向发展。未来，我们可能会看到更多融合AR/VR、量子计算等新兴技术的创新服务。

5.1.4　数据驱动的服务创新发展现状

数据驱动的服务创新已成为全球服务业转型升级的重要推动力。近年来，随着数字技术的快速发展和普及，数据驱动的服务创新在各行各业中呈现出蓬勃发展的态势。本节将从全球视角和中国视角两个维度，详细阐述数据驱动的服务创新的发展现状。

1.全球视角

在全球范围内，数据驱动的服务创新正在重塑各个行业的竞争格局和价值链。

根据互联网数据中心（IDC）的预测，到2025年，全球数据圈（即每年创建、捕获或复制的数据总量）将增长到175ZB，相比2018年的33ZB增长了5倍多（Reinsel et al.，2018）。这一巨大的数据增长为服务创新提供了丰富的原材料。

美国作为全球数字经济的领头羊，在数据驱动的服务创新方面处于全球领先地位。美国政府于2016年发布了《联邦大数据研究和发展战略计划》，强调数据在推动创新和经济增长中的关键作用。美国企业在实践中表现突出，如亚马逊开发了领先的个性化推荐系统，谷歌实现了智能广告投放。沃尔玛每天处理超过2.5PB的数据，优化库存管理和商品陈列。此外，摩根大通利用机器学习算法提高欺诈检测的准确性和效率，其AI系统能在毫秒级别内检测潜在欺诈交易。还有优步的系统每天处理超过1000亿次数据事件，支持全球超过1500万次日均行程。这些案例展示了美国企业在数据驱动服务创新方面的领先地位。

欧盟在数据驱动创新方面采取了积极的政策措施。欧盟委员会于2020年发布了《欧洲数据战略》，旨在建立一个单一的欧洲数据空间，促进数据的共享和利用，推动创新。同时，欧盟特别重视数据隐私保护，通过实施GDPR为数据驱动的创新设定了规范。在企业实践方面，荷兰的飞利浦公司开发了基于云的Health Suite数字平台，整合和分析来自各种医疗设备的数据，支持远程医疗和个性化健康管理。该平台每天处理超过15PB的数据，支持全球超过1亿患者的健康管理，展示了欧洲企业在医疗健康领域的数据驱动创新能力。

日本政府提出了"社会5.0"战略，旨在通过数据和新兴技术的融合，创造一个"以人为本"的超智能社会。在这一战略下，日本积极推动数据驱动的服务创新，特别是在医疗、交通和能源等领域。虽然没有具体的企业案例，但日本的战略清晰地表明了其在利用数据驱动创新来解决社会问题和提高生活质量方面的决心。日本的这一措施强调了技术创新与社会需求的结合，展现了其独特的创新路径。

2. 中国视角

中国在数据驱动的服务创新方面已取得显著进展，这与其作为全球第二大经济体和数字经济大国的地位相符。中国政府高度重视数据的战略价值，将其视为与土地、劳动力、资本、技术并列的新型生产要素，这一战略定位为数据驱动创新提供了强有力的政策支持。

2020年，中共中央、国务院发布的《关于构建更加完善的要素市场化配置体制机制的意见》首次将数据作为生产要素纳入国家战略（中共中央、国务院，2020）。随后，2021年发布的《中华人民共和国国民经济和社会发展第十四个五年规划和2035年远景目标纲要》进一步强调了"加快数字化发展，建设数字中国"的重要性

（中华人民共和国国务院，2021）。这些政策为数据驱动的服务创新奠定了坚实的制度基础。

中国数字经济的快速增长为数据驱动的服务创新提供了广阔的市场空间。根据中国信息通信研究院的报告，2020年中国数字经济规模达到39.2万亿元，占GDP比重为38.6%，同比增长9.7%（中国信息通信研究院，2021）。这一增长趋势反映了中国在数字化转型方面的巨大潜力和动力。

在创新实践方面，中国企业表现尤为活跃，涌现出一批全球领先的创新案例。在电子商务领域，阿里巴巴利用大数据和人工智能技术打造了"新零售"模式，其AI系统每天处理超过100PB的数据，支持数十亿次的个性化推荐（阿里巴巴集团，2020）。在金融科技方面，蚂蚁集团开发的"芝麻信用"系统每天处理超过1亿次信用查询，为普惠金融提供了有力支持（蚂蚁集团，2020）。在医疗健康方面，平安好医生的AI辅助诊疗系统已累计训练了超过6亿条医疗健康数据，能够识别超过3000种常见疾病（平安好医生，2020）。在教育科技领域，作业帮的AI系统每天处理超过1亿次学习请求，为超过3亿注册用户提供服务（作业帮，2021）。在智慧城市建设方面，华为与多个城市合作开发的解决方案取得了显著成效，如在深圳，智慧交通系统使车辆通过时间平均缩短了15%（华为，2020）。

总的来说，数据驱动的服务创新在全球范围内呈现蓬勃发展态势，中国作为数字经济大国，在政策支持、市场规模和创新实践等方面都具有显著优势。然而，要充分释放数据驱动服务创新的潜力，还需要政府、企业和学术界共同努力，解决数据质量、人才培养、法律法规等方面的挑战，构建良好的创新生态系统。

5.2　核心要素与关键技术

数据驱动的服务创新是一个复杂的系统工程，涉及多个核心要素。这些要素相互作用，共同构成了数据驱动服务创新的基础。本节将详细探讨这些核心要素，包括数据资源、技术能力、组织文化、人才队伍和创新生态系统。

5.2.1　数据资源

尽管全球范围内数据驱动的服务创新取得了显著进展，但仍面临着一系列重大挑战。这些挑战不仅影响了数据驱动创新的深度和广度，还可能导致创新成果的不均衡分布。深入理解这些挑战对于制定有效的应对策略至关重要。

数据资源是数据驱动服务创新的基础和核心，其质量和多样性直接影响创新的效果和深度。高质量、多样化的数据资源为服务创新提供了丰富的洞察和可能性。数据资源主要包括数据类型、数据来源、数据质量、数据规模和数据更新频率等几个关键方面。

在数据类型方面，结构化、非结构化和半结构化数据的综合利用可以提供多维度的洞察。Netflix的案例很好地说明了这一点：通过结合用户观看历史（结构化数据）、用户评论（非结构化数据）和内容元数据（半结构化数据）的分析，Netflix成功地将其推荐系统的准确率提高了20%（张欣、宋雨鑫，2024；Netflix，2020）。这种多维度的数据分析方法使得企业能够获得更全面、更深入的用户行为理解。

数据来源的多元化同样重要。内部数据和外部数据的整合可以提供更全面的分析视角。美国运通的欺诈检测系统就是一个很好的例子。通过整合内部交易数据和外部社交媒体数据，美国运通开发出了能在毫秒级别内分析超过100个变量的系统，将欺诈检测准确率提高了50倍，在特定领域将欺诈检测准确率提高了6%（American Express，2019）。这种多源数据的整合不仅提高了分析的准确性，也扩展了服务创新的可能性。

数据质量是确保分析准确性和决策可靠性的关键因素。IBM的研究显示，低质量数据每年给美国经济造成的损失高达3.1万亿美元（IBM，2016）。为确保数据质量，企业需要实施严格的数据治理措施，包括数据清洗、数据验证、数据标准化和元数据管理等。这些措施不仅可以提高数据的可用性，还能增强数据分析结果的可信度。

数据规模的重要性体现在其能够支持更精细的模式识别和更准确地预测。谷歌翻译服务的案例很好地说明了这一点。通过分析数十亿条多语言文本数据，谷歌翻译的神经网络模型在某些语言对的翻译质量已接近人类水平（Google AI Blog，2020）。大规模数据的分析使得机器学习模型能够捕捉到更细微的语言特征和模式，从而显著提升翻译质量。

数据更新频率对于动态服务创新和实时优化至关重要。优步的动态定价系统就是一个典型的例子。通过每分钟根据实时供需数据调整价格，优步能够更有效地平衡市场供需，提高司机收入并缩短乘客等待时间（Uber，2021）。这种高频率的数据更新使得服务能够快速适应市场变化，提供更精准的用户体验。

综上所述，高质量、多样化的数据资源是实现数据驱动服务创新的关键前提。企业需要重视数据资源的全面建设，包括拓展数据类型和来源、提高数据质量、扩大数据规模，以及提高数据更新频率。通过构建全面、高质量的数据资源体系，企业可以为服务创新提供坚实的基础，从而在竞争激烈的市场中保持优势。

5.2.2　技术能力

技术能力是数据驱动服务创新的关键，企业需要掌握多种先进技术，包括大数据技术、人工智能和机器学习、云计算、物联网（IoT）、区块链技术、5G和边缘计算、AR和VR、量子计算，以及隐私增强技术（PET）。这些技术使企业能够将数据转化为洞察和价值。如沃尔玛利用物联网设备和Hadoop数据湖每小时处理约100万笔交易，为企业提供丰富的数据资源。

数据处理和分析技术的强大潜力在多个案例中得到展示。Netflix使用Apache Spark进行大规模数据处理，并利用深度学习算法进行内容推荐，其推荐系统每天处理超过1000亿次请求，为公司带来约10亿美元的年度价值。Airbnb开发的Superset工具使非技术人员也能轻松探索和分析数据，加速了数据驱动决策的过程。云计算技术使企业能够快速部署和扩展数据分析能力，如Spotify将全部数据处理和分析工作迁移到Google Cloud Platform。

人工智能技术，如谷歌的BERT模型，大大提高了搜索结果的相关性。区块链技术虽处于早期阶段，但在需要高度信任和透明度的场景中显示出潜力，如沃尔玛利用区块链技术追踪食品供应链。边缘计算技术的作用日益重要，特别是随着物联网设备的普及。特斯拉的自动驾驶系统就大量依赖边缘计算技术，在车载计算机上进行实时数据处理和决策。

AR和VR技术为数据驱动的服务创新提供了新的交互界面和体验方式。量子计算虽仍处于早期阶段，但有潜力彻底改变数据处理和分析方式。隐私增强技术，如同态加密、联邦学习和差分隐私，在数据驱动服务创新中扮演着越来越重要的角色。

然而，企业在构建技术能力时也面临诸多挑战，包括技术复杂性、技术选择、技术整合、技术依赖、数据安全和隐私，以及技术伦理等问题。为应对这些挑战，企业可采取多种策略，如制定技术路线图、建立技术评估机制、投资核心技术、培养技术人才、建立技术合作生态、推行技术创新文化以及关注技术伦理等。企业需要制定全面的数字化战略，投资于技术基础设施和人才培养，同时注重数据治理和伦理合规。只有这样，企业才能充分发挥这些技术的潜力，在复杂的技术环境中保持竞争力，实现持续的服务创新。

5.2.3 组织文化

数据驱动的服务创新不仅是技术问题，更是组织和文化的挑战。企业需要培养适应数据驱动决策的文化，并吸引和培养具备相关技能的人才。关键要素包括数据驱动文化、跨功能协作、敏捷和试验文化、人才培养、领导力支持、持续学习文化以及数据伦理意识。麦肯锡全球研究所的研究显示，数据驱动型组织的决策不仅可以提高决策速度，还能减少决策中的偏见和风险，使企业在竞争激烈的市场中更具敏捷性和应变能力。

数据驱动文化的核心在于培养全员数据意识并鼓励基于数据的决策。亚马逊公司的"日常审计"实践通过每日审视关键业务指标来及时发现和解决问题。跨功能协作能够有效打破部门壁垒，促进数据和洞察的共享。星巴克采用的跨功能"三角"模式，将业务、技术和设计专家组成小团队，共同开发创新产品，提高了创新效率。

敏捷和试验文化鼓励快速试错和迭代。Facebook（现Meta）的"快速行动，打破常规"理念就体现了这种文化，通过快速推出产品原型，然后基于用户反馈和数据分析不断迭代改进。人才培养在数据驱动的服务创新中至关重要。谷歌不仅大量招聘数据科学家和工程师，还特别重视培养"翻译"人才，以促进技术和业务之间的有效沟通。

领导力支持对推动数据驱动的决策和创新至关重要。微软CEO纳德拉大力推动公司的数据文化建设，将"数据民主化"提升为公司战略之一。持续学习文化是企业适应快速变化的数字时代的必要条件。亚马逊的"上升"计划投资7亿美元用于员工技能培训，帮助员工掌握数据分析、机器学习等数字技能。

数据伦理意识的培养确保数据的使用符合道德和法律标准。IBM制定了AI伦理准则，并成立AI伦理委员会来审查AI项目的伦理影响。构建适合数据驱动创新的组织文化是一个长期过程，需要企业的持续努力和投入。通过培养这些关键要素，企业可以在充分利用数据资源实现服务创新的同时，有效管控相关的伦理风险，在数据经济时代占据有利地位，实现长远发展。

5.2.4 人才队伍

在数据驱动的服务创新领域，构建一支多元化、高技能的人才队伍是企业充分发挥数据价值的关键。这支队伍需要包含多种专业人才，每种角色都在数据驱动创新过程中发挥着独特而重要的作用。

数据科学家是这个队伍中的核心角色之一。他们负责复杂的数据分析和模型构建，需要具备统计学、机器学习、编程等多方面的技能。Airbnb 的案例生动地展示了数据科学家的价值：其数据科学团队开发的动态定价算法考虑了超过 100 个因素，显著提高了房东的收入（柳易木，2024）。这种算法不仅优化了定价策略，也提升了平台的整体效率。

数据工程师则扮演着数据基础设施的构建者和维护者角色。他们确保数据的可用性和质量，为数据分析和应用提供坚实的基础。Netflix 的数据工程团队就构建了一个能处理 PB 级数据的实时流处理平台，支持个性化推荐、内容投放等关键业务（于海波，2024）。这种大规模、高性能的数据处理能力是 Netflix 保持竞争优势的关键因素之一。

业务分析师在数据和业务之间架起了桥梁。他们负责将复杂的数据洞察转化为可操作的业务建议，帮助业务部门做出数据驱动的决策。亚马逊的业务分析师通过分析销售数据和客户行为，为产品开发和营销策略提供决策支持，持续优化公司的产品组合和客户体验（陈邓西，2024）。这种数据驱动的决策方式极大地提高了亚马逊的运营效率和客户满意度。

UI/UX 设计师在数据可视化和用户体验方面发挥着关键作用。他们负责设计用户友好的数据可视化界面和交互体验，使复杂的数据分析结果变得直观易懂。Spotify 的"Wrapped"年度个人化报告就是一个典型例子，其创意的数据可视化方案大大提高了用户参与度和分享率（Spotify Design，2021）。这不仅增强了用户黏性，也扩大了品牌影响力（原光，2024）。

产品经理在数据驱动的创新中扮演着整合者的角色。他们根据数据洞察定义产品需求，协调各方资源推动产品开发。LinkedIn 的产品经理就利用用户行为数据和 A/B 测试结果，不断优化"你可能认识的人"推荐功能，显著提高了用户的社交网络扩展效率（刘冲，2023）。这种数据驱动的产品优化策略极大地提升了产品的用户价值。

随着数据应用的深入，数据隐私和安全专家的重要性日益凸显。他们负责确保数据使用的合规性和安全性，在数据价值开发和隐私保护之间寻求平衡。苹果公司的隐私工程团队开发的差分隐私技术就是一个很好的例子，它允许在保护个人隐私的同时进行大规模数据分析（何艺　等，2024）。这种技术不仅保护了用户隐私，也维护了苹果重视隐私的品牌形象。

AI 伦理专家是随着 AI 技术广泛应用而出现的新兴角色。他们负责评估 AI 系统的伦理影响，确保算法的公平性和透明度。Google 的 AI 伦理团队就制定了 AI 应用的伦理准则，并对公司的 AI 项目进行伦理审查（李晓华、宋孟起，2024）。这种做法不仅有助于防范 AI 应用的潜在风险，也有利于增强公众对 AI 技术的信任。

5.2.5 创新生态系统

数据驱动的服务创新需要构建一个强大而多元化的创新生态系统，这不仅能帮助企业克服单一组织在资源和能力上的局限，还能创造出超越单个企业能力的创新成果。这种生态系统的关键组成部分包括开放创新、数据共享平台、创新孵化、产学研合作、行业联盟、政府合作、用户社区和跨行业合作。

开放创新模式能加速创新进程，如百度Apollo自动驾驶平台通过开放部分代码和共享道路测试数据，推动了整个自动驾驶行业的进步（丁大伟　等，2024）。阿里巴巴的数据银行为中小企业提供数据共享和交易服务，展示了数据作为新型生产要素的重要性。谷歌的Area 120内部孵化器体现了大型科技公司保持创新活力的策略。微软研究院与全球顶尖大学的合作是产学研结合的典范，推动了基础研究发展和前沿技术的商业化应用。

自动驾驶联盟展示了新兴技术领域行业合作的重要性。新加坡的"智慧国家"计划展示了政府在推动数字化转型中的关键作用。小米的MIUI用户社区是用户参与产品开发的成功案例（沈占波　等，2024）。特斯拉与电力公司的合作展示了跨界创新的潜力，体现了数据驱动创新的广阔应用前景。

然而，构建创新生态系统也面临诸多挑战，如利益平衡、知识产权保护、数据安全、文化融合、资源分配和风险管理等。克服这些挑战需要企业具备战略规划能力、灵活的组织结构、成熟的治理机制、开放包容的企业文化、强大的技术能力和卓越的沟通能力。

构建创新生态系统是一个长期而复杂的过程，需要企业具有开放的心态、长远的战略眼光和持续的投入。一旦成功构建，这样的生态系统将成为企业持续创新和长期发展的强大引擎，帮助企业在数字经济时代保持竞争优势。未来，那些能够成功构建和管理创新生态系统的企业，将更有可能在复杂多变的市场环境中脱颖而出，实现可持续增长和创新。

5.3　应用领域

数据驱动的服务创新正在各个行业中广泛应用，推动着传统服务模式的变革和新兴服务模式的出现。本节将探讨数据驱动服务创新在零售、金融、医疗、交通、教育、制造等领域的具体应用，并通过详细的案例分析来展示其实际效果和影响。

5.3.1　零售业服务创新

零售业是数据驱动服务创新应用最广泛和成熟的领域之一，展示了数据如何深刻改变零售业的运营模式和客户体验。主要应用包括个性化推荐、动态定价、库存优化、全渠道整合和智能客服。

个性化推荐系统，以亚马逊为例，不仅提高了销售额（贡献约35%的销售额），还显著提升了用户体验（冼靖，2019）。其成功在于准确捕捉用户兴趣和需求，提供高相关性的推荐。未来发展可能包括更精细的用户画像、实时推荐和跨平台推荐。

动态定价模型，以优步为例，展示了利用实时数据平衡市场供需的潜力。这种模型提高了平台运营效率（供需匹配效率提高30%）并最大化收益。未来可能发展方向包括更精细的价格调整、个性化定价和预测性定价。

库存优化，以沃尔玛为例，展示了数据驱动的库存管理如何提高运营效率（库存周转率提高15%）并降低成本，该案例利用机器学习算法等先进的数据分析技术，对销售数据、市场趋势、客户行为等数十亿个数据点进行深入分析，将需求预测准确率提高85%（李晓睿，2018）。未来发展可能包括更精准的需求预测、自动化补货和柔性供应链。

全渠道整合，以星巴克为例，展示了通过数据整合提供无缝线上线下体验的重要性。这不仅提高了客户便利性，还增加了客户黏性（移动支付交易占比达到26%）。未来可能包括更深度的线上线下融合、个性化的全渠道体验和数据驱动的店铺选址。

智能客服，如阿里巴巴的"阿里小蜜"，展示了AI提高客户服务效率和质量的潜力（孔微巍、于凡钠，2021）。90%的解决率大大降低了人工成本，提高了服务的及时性和一致性。未来发展方向可能包括情感识别、多模态交互和预测性服务。

这些数据驱动的创新极大提高了零售业的运营效率、改善了客户体验，并创造了新的商业模式。然而，它们也带来了数据隐私保护、算法偏见和技术依赖等挑战。未来，零售企业需要在利用数据创新和保护用户权益之间找到平衡，同时探索数据的新型应用以保持竞争优势。随着技术进步，我们可能会看到更多创新应用，如利用AR/VR技术的虚拟试衣间、基于区块链的供应链追踪系统和利用物联网技术的智能货架等，进一步模糊线上线下界限，为消费者提供更加个性化、便捷和丰富的购物体验。

5.3.2 金融服务创新

金融服务业确实是数据驱动创新的另一个重要应用领域，主要应用包括风险评估、智能投顾、欺诈检测、个性化产品和智能理赔。这些创新极大地提高了金融服务的效率、准确性和可及性。

在风险评估方面，蚂蚁金服的芝麻信用系统展示了大数据和机器学习技术如何更准确地评估个人信用。通过分析用户在支付宝平台上的各种行为数据，该系统大大提高了普惠金融的可及性，使更多小微企业和个人能够获得贷款（蚂蚁集团，2020）。这种创新不仅改善了传统信用评估的局限性，还为金融机构提供了更全面的风险管理工具。

在智能投顾领域，美国Wealthfront投资公司的案例展示了人工智能算法如何提供个性化的投资组合管理（冯湄娜，2023）。系统根据客户的风险偏好、财务目标和市场变化自动调整投资组合，截至2021年底，Wealthfront已经管理了超过400亿美元的资产，展示了其在智能投顾领域的影响力和市场认可度。这种自动化的投资建议服务不仅降低了投资门槛，还为客户提供了专业级的投资管理服务。

在欺诈检测方面，Visa的实时欺诈检测系统展示了机器学习算法在实时交易监控中的强大能力。该系统每年处理超过1000亿笔交易，能在毫秒级别内识别可疑交易，将欺诈损失率降低了50%以上。这种高效的欺诈检测不仅保护了消费者和金融机构的利益，还增强了整个支付系统的安全性和可靠性。

在个性化产品方面，英国数字银行Monzo利用客户的消费数据和财务状况，为客户推荐个性化的储蓄计划和预算建议。这种数据驱动的个性化服务显著提高了Monzo客户的参与度和满意度。这种方法不仅提升了客户体验，还帮助银行建立了更强的客户关系和忠诚度。

在智能理赔领域，中国平安保险的"智能快速理赔系统"利用图像识别和自然语言处理技术自动处理理赔申请。对于简单案例，系统可以在几秒内完成理赔，大大提高了效率和客户满意度。这种创新不仅优化了保险公司的运营流程，还极大地改善了客户的理赔体验。

这些案例展示了数据驱动创新如何深刻地改变了金融服务业的各个方面，从风险管理到客户服务。这些创新不仅提高了金融服务的效率和准确性，还扩大了金融服务的覆盖范围，为更多人提供了更便捷、更个性化的金融服务。然而，这些创新也带来了一些挑战，如数据隐私保护、算法公平性和系统安全性等问题，需要金融机构和监管部门共同努力来解决。未来，随着技术的不断进步，我们可能会看到更多创新应用，如基于区块链的智能合约、量子计算在金融建模中的应用等，进一步推动金融服务业的数字化转型。

5.3.3 制造业服务创新

数据驱动的服务创新正在推动制造业向服务化转型，改变了传统以产品为中心的行业格局。主要应用包括预测性维护、产品即服务、数字孪生、智能工厂和供应链优化。这些创新不仅提高了制造业的效率和灵活性，还创造了新的商业模式和收入来源。

在预测性维护方面，GE的Predix平台展示了物联网和大数据分析技术如何优化设备维护（何江，2017）。该平台连接了数百万个传感器，实时监控工业设备的运行状态，预测可能出现的故障并提前安排维护。据GE报告，使用Predix平台的客户平均减少了10%～20%的意外停机时间。这种创新不仅提高了设备的可靠性，还大大降低了维护成本。

产品即服务模式由劳斯莱斯航空发动机部门的"动力小时"服务生动诠释。客户按发动机的使用时间付费，而非直接购买发动机。劳斯莱斯利用实时数据监控发动机性能，优化维护计划。这种模式不仅降低了客户的初始投资，还为劳斯莱斯创造了持续的收入流，据报道客户满意度提高了10%～15%。这种创新模式改变了传统的产品销售方式，为制造商和客户创造了双赢局面。

数字孪生技术在西门子风力涡轮机的应用中展现了其强大潜力。通过创建风力涡轮机的数字模型并实时更新运行数据，西门子能够模拟不同条件下的涡轮机性能，优化运行参数，预测维护需求（魏顶　等，2024）。这种方法使得风力涡轮机的发电效率提高了20%，维护成本降低了15%。数字孪生技术为产品全生命周期的管理和优化提供了新的可能性。

在智能工厂方面，阿迪达斯的"极速工厂"项目展示了如何利用机器人技术、3D打印和数据分析实现高度个性化和快速响应的生产模式（舒睿，2018）。系统可以根据实时的市场数据和客户需求调整生产计划，将新产品的上市时间从几个月缩短到几周。尽管该项目后来转向了技术输出，但其理念和技术仍在影响阿迪达斯的全球生产网络，展示了数据驱动创新如何提高制造业的灵活性和市场响应速度。

在供应链优化方面，联合利华利用人工智能技术整合销售数据、天气预报、社交媒体趋势等多源数据，预测产品需求，优化库存和配送。这种数据驱动的方法使得联合利华的库存水平显著降低，同时提高了产品的上架率。这一案例展示了数据分析如何帮助制造企业更好地应对市场波动，提高供应链的效率和韧性。

这些案例充分说明了数据驱动的服务创新正在深刻地改变制造业的运营模式和

价值创造方式。通过这些创新，制造企业不仅提高了运营效率，还开拓了新的收入来源，增强了与客户之间的联系。然而，这种转型也带来了挑战，如数据安全、隐私保护、技能差距等问题，需要企业和相关方面共同努力解决。未来，随着5G、边缘计算等技术的发展，我们可能会看到更多创新应用，如基于增强现实的远程协作维修、利用区块链技术的智能合约等，进一步推动制造业的数字化和服务化转型。

5.3.4　能源行业服务创新

能源行业的数字化转型正在通过数据驱动的服务创新提高能源效率并推动可再生能源发展。主要应用包括智能电网、能源需求响应、预测性维护、个性化能源管理和可再生能源预测。

在智能电网方面，意大利国家电力公司Enel开发的全球最大智能电表网络展示了物联网和大数据技术如何优化电力分配和管理。通过分析实时用电数据，Enel每年节省约5亿欧元运营成本，同时显著提高了电网可靠性（Enel，2021年报）。

在能源需求响应领域，美国EnerNOC（现为Enel X）电力公司的需求响应平台帮助企业在电力高峰期减少用电。系统分析实时电价和用电数据，自动调整非关键设备用电，参与企业平均节省15%电费（Enel X，2021）。这不仅降低了企业成本，还帮助电力公司平衡电网负荷。

在预测性维护方面，GE的数字风场解决方案利用传感器数据和机器学习算法预测涡轮机故障，提前数周预测可能故障（GE Renewable Energy，2021）。

在个性化能源管理领域，Google Nest智能恒温器利用机器学习算法分析用户习惯和偏好，自动调节家庭温度。系统还根据实时电价和天气数据优化用电时间，平均为用户节省10%～12%供暖费用和15%空调费用（Google Nest，2021）。

在可再生能源预测方面，丹麦Vestas公司利用机器学习算法预测风力发电量。系统整合气象数据、地理信息和历史发电数据，准确预测未来48小时内风力发电量，提高了可再生能源的利用效率（Vestas，2021年报）。

这些案例展示了数据驱动的服务创新如何重塑能源行业的服务模式，提高能源效率，推动可再生能源发展。然而，这些创新也带来了挑战，包括数据隐私和安全、算法偏见、数字鸿沟、技术依赖、伦理问题和监管挑战等。

解决这些挑战需要企业、政府和社会各界的共同努力。企业需在追求创新的同时注重数据伦理和社会责任；政府需制定相应法规和政策，既鼓励创新又保护公众利益；教育机构需培养具备数据素养的人才，以适应数据驱动的新经济。

未来，随着5G、物联网、边缘计算等技术的进一步发展，我们可能会看到更多创新的数据驱动服务出现，为能源行业的可持续发展带来新的机遇。这些创新将继续推动能源效率的提升，加速可再生能源的普及，并为应对气候变化做出重要贡献。

5.4　典型案例

为了更好地理解数据驱动的服务创新如何在实际业务中应用，本节将深入分析几个典型案例。这些案例涵盖了不同行业，展示了数据驱动创新如何改变传统服务模式，创造新的价值。

5.4.1　Netflix：个性化推荐和内容创作

Netflix作为数据驱动服务创新的典范，其成功在很大程度上归因于其强大的个性化推荐系统和数据驱动的内容创作策略。这两个方面共同构成了Netflix的核心竞争优势，展现了数据在现代服务创新中的关键作用。

首先，Netflix的个性化推荐系统是其服务的核心。该系统利用先进的机器学习算法，分析用户的观看历史、评分和搜索记录等多维度数据，为每个用户提供高度个性化的内容推荐。在技术实现方面，Netflix采用了多种先进方法：协同过滤基于用户和内容的相似性进行推荐；矩阵分解用于降低数据维度，提高推荐效率；深度学习则用于处理复杂的特征交互和时序信息。这种综合性的技术应用使得推荐系统的效果显著。Netflix报告显示，其推荐系统每年为公司创造约10亿美元的价值，约75%的用户观看来自推荐的内容（Netflix Technology Blog，2021）。

其次，Netflix将数据驱动的思维扩展到了内容创作领域，这是其创新战略的另一个重要方面。Netflix不仅利用数据优化用户体验，还将数据分析应用于内容创作决策。其方法包括利用观看数据进行受众分析，了解不同类型内容的受众规模和特征；基于历史数据预测新内容的潜在表现；利用数据洞察指导剧本开发、演员选择等创意决策。Netflix的原创剧集《纸牌屋》就是这种数据驱动决策的典型案例。通过分析数据，Netflix发现喜欢原版英剧《纸牌屋》的用户也常常观看大卫·芬奇导演的作品和凯文·史派西主演的电影。这一洞察促使Netflix决定投资制作美版《纸牌屋》，并邀请大卫·芬奇和凯文·史派西参与（Netflix，2013）。

然而，在实施这些数据驱动策略的过程中，Netflix也面临着一些挑战。首先是数据隐私问题，对此Netflix严格遵守数据保护法规，并使用数据匿名化和加密技术来保护用户隐私。其次是推荐系统常见的冷启动问题，Netflix通过使用基于内容的推荐和探索性推荐策略来解决新用户或新内容的推荐难题。最后，为了减少算法偏见，Netflix采取了多样化推荐结果和定期审核算法表现的方法。

总的来说，Netflix的案例有力地展示了如何将数据驱动创新贯穿服务的各个环节，从用户体验优化到内容生产，从而创造出独特的竞争优势。这种全方位的数据应用策略不仅提升了用户满意度，也显著增强了Netflix在流媒体市场的竞争力。

5.4.2　Uber：数据驱动的共享出行服务

Uber的案例展示了数据驱动的业务模式和持续创新如何彻底改变传统行业，创造全新的服务模式。Uber的核心技术包括实时数据处理、机器学习和地理信息系统（GIS），这些技术为其数据驱动的创新奠定了基础。Uber的主要数据驱动创新包括动态定价、智能调度、预测性供给和安全监控。通过这些创新，Uber在高峰时期提高了完成率，减少了平均等待时间和司机空驶时间，提高了服务可靠性，并预防了潜在的安全事件。

然而，Uber也面临着数据隐私、算法公平性和监管挑战等问题。为应对这些挑战，Uber实施了严格的数据匿名化和访问控制政策，定期审核其算法以确保公平性，并积极与各地政府合作参与制定新的法规框架。

总的来说，Uber的成功充分证明了数据驱动创新在重塑传统行业、创造新服务模式方面的巨大潜力。随着技术的不断进步，我们可以预期看到更多行业采用类似的数据驱动方法来优化运营、提升用户体验，并创造新的商业模式。

5.4.3　蚂蚁集团智能风控系统

蚂蚁集团的智能风控系统是金融科技领域数据驱动服务创新的典范案例，展示了数据要素在提升金融服务普惠性和安全性方面的重要价值。作为全球领先的金融科技企业，蚂蚁集团通过构建基于人工智能的风险控制体系，实现了小额信贷服务的智能化升级，为普惠金融发展提供了创新范例。

蚂蚁集团在推进服务创新过程中实施了全方位的技术革新。首先，企业建立了多维度的用户画像系统，通过整合支付、消费、信用等领域的数据，构建了精准的个人和小微企业信用评估模型。其次，蚂蚁集团开发了实时风控引擎，利用机器学习算法对交易行为进行实时分析，能够在毫秒级完成风险决策。在产品创新方面，企业基于数据分析推出了"310"模式（3分钟申请、1秒放款、0人工干预）的信贷服务，大幅提升了普惠金融的可得性。此外，蚂蚁集团还构建了智能反欺诈系统，通过分析交易网络和行为特征，有效识别和预防金融风险。

智能风控系统的应用为蚂蚁集团带来了显著的业务效益。在风控效率方面，系统实现了99.99%的自动化决策率，贷款审批时间从数天缩短至数秒。在风险管理方面，小额信贷的不良率控制在1%以下，优于传统金融机构。在服务覆盖方面，累计服务了数千万小微经营者和个人用户，有效解决了长尾客户的融资难题。更重要的是，通过数据驱动的服务创新，蚂蚁集团成功实现了科技赋能普惠金融的商业模式创新。

5.5　挑战与展望

5.5.1　数据质量与安全挑战

数据质量和安全是数据驱动服务创新中的根本性挑战，直接影响着组织的成功和可持续发展。根据Gartner的研究，低质量数据每年给企业造成的平均损失高达1500万美元，这凸显了数据质量管理在现代企业运营中的重要地位。这些挑战主要表现为数据的不完整、不准确、不一致和过时，这些问题可能源于数据收集过程中的错误、系统间的数据不同步、数据更新不及时等多个方面。

数据质量问题的影响是深远且严重的。亚马逊的案例生动地说明了这一点：其AI招聘系统在训练过程中，由于历史招聘数据中男性申请者占主导地位，导致系统产生了性别偏见，其更倾向于推荐男性候选人。这不仅可能导致人才选拔的不公平，还可能给公司带来法律和声誉风险。这类案例凸显了在AI驱动的决策系统中维持高数据质量标准的重要性。

在安全方面形势同样严峻。IBM的研究显示，2021年全球平均每次数据泄露事件的成本达到424万美元。Facebook（现Meta）2018年的剑桥分析公司事件涉及8700万用户数据被不当获取和使用，这一事件不仅导致公司面临巨额罚款，还引发了全球范围内对数据隐私和安全问题的广泛讨论，促使各国加强了数据保护的法律监管。

为应对这些挑战，组织必须实施全面的策略。在数据质量方面，包括建立数据治理框架、实施数据清洗流程、建立数据质量监控机制。组织通过建立数据治理框架制定清晰的数据管理策略和流程，明确数据所有权和责任。定期的数据清洗，结合自动化工具和人工审核，可以帮助识别和纠正数据中的错误、重复和不一致。

在安全挑战方面，组织应实施严格的数据保护措施，包括数据加密、访问控制和安全审计。同时需要严格遵守相关法规，如欧盟的GDPR和中国的《个人信息保护法》，将合规要求融入业务流程。提高数据收集和使用的透明度，获取用户明确同意也至关重要。采用差分隐私和联邦学习等隐私增强技术，可以在保护个人隐私的同时进行有效的数据分析。

这些解决方案需要持续投入和调整。随着数据规模和复杂性的增加，组织必须定期更新其数据质量管理和安全策略。在这方面取得的成功不仅支持更准确的分析和预测，还能增强利益相关者对数据驱动决策的信心。

5.5.2　技术与人才堡垒

人工智能和大数据分析的快速发展为组织在推进数据驱动服务创新时带来了显著的技术和人才挑战。LinkedIn的2020年新兴职业报告显示，AI专家职位在近五年增长了74%，这凸显了该领域合格专业人才的严重短缺。这种供需失衡加剧了人才竞争，尤其对正在进行数字化转型的传统企业形成了挑战。

沃尔玛的经验很好地说明了这些问题。这家零售巨头为了吸引和留住技术人才，在硅谷设立技术中心，并收购了多家科技创业公司。这种策略不仅需要大量资金投入，还需要在组织和文化方面做出重大调整，显示了打破技术和人才壁垒的综合性质。

为克服这些挑战，组织可以实施多项战略举措。首先，投资技术基础设施，包括现代化的数据平台和分析工具，为创新提供必要基础。其次，全面的人才战略同样重要，包括内部培训、校企合作和高端人才引进。与学术机构建立合作关系可以帮助获取最新的技术知识和人才资源。

采用云服务能够让组织快速获取先进的技术能力，同时减少前期投资。建立鼓励学习和创新的企业文化对吸引和留住人才至关重要。组建包括数据科学家、业务专家和设计师在内的跨学科团队可以促进知识融合，提高创新的实用性。

进阶策略可能包括设立专门的创新实验室，提供灵活的工作安排，为技术专业人员提供清晰的职业发展路径。鼓励参与开源项目可以提升技术能力，同时增强组织在技术社区的影响力。

算法偏见问题需要特别关注。机器学习算法可能无意中放大了现有的社会偏见，导致不公平的结果。2019年苹果信用卡因涉嫌性别歧视而遭调查的案例就突出了这一问题。组织必须确保训练数据的多样性和代表性，进行严格的公平性测试，并在关键决策过程中保持人类监督。

5.5.3　数据整合与未来展望

数据孤岛是有效实施数据驱动决策的重大障碍。Forrester的研究显示，高达88%的企业数据未被用于分析，这凸显了数据孤岛问题的普遍性。Target的经验很好地说明了这一点，其在线购物、实体店和营销数据的分散存储阻碍了对客户的全面理解和服务提供。

为解决数据整合挑战，组织应建立统一的数据平台，如数据湖，以有效整合来自不同源的数据。主数据管理确保核心数据定义的一致性，而API和微服务架构则促进系统间灵活的数据交换。建立数据标准、创建全面的数据目录、组建跨部门数据治理委员会，都进一步支持了数据整合的成功实施。

展望未来，数据驱动的服务创新将继续重塑商业格局和社会互动，带来前所未有的机遇和复杂的挑战。组织必须建立以数据为中心的战略思维，培养数据驱动的文化，不断提升数据管理和分析能力。

数据驱动服务创新的未来可能会看到服务智能化程度提高、跨行业融合加深、隐私保护技术进步。创新正在变得更加民主化，允许各种规模的组织和个人参与其中。负责任的数据收集、分析和应用为开发更智能、更高效、更可持续的服务创造了机会。

在这个不断发展的格局中，成功需要平衡创新与责任、技术与人性、效率与公平。组织必须在确保其数据驱动服务创新造福整个社会的同时应对这些挑战。这包括建立开放、公平、安全的数据创新生态系统，辅以适当的政策、法规、产学研合作、开放数据平台和伦理框架。

未来的道路需要持续适应和承诺，在最大化数据激发创新潜力的同时应对新出现的挑战。那些能够在保持道德标准和促进包容性创新的同时成功应对这些复杂性的组织，将最有可能在数据驱动的未来中蓬勃发展。

6 数据管理与资源优化

在资源日益稀缺的背景下，如何利用数据要素提升资源利用效率成为重要课题。本章是全书探讨数据要素在资源管理领域应用的专门篇章，通过分析数据驱动的资源优化模式，展示了数据要素在提升资源配置效率、推动可持续发展中的重要作用。对于理解和实现数据驱动的精细化资源管理具有重要的指导意义。

本章系统阐述了资源优化的基本理论和发展现状，深入分析了数据驱动资源优化的核心要素和关键技术。通过探讨数据要素在能源、水资源、土地资源、矿产资源等领域的具体应用，以及城市管理和产业链优化的实践案例，展示了数据要素在资源优化中的多元价值。同时，本章也深入讨论了数据质量、安全保护、垄断风险等关键挑战，为实现数据驱动的资源优化提供了实践参考。

6.1　背景简介

6.1.1　资源优化的定义与内涵

在当今世界，资源优化已成为推动可持续发展的核心议题。资源优化是指在既定的约束条件下，通过科学的方法和手段，实现资源的最佳配置和高效利用，以获得最大的经济、社会和环境效益。它涉及能源、矿产、水资源、土地等自然资源，也包括人力资源、资金、技术等社会资源的合理利用。资源优化的核心目标是提高资源利用效率，减少资源浪费，降低环境负荷，实现经济、社会与生态环境的协调发展。

数据要素作为新型生产要素，在资源优化中发挥着至关重要的作用。数据要素是指以数据资源为关键生产要素，以数据驱动为核心机制的新型要素。它具有可复制、可共享、非竞争性等特点，能够有效提升传统要素的生产效率，推动资源配置的优化和产业结构的升级。在大数据和人工智能技术的支持下，数据要素正在重塑资源优化的方式和路径。

6.1.2 资源优化的基本特征

当代资源优化在数据要素驱动下呈现出四个关键特征。

第一是信息全面性，通过物联网、遥感等技术，实现对资源信息的实时采集和全方位监测。例如，"资源一号"卫星系统能够对陆地资源进行高分辨率观测，为国土资源调查提供重要数据支持。

第二是管理精准性，依托大数据分析和人工智能算法，实现资源配置的精细化管理。国家电网公司利用大数据技术构建电力需求侧管理平台，就是典型案例。

第三是资源循环性，通过对产品全生命周期数据的分析，识别资源浪费环节，优化生产工艺，提高资源回收利用率。海尔集团的智能回收系统实现了废旧家电的精准回收和高效拆解，显著提升了资源循环利用效率。

第四是模式创新性，借助区块链、云计算等技术，构建开放、透明、高效的资源共享平台，促进闲置资源的充分利用。滴滴出行通过大数据分析和智能调度，优化社会运力资源配置的实践，充分体现了这一特征。

6.1.3 资源优化的发展历程

资源优化的发展经历了三个重要阶段。

第一阶段是经验管理阶段（20世纪70年代以前），主要依靠人工经验进行资源调配，管理方式相对粗放，效率较低。这一阶段的特点是决策依赖个人经验，资源浪费现象普遍，环境问题开始显现。

第二阶段是信息化管理阶段（20世纪70年代至21世纪初），计算机和信息技术的应用显著提升了资源管理效率。企业开始使用MRP、ERP等系统进行资源规划，资源配置效率得到明显改善。

第三阶段是智能化管理阶段（21世纪初至今），以人工智能、大数据、物联网为代表的新一代信息技术深刻改变了资源优化的方式。这一阶段的显著特征是数据驱动决策、智能化配置、精准化管理，资源利用效率达到了新的高度。从发展历程来看，技术进步始终是资源优化发展的核心动力，每一次技术革新都带来资源管理方式的重大变革。

6.1.4 资源优化的现状分析

当前，全球资源优化发展呈现出多元化特征。在政策层面，各国政府高度重视资源优化工作，相继出台支持政策。欧盟的"循环经济"战略提出到2030年将循环材料使用率提高一倍的目标。美国"重建美好未来"计划承诺投入5500亿美元发展清洁能源。中国在"十四五"规划中明确提出单位GDP能耗降低13.5%的目标。各国通过财税激励、绿色金融等手段，积极推动资源优化实践。

在技术层面，数字技术的创新应用推动了多个领域的资源优化。智能电网技术显著提升了电力系统效率，以色列Takadu公司的智能水网管理系统使水资源损失降低30%以上。工业互联网推动了生产过程的精细化管理，数字孪生技术为城市资源优化提供了新思路，区块链技术在供应链追溯和资源交易方面展现出巨大潜力。

在实践层面，全球范围内涌现出众多创新案例。2015年，桑德堡市二氧化碳排放量减少了30%，超过了总体规划中设定的25%的减排目标。截至2020年，据监测该项目进展的公司报道，二氧化碳排放量已减少近40%。新加坡"四大国家水龙头"战略成功解决了水资源短缺问题，澳大利亚力拓公司的"智能矿山"项目提升了矿产资源利用效率。这些实践为全球资源优化提供了有益经验。

然而，资源优化发展仍面临诸多挑战。技术应用成本高昂限制了创新方案的推广，跨部门协调难度大影响了资源优化效果，公众参与度不足制约了政策效果的发挥。未来，需要进一步加强政策引导、技术创新和实践探索，推动资源优化在更广泛领域的应用，为实现可持续发展目标做出更大贡献。

6.2　核心要素与关键技术

在数字化时代，数据已成为驱动资源优化的核心要素。通过对海量数据的收集、处理和分析，我们能够更精准地把握资源状况，优化资源配置，提高资源利用效率。数据驱动的资源优化涉及多个关键环节，本节将详细探讨这些关键环节，包括数据采集、数据处理、数据分析、决策支持和实施反馈等。

6.2.1　数据采集

数据采集是数据驱动资源优化的基础。只有获取全面、准确、及时的数据，才能为后续的分析和决策提供可靠的支撑。随着物联网、遥感等技术的发展，数据采集的方式和范围都得到了极大拓展。

1.传感器网络

传感器网络是实现实时、精准数据采集的重要手段。通过在关键节点部署各类传感器，可以实时监测资源的数量、质量和使用状况。例如，在水资源管理领域，以色列国家水务公司Mekorot建立了覆盖全国的智能水网，通过部署超过1500个传感器，实时监测水质、水压和流量等参数，有效提高了水资源管理的精准度。

在能源领域，智能电表的广泛应用使得电力消费数据的采集更加精细化。例如，意大利电力公司Enel在全国范围内安装了超过3200万个智能电表，实现了用电数据的实时采集和分析，为电网优化和需求侧管理提供了重要支持。

2. 遥感技术

遥感技术为大尺度资源监测提供了有效手段。通过卫星、无人机等平台，可以获取大范围的地表覆盖、植被生长、地质构造等信息，为资源评估和规划提供了重要依据。例如，美国地质调查局（USGS）利用Landsat系列卫星数据，开发了全球地表水体变化监测系统，能够实时监测全球湖泊、河流的面积变化，为水资源管理提供了宝贵的数据支持。

在农业资源管理方面，欧盟的哥白尼计划（Copernicus）利用Sentinel系列卫星，为成员国提供高分辨率的农作物生长监测数据，帮助农民优化灌溉和施肥策略，提高了农业资源利用效率。

3. 众包数据

除了专业的数据采集手段，借助公众力量的众包数据也成为资源优化的重要数据来源。通过移动应用程序、社交媒体等渠道，可以收集大量分散的、实时的资源使用和环境状况数据。

例如，美国环保局（EPA）开发的"Air Quality Egg"项目，通过向公众分发便携式空气质量监测设备，收集了大量分散的空气质量数据，大大提高和扩展了城市空气质量监测的精度和覆盖范围。这些数据不仅能帮助政府更好地制定环境政策，也提高了公众的环保意识和参与度。

6.2.2 数据处理

原始数据往往存在噪声、缺失、不一致等问题，需要经过清洗、集成、转换等处理才能用于后续分析。数据处理的质量直接影响到资源优化决策的准确性。

1. 数据清洗

数据清洗旨在识别并纠正数据集中的错误、不一致和缺失值。例如，荷兰阿姆斯特丹市在建立城市数据平台时，采用了先进的数据清洗技术，对来自多个不同来源的城市数据进行了系统性清洗，大大提高了数据质量，为后续的城市资源优化分析奠定了基础。

2.数据集成

数据集成是将多个数据源的数据合并为一致的数据存储的过程。在资源优化领域，往往需要整合来自不同部门、不同系统的数据。例如，新加坡建立的"虚拟新加坡"平台，整合了城市规划、交通、能源、水务等多个部门的数据，构建了统一的城市数据模型，为跨领域的资源优化提供了有力支撑。

3.数据转换

数据转换包括数据规范化、离散化、特征构建等操作，其目的是将数据转换为更适合分析的形式。例如，在能源需求预测中，常需要将时间序列数据转换为特定的特征（如工作日/休息日、季节等），以提高预测模型的准确性。

6.2.3 数据分析

数据分析是数据驱动资源优化的核心环节，涉及描述性分析、诊断性分析、预测性分析和规范性分析等多个层次。

1.描述性分析

描述性分析主要回答"发生了什么"的问题，通过统计和可视化等方法，展示资源的当前状态和历史趋势。例如，美国能源信息署（EIA）开发的能源数据可视化平台，通过交互式图表直观展示了美国各州、各行业的能源消耗情况，为能源政策制定提供了重要参考。

2.诊断性分析

诊断性分析旨在解答"为什么发生"的问题，通过数据挖掘、相关性分析等方法，识别资源问题的根本原因。例如，德国西门子公司开发的MindSphere平台，通过对工业设备运行数据的深度分析，能够快速诊断设备故障原因，优化维护策略，提高资源利用效率。

3.预测性分析

预测性分析试图回答"将会发生什么"的问题，通过机器学习、时间序列分析等方法，预测未来的资源需求和供给状况。例如，丹麦能源公司Ørsted利用人工智能算法，基于历史数据和天气预报，准确预测风电场的发电量，大大提高了可再生能源的并网效率。

4.规范性分析

规范性分析解决"我们应该做什么"的问题，通过优化算法和决策模型，为资源优化提供具体的行动建议。例如，以色列农业技术公司Netafim开发的智能灌溉系统，通过分析土壤湿度、天气预报等数据，为农民提供精准的灌溉建议，显著提高了水资源利用效率。

6.2.4　决策支持

数据分析的结果最终需要转化为具体的决策和行动。决策支持系统（DSS）是连接数据分析和实际操作的桥梁，它通过直观的界面展示分析结果，并提供交互式的决策工具。

例如，澳大利亚墨尔本水务公司开发的水资源管理决策支持系统，整合了水资源监测、需求预测、供水模拟等多个模块，帮助管理者评估不同水资源管理策略的效果，优化水资源配置方案。该系统在2019—2020年的干旱期间发挥了重要作用，帮助墨尔本有效应对了水资源短缺危机。

6.2.5　实施反馈

资源优化是一个持续改进的过程，需要建立有效的反馈机制，不断评估优化措施的效果，并根据实际情况调整优化策略。

例如，纽约市实施的"PlaNYC"可持续发展计划，建立了一套全面的指标体系和年度报告机制，定期评估各项资源优化措施的实施效果。通过这种持续的监测和反馈，纽约市成功减少了温室气体排放量，能源效率显著提高。

总的来说，数据驱动的资源优化是一个复杂的系统工程，涉及数据采集、处理、分析、决策支持和实施反馈等多个环节。只有将这些核心要素有机结合，才能充分发挥数据在资源优化中的驱动作用。然而，我们也要认识到，数据驱动并不意味着完全依赖数据。在实际应用过程中，还需要结合领域专家的经验和判断，平衡定量分析和定性决策，才能做出最优的资源优化决策。

6.3　应用领域

数据要素作为新型生产要素，在资源优化的各个领域都发挥着越来越重要的作用。本节将重点探讨数据要素在能源、水资源、土地、矿产等关键资源领域的具体应用，以及在城市管理和产业链优化等综合领域的创新实践。

6.3.1　能源领域

在能源领域，数据要素的应用主要体现在能源生产、传输、消费和管理的各个环节，推动了能源系统向清洁化、智能化、高效化方向发展。

1.智能电网

智能电网是数据驱动能源优化的典型应用。通过对发电、输电、配电和用电各环节的实时数据采集与分析，智能电网能够实现电力供需的动态平衡，提高可再生能源的消纳比例，降低输配电损耗。

例如，德国电网运营商50Hertz公司开发的智能电网管理系统，通过实时分析风电、光伏等可再生能源的发电数据和电力需求数据，实现了电网的动态调节。该系统使得50Hertz公司在2020年成功将可再生能源发电占比提高到62.5%，创下了世界纪录。

2.需求侧响应

需求侧响应是利用数据技术优化用电行为的重要手段。通过分析用户的用电模式，结合电价信号和激励机制，可以引导用户主动调整用电时间和方式，平衡电力供需。

美国加州独立系统运营商（CAISO）实施的需求响应项目就是一个成功案例。该项目通过智能电表收集用户实时用电数据，结合天气预报和历史用电模式，精准预测电力需求峰值。在高峰时段，系统会向参与用户发送节电信号，鼓励其减少用电。这一项目帮助加州在2020年夏季成功度过了严重的电力短缺危机，避免了大规模停电。

3.可再生能源优化

数据分析技术在提高可再生能源效率方面发挥着重要作用。通过对气象数据、地理信息等的分析，可以优化可再生能源设施的选址和运行。

例如，谷歌公司开发的"Project Sunroof"平台，利用机器学习算法分析卫星图像、地形数据和气象信息，为用户提供屋顶太阳能发电潜力评估。该平台已覆盖美国近1亿栋建筑，帮助大量家庭和企业做出更明智的太阳能投资决策。

6.3.2　水资源领域

水资源是人类社会和生态系统的生命线。数据要素在水资源管理中的应用，正在变革传统的水资源管理模式。

1.智慧水务

智慧水务系统通过物联网技术实时监测供水管网的运行状况，结合大数据分析，可以快速识别漏水点，优化供水调度。

新加坡公用事业局（PUB）开发的智慧水网系统是一个典型案例。该系统通过在全城部署超过300个传感器，实时监测水压、水质和流量。通过大数据分析，系统能够准确定位漏水点，将非收益水（即因漏水等造成的水损失）比例降低到5%以下，远低于全球15%的平均水平。

2.精准灌溉

在农业用水方面，基于数据的精准灌溉技术大大提高了水资源利用效率。通过分析土壤湿度、作物生长状况和天气预报等数据，可以为农民提供最优的灌溉策略。

澳大利亚联邦科学与工业研究组织（CSIRO）开发的IrriSAT系统就是一个成功案例。该系统利用卫星遥感数据和地面气象站数据，计算作物的实际蒸散量，为农民提供精准的灌溉建议。在新南威尔士州的应用中，IrriSAT帮助农民将灌溉用水量减少了20%，同时提高了作物产量。

3.水质监测与预警

水质监测与预警是保障水资源安全的关键环节。借助数据技术，可以实现水质的实时监测和污染事件的早期预警。

中国太湖流域管理局实施的智能水质监测系统是一个典型案例。该系统在太湖周边布设了数百个水质监测站，实时采集水温、pH值、溶解氧等参数。通过大数据分析和机器学习算法，系统能够预测蓝藻暴发风险，提前12～24小时发出预警。这一系统帮助太湖流域显著改善了水质。

6.3.3　土地资源领域

土地作为最基本的自然资源，其高效利用对于可持续发展至关重要。数据技术正在为土地资源的评估、规划和管理提供新的工具和方法。

1. 土地利用监测

遥感技术结合机器学习算法，可以实现大范围土地利用变化的自动监测。这为土地资源管理提供了全面、及时的数据支持。

美国地质调查局（USGS）开发的国家土地覆被数据库（NLCD）就是一个成功案例。该项目利用Landsat卫星影像和机器学习算法，每2～3年更新一次全美国的土地利用/覆被地图。这些数据为城市规划、生态保护、农业管理等提供了重要依据。例如，通过分析NLCD数据，研究人员发现2001—2016年间，美国城市面积增加了5.6%，这些发现对土地政策的制定产生了重要影响。

2. 精准农业

在农业领域，数据驱动的精准农业正在变革传统的耕作方式。通过分析土壤、气候、作物生长等多源数据，可以为农民提供精准的种植建议，提高了土地利用效率。

约翰迪尔公司开发的Field Connect系统是精准农业的典型应用。该系统通过部署土壤湿度传感器、气象站等设备，收集田间实时数据。结合卫星遥感数据和作物生长模型，系统能够为农民提供精准的灌溉、施肥和收获建议。在美国艾奥瓦州的应用中，这一系统帮助农民将玉米产量提高了15%，同时减少了20%的用水和肥料。

3. 智慧城市规划

在城市规划领域，大数据分析正在为土地的高效利用提供新的思路。通过整合人口、交通、经济等多维数据，可以优化城市土地功能分区，提高土地利用效率。

新加坡的"虚拟新加坡"项目是数据驱动城市规划的典范。该项目构建了一个高度精确的三维城市模型，整合了建筑、交通、人口、能源等多源数据。通过这个平台，规划者可以模拟不同的土地利用方案，评估其对交通流量、能源消耗、生活质量等的影响。例如，在规划新的地铁线路时，规划者可以通过模拟分析不同站点布局对周边土地价值和交通流量的影响，从而做出最优的规划决策。

6.3.4 矿产资源领域

矿产资源的开发利用一直面临着效率低、环境破坏等问题。数据技术的应用正在推动矿业向智能化、绿色化方向转型。

1. 智能勘探

在矿产勘探领域，机器学习技术正在提高勘探的精准度和效率。通过分析地质、地球物理、地球化学等多源数据，可以更准确地预测矿产的分布。

加拿大GoldSpot Discoveries公司开发的人工智能勘探系统是一个典型案例。该系统通过分析历史勘探数据、地质图像和卫星数据，使用深度学习算法预测黄金矿床的位置。在加拿大安大略省的应用中，这一系统帮助Yamana Gold公司发现了一个新的黄金矿区，大大提高了勘探效率。

2.智能采矿

在矿产开采环节，数据驱动的智能采矿系统正在提高采矿效率和安全性。通过对采矿设备的实时监控和优化调度，可以显著提高资源回收率。

澳大利亚力拓公司（Rio Tinto）的"矿山之未来"（Mine of the Future）项目是智能采矿的典范。该项目在西澳大利亚的铁矿开采中应用了无人驾驶卡车、自动钻机等智能设备。通过实时数据分析和远程控制，力拓公司将采矿效率提高了15%，同时显著改善了工人的安全条件。

3.矿山环境监测

数据技术在矿山环境监测和治理中也发挥着重要作用。通过实时监测和分析环境数据，可以及时发现和预防环境风险。

中国煤科集团开发的智能矿山环境监测系统就是一个成功案例。该系统在矿区部署了数百个传感器，实时监测粉尘、有害气体、地表沉降等环境参数。通过大数据分析，系统能够预测尾矿库泄漏、地表塌陷等风险，并给出预警。在山西省的应用中，这一系统帮助当地煤矿企业将环境事故的发生率降低了30%。

6.3.5　城市管理

城市是人类活动最密集的区域，也是资源消耗最集中的地方。数据驱动的智慧城市管理正在变革传统的城市治理模式，优化各类资源的配置和利用。

1.智慧交通

在交通领域，大数据分析正在为城市交通的优化提供新的解决方案。通过分析车流量、路况、气象等多源数据，可以实现交通信号的智能调控，缓解交通拥堵。

杭州市实施的"城市大脑"项目是智慧交通的一个典型案例。该系统通过整合交通摄像头、公交车GPS、手机信令等数据，构建了全市实时交通态势图。通过人工智能算法，系统能够预测交通流量，并自动调整信号灯配时。这一系统使杭州市主城区高峰期间的平均通行时间减少了15%，显著提高了道路资源利用效率。

2.智慧环境监管

环境监管是城市管理的重要组成部分。数据技术正在为环境监测和治理提供更精准、高效的手段。

北京市的大气污染防治智能决策支持系统就是一个典型案例。该系统整合了气象、交通、工业排放等多源数据，构建了全市大气污染物扩散模型。通过机器学习算法，系统能够预测未来72小时的空气质量，并模拟不同管控措施的效果，这为政府部门制定精准的污染管控措施提供了重要支持。在2020年的应用中，这一系统帮助北京市在不影响经济发展的前提下，将$PM_{2.5}$年均浓度降低到了38微克/立方米，较2015年下降了超过50%

6.3.6 产业链优化

在产业领域，数据技术正在推动全产业链的优化和重构，提高资源配置效率，降低环境影响。

1.供应链优化

大数据分析正在变革传统的供应链管理模式。通过整合生产、物流、销售等环节的数据，企业可以更精准地预测需求，优化库存管理，提高资源利用效率。

亚马逊公司的预测性配送（Anticipatory Shipping）系统就是一个创新案例。该系统通过分析用户的浏览历史、搜索记录、购物车数据等，预测用户可能购买的商品，并提前将商品配送到离用户最近的配送中心。这种方法不仅缩短了配送时间，还优化了仓储和物流资源的配置。据报道，这一系统帮助亚马逊将物流成本降低了10%~40%，同时显著提高了客户满意度。

2.循环经济

数据技术正在为循环经济的实施提供新的工具和方法。通过对产品全生命周期数据的分析，可以识别资源浪费环节，优化产品设计，提高资源循环利用率。

荷兰飞利浦公司的循环照明服务就是一个典型案例。飞利浦通过在LED灯具中嵌入传感器，收集灯具的使用数据。通过分析这些数据，飞利浦能够优化灯具设计，延长使用寿命，并在灯具报废后进行高效回收和再利用。这种模式不仅降低了资源消耗，还为飞利浦创造了新的商业机会。据报道，这一模式使得飞利浦的照明产品材料回收率达到90%以上，大大减少了废弃物的产生。

3.工业共生

数据技术正在促进工业共生网络的形成，推动不同企业之间的废弃物交换和能源梯级利用。通过建立废弃物交易平台，并利用大数据分析匹配供需，可以大大提高资源利用效率。

丹麦卡伦堡生态工业园是工业共生的典范。该园区通过建立资源交换网络，实现了 25 家企业之间的废弃物和副产品交换。例如，诺和诺德公司的制药废水经处理后用作 Statoil 炼油厂的冷却水，炼油厂的废蒸汽则用于市政供暖。通过这种方式，卡伦堡每年节约水资源 300 万立方米，减少 CO_2 排放 24 万吨。近年来，卡伦堡引入了基于区块链的资源交易平台，进一步提高了资源匹配的效率和透明度。

总的来说，数据要素在资源优化的各个领域都发挥着越来越重要的作用。通过数据的采集、分析和应用，我们能够更精准地把握资源状况，优化资源配置，提高资源利用效率。然而，我们也要看到，数据驱动的资源优化仍然面临诸多挑战，如数据质量问题、隐私保护、技术门槛等。未来，我们需要进一步完善数据治理体系，提升数据分析能力，深化数据应用实践，才能充分发挥数据要素在资源优化中的潜力。

6.4 典型案例

6.4.1 腾讯云智能数据湖平台

腾讯云智能数据湖平台是企业数字化转型中数据资源整合与价值挖掘的典型案例，展现了数据要素在提升企业运营效率和创新能力方面的关键作用。作为领先的云服务提供商，腾讯通过构建统一的数据湖管理平台，实现了企业数据资产的智能化管理，为数字化转型提供了创新解决方案。

腾讯云在推进平台建设过程中采取了系统化的技术创新。首先，平台建立了统一的数据治理框架，通过 metadata 管理、数据质量控制和数据安全保护等机制，确保数据的可用性和可靠性。其次，平台开发了智能数据处理引擎，利用分布式计算技术实现 PB 级数据的高效处理和分析。在功能创新方面，平台推出了"一站式"数据服务模式，支持数据采集、存储、处理、分析和可视化的全流程管理。此外，平台还整合了机器学习能力，支持企业进行智能化决策和业务创新。

数据湖平台的应用为企业带来了显著的经营效益。在效率方面，企业数据处理时间平均减少了 60%，数据分析效率提升了 80%。在成本管理方面，通过统一的数据存储和计算资源管理，企业IT运营成本降低了40%。在创新能力方面，平台已服务数千家企业客户，帮助其实现数据价值的深度挖掘和业务创新。更重要的是，通过数据湖平台的建设，腾讯云成功打造了数据资产管理和价值创造的新型服务模式。

6.4.2　阿里云城市大脑

阿里云城市大脑是智慧城市建设中数据要素驱动社会治理创新的标杆案例，体现了数据在提升城市管理效率和公共服务水平方面的重要价值。作为国内领先的数字化解决方案提供商，阿里云通过打造智能化城市管理平台，实现了城市治理的数字化转型，为智慧城市的建设树立了创新标准。

阿里云在城市大脑建设过程中实施了全面的技术创新。首先，平台建立了城市级数据中台，整合交通、能源、环保等领域的数据资源，构建统一的城市数据管理体系。其次，平台开发了AI决策引擎，通过深度学习算法对城市运行状态进行实时分析和预测。在应用创新方面，平台实现了"一屏统管"的智能化管理模式，支持交通调度、事件处理、能源调配等多场景应用。此外，平台还具备开放性的生态体系，支持第三方开发者参与智慧应用创新。

城市大脑的实施产生了显著的社会效益。在交通管理方面，平台使得路口通行效率提升了15%。在能源管理方面，通过智能调度实现能源使用效率提升20%。在民生服务方面，平台已在多个城市落地实施，服务城市人口超过1亿。更重要的是，通过数据驱动的治理创新，阿里云成功构建了智慧城市建设的可复制、可推广的解决方案。

6.4.3　京东智能供应链系统

京东智能供应链系统是零售行业数据驱动运营优化的先进案例，展示了数据要素在提升供应链效率和客户服务质量方面的突出价值。作为中国领先的电商和供应链技术企业，京东通过构建智能化供应链管理平台，实现了零售运营的数字化升级，为现代供应链的管理树立了创新标准。

京东在推进供应链创新过程中实施了深入的技术革新。首先，企业建立了全链路的数据采集系统，通过整合商品、仓储、物流、销售等环节的数据，构建了精准的需求预测模型。其次，京东开发了智能调度系统，利用优化算法实现库存分配和配送路径的实时优化。在运营创新方面，企业推出了"智能补货"服务模式，实现库存水平的自动调控和智能化补货决策。此外，京东还构建了供应商协同平台，通过数据共享提升整个供应链的协同效率。

智能供应链系统的应用为京东带来了显著的经济效益。在运营效率方面，系统使得库存周转率提升了30%，配送时效提升了25%。在成本控制方面，通过智能化管理，物流成本降低了20%，库存成本降低了15%。在服务质量方面，系统支持了数十万商家的日常运营，配送准时率达到98%以上。更重要的是，通过数据驱动的供应链创新，京东成功打造了智能零售的新型运营模式，推动了整个行业的数字化转型。

6.5　挑战与展望

在数据要素推动资源优化的进程中，我们面临着一系列关键挑战。本章将系统探讨这些挑战并展望未来发展趋势，为促进数据要素更好地服务于资源优化提供参考和建议。

6.5.1　数据质量与标准化挑战

数据质量和标准化问题是制约数据要素有效发挥作用的基础性挑战。实践表明，只有高质量、标准化的数据才能支撑有效的分析决策，然而当前这两个方面的问题仍然普遍存在，亟须解决。

在数据质量方面，主要表现为数据的不准确、不完整和不一致性问题。这些问题可能源于多个环节，包括数据采集过程中的技术缺陷、传输过程中的信息丢失，以及人为因素导致的数据篡改。2016年，美国密歇根州弗林特市的饮用水铅含量超标事件就很好地说明了这一问题。由于水质监测数据的采集和记录存在严重问题，导致当局未能及时发现水质恶化趋势，最终酿成了重大的公共卫生危机。这一事件深刻揭示了保障数据质量的重要性。

为应对数据质量挑战，需要采取系统性的解决方案。首先，必须加强数据采集环节的质量控制，通过使用更精确的传感设备和优化采样方法，确保源头数据的准确性和可靠性。其次，建立健全的数据验证和清洗机制，通过规范的流程和先进的技术手段，及时发现并纠正数据中存在的错误。此外，实施系统化的数据质量评估体系，定期对数据质量进行全面评估和持续改进，以确保数据质量始终维持在较高水平。

数据标准化方面的挑战同样不容忽视。当前，不同行业、地区甚至部门之间的数据标准差异显著，严重影响了数据的互通共享。与工业互联网领域相似，医疗健康领域不同医疗机构使用的电子健康记录（EHR）系统往往采用不同的数据格式和编码标准，导致患者信息难以在机构间有效流转，不仅影响了医疗服务的连续性，还阻碍了大规模医疗数据分析研究的开展。

6.5.2　数据安全与隐私保护挑战

随着数据在资源优化中发挥越来越重要的作用，数据安全和隐私保护问题日益突出。这些问题不仅关系到个人权益，还可能影响到国家安全和社会稳定，需要给予高度重视。

在数据安全方面，主要面临数据泄露、篡改和丢失等风险。2017年的Equifax数据泄露事件就造成了1.479亿美国消费者的个人信息被泄露，包括社会安全号码和出生日期等高度敏感信息。这一事件不仅给Equifax造成了巨大的经济损失和声誉损害，还让数百万消费者面临身份盗窃的风险。

加强数据安全防护需要构建多层次的防护体系。首先，要加强网络安全基础设施建设，部署防火墙、入侵检测系统等技术手段，提升整体防护能力。其次，实施严格的数据访问控制和审计机制，确保数据操作的可追溯性。同时，加强数据加密技术的应用，特别是对敏感数据实施全程加密保护。建立完善的数据备份和恢复机制也至关重要，以应对可能发生的数据丢失情况。

在隐私保护方面，随着数据分析技术的进步，个人隐私面临着新的挑战。2018年曝光的Facebook-Cambridge Analytica数据丑闻就是一个典型案例。Cambridge Analytica公司未经用户同意，获取并分析了8700万Facebook用户的个人数据用于政治广告定向投放，引发了广泛的社会争议。

6.5.3　技术依赖与系统韧性挑战

随着数据技术在资源优化中的应用日益广泛，过度依赖技术系统可能带来新的风险，影响系统的整体韧性。2017年5月，英国国民医疗服务系统（NHS）遭遇勒索软件攻击就很好地说明了这一问题。这次攻击导致80多家医疗机构的IT系统瘫痪，大量手术被迫取消，病人信息无法访问，严重影响了医疗服务的正常运转。

系统韧性方面的挑战同样值得关注。在复杂的数据驱动系统中，局部故障可能通过级联效应导致系统性风险。2003年，美国东北部大停电就是一个典型案例，由于电网监控系统的软件漏洞，操作人员未能及时发现并处理局部故障，最终引发了影响5000万人的大规模停电事故。

6.5.4 伦理与治理挑战

数据要素的广泛应用也带来了一系列伦理和治理挑战。2018年曝光的"社会信用体系"争议就反映了这一问题的复杂性。一些地方政府利用大数据构建公民信用评分系统并将其与公共服务挂钩，这种做法虽然有助于提高社会诚信，但也引发了公民对自由和隐私权的担忧。

在治理方面，数据要素的跨境流动和多主体参与特点，给传统的治理模式带来了挑战。Facebook-Cambridge Analytica数据滥用事件就凸显了跨境数据治理的复杂性，由于各国在数据保护法律和执法能力上存在差异，责任追究和权益保护面临诸多困难。

6.5.5 未来发展展望

尽管面临诸多挑战，数据要素驱动的资源优化仍然展现出广阔的发展前景。未来发展将呈现以下几个重要趋势。

技术创新将持续推进。人工智能、区块链、量子计算等新兴技术的发展，将为数据的采集、处理、分析提供更强大的技术支持。特别是在数据安全和隐私保护领域，新技术的应用将有助于解决当前面临的许多技术难题。

标准体系将不断完善。在国际组织和各国政府的推动下，数据标准化工作将取得实质性进展。统一的数据标准将促进数据的互通共享，提高资源优化的整体效率。治理模式也将更加成熟，随着实践经验的积累和相关法规的完善，数据治理将形成更加科学合理的模式。

应用领域将进一步拓展。数据要素将在更多领域发挥作用，推动资源优化向更深层次发展。特别是在新能源、智慧城市、环境保护等领域，数据驱动的创新解决方案将不断涌现。国际合作也将更加紧密，全球性的资源环境挑战需要各国通力协作。

为更好地把握未来发展机遇，建议从以下几个方面着手：一是加大技术研发投入，重点支持关键技术的研发和创新；二是完善法律法规体系，为数据要素健康发展提供法律保障；三是强化人才队伍建设，提高从业人员的技术水平和职业素养；四是推动国际交流合作，共同应对全球性挑战；五是优化发展环境，构建公平、开放、有序的市场环境。

总的来说，数据要素驱动的资源优化虽然面临诸多挑战，但发展前景广阔。只要我们准确把握发展趋势，积极应对各种挑战，就一定能够推动数据要素更好地服务于资源优化，为实现可持续发展做出更大贡献。这需要政府、企业、研究机构和社会各界的共同努力，在技术创新、制度建设、人才培养等方面持续投入，共同构建数据要素发展的良好生态系统。

7　数据要素与可持续发展

在全球气候变化和资源危机的背景下，可持续发展已成为世界共识。本章是全书探讨数据要素社会价值的重要篇章，深入分析了数据要素在推动环境保护、社会进步和经济可持续发展中的重要作用。通过将数据要素与联合国可持续发展目标（SDGs）相结合，展示了数据要素在解决全球性可持续发展问题中的独特价值，对于理解和实践数据驱动的可持续发展战略具有重要意义。

本章结构从可持续发展战略入手，系统探讨了数据要素在环境保护、社会发展和经济可持续性三个维度的具体应用。通过分析气候变化监测、生物多样性保护、教育公平、公共卫生、绿色金融等领域的实践案例，展示了数据要素在推动可持续发展中的多元价值。同时，本章也深入讨论了可持续发展领域的数据治理问题，包括数据安全、伦理规范和跨境合作等议题，为构建可持续发展的数据生态系统提供了实践指导。

7.1　背景简介

可持续发展作为21世纪人类社会的核心议题，其重要性日益凸显。1987年，联合国世界环境与发展委员会在《我们共同的未来》报告中首次提出"可持续发展"的概念，将其定义为"既满足当代人的需要，又不对后代人满足其需要的能力构成危害的发展"。这一理念强调了经济增长、社会进步和环境保护的平衡，为全球发展指明了方向。

2015年，联合国通过了17个可持续发展目标（SDGs），涵盖了消除贫困、应对气候变化、保护生态环境、促进经济增长等多个方面，旨在到2030年实现一个更加可持续的世界。然而，实现这些目标面临着诸多挑战，如气候变化加剧、生物多样性丧失、资源短缺、社会不公，等等。传统的发展模式和治理方式已难以有效应对这些复杂的全球性问题。

在这一背景下，数据已经成为推动可持续发展的关键要素。随着信息技术的迅猛发展，人类社会正在迈入一个数据驱动的新时代。海量数据的产生、收集和分析为我们认识复杂的社会—经济—环境系统提供了前所未有的机遇。数据要素正在重塑可持续发展的理念和实践，为应对全球性挑战提供了新的解决思路。

数据在可持续发展中的应用可以追溯到20世纪中叶。随着计算机技术的发展，人们开始利用数字化手段收集和分析环境、经济和社会数据。20世纪70年代，联合国开始建立全球环境监测系统（GEMS），标志着数据监控在可持续发展领域的初步应用。进入21世纪，大数据、云计算、人工智能等新兴技术的兴起，极大地提升了数据的采集、存储、处理和分析能力，数据在可持续发展中的应用进入了一个新的发展阶段。

当前，数据要素已经深度融入可持续发展的各个领域。在环境保护方面，遥感技术和物联网传感器网络实现了对大气、水、土壤等环境要素的实时监测，为气候变化研究和生态系统管理提供了精准数据支持。在资源管理领域，数据分析优化了能源、水资源等关键资源的配置效率，推动了循环经济的发展。在社会发展方面，大数据为教育、医疗、社会福利等公共服务的精准化提供了支持，促进了社会公平和包容性发展。在经济领域，数据驱动的绿色金融、可持续供应链等新模式正在兴起，推动了经济的绿色转型。数据要素已经成为推动可持续发展目标实现的重要力量。

然而，数据要素在赋能可持续发展的同时，也带来了一系列挑战。数据安全、隐私保护、数据治理等问题日益凸显。如何平衡数据开放与保护、如何提升数据质量、如何加强跨部门数据共享等，都需要政府、企业和社会各界共同努力。构建可持续的数据生态系统，发挥数据要素的最大价值，是未来可持续发展的重要课题。

本章将系统梳理数据要素在推动可持续发展中的应用实践，分析数据驱动可持续发展面临的机遇与挑战，探讨未来发展趋势，为数据要素与可持续发展的深度融合提供思路。通过这些探讨，我们将深入理解数据如何成为连接经济、社会和环境的纽带，推动人类社会向更加可持续的未来迈进。

7.1.1 利用大数据分析制定可持续发展政策

大数据分析为制定科学、精准的可持续发展政策提供了强大支撑。通过对海量多源异构数据的挖掘分析，决策者可以全面把握复杂系统的运行规律，预测未来趋势，从而制定更加有效的政策措施。

首先，大数据分析可以帮助识别可持续发展面临的关键问题和挑战。例如，通过分析卫星遥感数据、地面监测数据和社交媒体数据，研究人员可以精确定位环境污染热点，揭示污染物时空分布规律，为污染治理提供决策依据。世界资源研究所

（WRI）开发的全球森林观察（Global Forest Watch）平台就是一个典型案例。该平台整合了卫星图像、众包数据等多源数据，实现了对全球森林覆盖变化的近实时监测，为森林保护政策的制定提供了重要支持。

其次，大数据分析为政策效果评估提供了新的方法。传统的政策评估往往依赖于抽样调查，存在滞后性和片面性。而利用大数据，可以实现对政策实施效果的实时、全面评估。例如，中国利用卫星遥感数据和地面监测数据评估大气污染防治行动计划的实施效果发现，2013—2017年全国338个地级及以上城市$PM_{2.5}$平均浓度下降了33%，为政策调整提供了科学依据。

再次，大数据分析可以支持政策的精准化实施。通过对多维数据的关联分析，可以识别不同区域、不同群体的需求特征，制定差异化的政策措施。例如，美国农业部利用卫星数据、气象数据和作物生长模型，构建了作物监测预警系统，为农业政策的精准实施提供支持。

最后，大数据分析为政策的前瞻性制定提供了可能。通过建立复杂系统模型，结合历史数据和实时数据，可以模拟预测未来情景，为长期政策规划提供科学依据。例如，联合国环境规划署开发的全球环境展望（GEO）模型，整合了社会经济、资源环境等多领域数据，模拟分析了不同政策情景下的全球可持续发展前景，为国际环境政策的制定提供了重要参考。

然而，利用大数据分析制定可持续发展政策也面临一些挑战。首先是数据质量问题，如何确保海量数据的准确性和代表性是一个关键问题。其次是数据整合的难度，不同来源、不同格式的数据如何有效融合也是一个技术挑战。此外，如何平衡数据开放与隐私保护，如何提升决策者的数据素养，都需要进一步探索。

尽管如此，大数据分析在可持续发展政策制定中的作用正日益凸显。未来，随着数据获取手段的丰富、分析技术的进步，以及跨部门数据共享机制的完善，大数据分析必将为可持续发展决策提供更加有力的支撑。

7.1.2 数据要素在联合国可持续发展目标（SDGs）中的应用

SDGs是指导全球可持续发展的重要框架。数据要素在SDGs的制定、实施和评估中发挥着关键作用。

在SDGs的制定过程中，大数据分析为目标的设定提供了科学依据。联合国利用全球多源数据，对千年发展目标（MDGs）的实施效果进行了全面评估，在此基础上，制定了更加全面、具体的17个可持续发展目标。例如，基于全球贫困数据的分析，SDG1设定了到2030年消除极端贫困的具体目标。

在SDGs的实施过程中，数据分析为目标的落实提供了有力支撑。各国政府和国际组织纷纷开发数据平台，支持SDGs的具体行动。例如，联合国开发计划署（UNDP）开发的SDG加速器和瓶颈分析（ABA）工具，通过整合多维数据，帮助各国识别SDGs实施中的关键障碍和机遇，制定有针对性的行动计划。又如，全球脉冲实验室（Global Pulse）利用大数据和人工智能技术，为SDGs的实施提供实时监测和预警支持。

在SDGs的评估和监测方面，数据要素发挥着不可或缺的作用。联合国统计司建立了全球SDG指标数据库，汇集了各国SDGs进展数据，为全球可持续发展评估提供了基础。一些创新性的数据收集和分析方法也被广泛应用。例如，利用卫星遥感数据监测森林覆盖变化（SDG15），利用手机信令数据分析人口流动模式（SDG11），利用社交媒体数据评估公众对气候变化的认知（SDG13）等。

数据要素在SDGs的具体目标中也有广泛应用。以SDG6（清洁饮水与卫生设施）为例，数据分析在水资源管理、水质监测、卫生设施普及等方面发挥着重要作用。世界银行的水资源智能管理（WISM）项目就是一个典型案例。该项目利用卫星遥感、物联网传感器等技术，构建了水资源数据平台，为发展中国家的水资源管理提供决策支持。

再如可持续城市和社区（SDG11），大数据分析为智慧城市建设提供了有力支撑。新加坡的"虚拟新加坡"项目就是一个成功案例。该项目构建了城市的数字孪生模型，整合了交通、能源、环境等多维数据，为城市规划和管理提供了科学依据。

然而，数据要素在SDGs中的应用也面临一些挑战。首先是数据可得性问题，许多发展中国家缺乏可靠的基础数据。其次是数据标准化的问题，不同国家、不同部门的数据往往难以直接比较。此外，如何平衡数据开放与隐私保护，如何提升数据分析能力，也是需要解决的关键问题。

未来，随着新兴技术的发展和国际合作的深化，数据要素必将在SDGs的实现过程中发挥更大作用。构建全球可持续发展数据生态系统，充分发挥数据要素的价值，是推动SDGs实现的重要途径。

7.1.3 企业可持续发展报告中的数据应用

企业可持续发展报告是企业履行社会责任、展示可持续发展成果的重要窗口。近年来，数据分析在企业可持续发展报告中的应用日益广泛，不仅提升了报告的科学性和可信度，也为企业的可持续发展战略提供了有力支撑。

首先，数据分析为企业可持续发展报告提供了全面、精确的量化指标。通过对企业运营数据的系统分析，可以准确计算碳排放、能源消耗、水资源利用等关键指标，为利益相关者提供客观、可比的信息。例如，沃尔玛公司在其2020年可持续发展报告中，利用大数据分析技术，详细披露了其全球供应链的碳排放数据，包括不同区域、不同产品类别的排放情况，为其减排策略的制定提供了依据。

其次，数据分析支持企业进行更加深入的可持续发展影响评估。通过整合内部运营数据和外部环境数据，企业可以更全面地评估其经济、环境和社会影响。例如，联合利华公司开发了可持续生活计划影响评估工具，通过分析产品生命周期数据、消费者行为数据等，量化评估其可持续发展战略的实施效果。

再次，数据分析为企业可持续发展报告提供了前瞻性洞察。通过建立预测模型，企业可以模拟不同情景下的可持续发展路径，为长期战略规划提供支持。例如，荷兰皇家壳牌公司在其能源转型报告中，利用情景分析技术，模拟了不同能源政策和技术发展情景下的能源需求和碳排放趋势，为其能源转型战略的制定提供了重要参考。

此外，数据可视化技术的应用极大地提升了可持续发展报告的可读性和传播效果。通过直观的图表和交互式界面，复杂的可持续发展数据变得更加易懂，有助于与利益相关者进行有效沟通。例如，耐克公司的可持续发展报告网站采用了丰富的数据可视化设计，生动展示了其在材料创新、气候行动等方面的进展。

然而，企业在可持续发展报告中应用数据分析也面临一些挑战。首先是数据质量和可靠性问题，如何确保数据的准确性和一致性是关键。其次是数据披露的范围和深度问题，在保护商业机密的同时如何满足利益相关者的信息需求。此外，如何平衡定量分析与定性描述，如何处理不确定性信息，也是需要考虑的问题。

为应对这些挑战，一些国际组织和行业协会制定了可持续发展报告的数据披露标准和指南。例如，全球报告倡议组织（GRI）的可持续发展报告标准，提供了详细的指标体系和数据收集方法。可持续会计准则委员会（SASB）则针对不同行业制定了更加具体的可持续发展信息披露标准。这些标准的推广有助于提高企业可持续发展报告的数据质量和可比性。

未来，随着数据采集和分析技术的进步，以及利益相关者对信息透明度要求的提高，数据分析在企业可持续发展报告中的应用将更加深入和广泛。实时数据披露、智能化报告生成等新技术的应用，将进一步提升企业可持续发展报告的时效性和互动性。同时，跨企业、跨行业的数据整合与分析，也将为可持续发展绩效的跨维度比较提供新的可能。

7.2　环境保护与数据要素

7.2.1　气候变化监测与预测

气候变化是当今人类面临的最严峻挑战之一，而数据要素在气候变化的监测、分析和预测中发挥着关键作用。通过整合多源数据并建立复杂的气候模型，科学家们能够更精确地理解气候系统的运行机制，评估气候变化的影响，并为减缓和适应气候变化提供科学依据。在气候变化监测方面，全球气候观测系统（GCOS）整合了地面观测站、气象气球、卫星等多种观测手段，构建了全方位的气候监测网络。例如，美国国家海洋和大气管理局（NOAA）的全球温室气体参考网络（GGGRN）通过分布全球的观测站，持续监测大气中CO_2、CH_4等温室气体浓度的变化。这些长期、连续的观测数据为理解全球气候变化趋势提供了关键支撑。

卫星遥感技术的发展极大地提升了气候变化监测的空间分辨率和覆盖范围。NASA的全球降水测量（GPM）任务通过多颗卫星组网，实现了对全球降水的高精度、高频率观测，为理解水循环变化提供了重要数据支持。同时，欧洲空间局的哥白尼计划通过一系列地球观测卫星，对大气成分、海平面、冰盖等气候变化关键指标进行全面监测。这些先进的卫星观测系统极大地增强了我们对全球气候变化的认知能力。

在气候变化分析方面，大数据和人工智能技术的应用正在彻底改变传统的研究方法。通过对海量气候数据的挖掘分析，研究人员能够发现新的气候变化模式和机制。例如，美国劳伦斯伯克利国家实验室的研究团队利用机器学习技术，从全球气温数据中识别出厄尔尼诺现象的新型预兆，提高了厄尔尼诺预测的准确性。这种数据驱动的方法为气候变化研究开辟了新的途径。

气候模型是气候变化研究的核心工具，其复杂性和精度在数据和计算能力的支持下不断提升。政府间气候变化专门委员会（Intergovernmental Panel on Climate Change，IPCC）的评估报告就是基于多个气候模型的集成分析结果。这些模型整合了大气、海洋、陆地、冰川等多个子系统的数据，能够模拟复杂的气候系统动力学过程。以美国国家大气研究中心（NCAR）开发的社区地球系统模型（CESM）为例，它是当前最先进的气候模型之一，能够模拟从局部天气到全球气候变化的多尺度过程。

在气候变化影响评估方面，数据融合和跨学科分析发挥着重要作用。通过整合气候数据、生态数据、社会经济数据等，研究人员能够全面评估气候变化对自然生态系统和人类社会的影响。世界银行的气候变化知识门户（Climate Change Knowledge Portal）就是一个典型例子，它整合了全球气候、灾害风险和社会经济脆弱性数据，为各国制定气候适应策略提供决策支持。然而，气候变化数据分析也面临诸如数据不确定性、时空尺度转换以及海量数据处理等挑战。未来，随着观测技术的进步、计算能力的提升以及人工智能等新技术的应用，气候变化监测与预测的精度和时空分辨率将进一步提高。同时，跨学科、跨部门的数据整合与分析，将为应对气候变化挑战提供更加全面和深入的科学依据。

7.2.2 生物多样性保护中的数据应用

生物多样性是地球生命系统的基础，也是人类赖以生存和发展的重要资源。在生物多样性面临严重威胁的背景下，数据要素在生物多样性监测、评估和保护中发挥着越来越重要的作用。数据技术极大地提升了生物多样性监测的效率和精度。传统的生物多样性调查往往依赖于实地考察，耗时耗力且覆盖范围有限。而现代技术如遥感、声学监测、环境DNA（eDNA）等，为大尺度、高频率的生物多样性监测提供了新的手段。例如，美国国家航空航天局（NASA）的生物多样性与生态预报网络（BEFS-Net）项目，利用卫星遥感数据，结合地面生态观测数据，实现了对全球生态系统变化的连续监测。该项目不仅能够追踪植被覆盖的变化，还能识别出潜在的生物多样性热点区域，为保护决策提供重要依据。

声学监测和环境DNA技术是近年来兴起的创新性生物多样性监测方法。通过在生态系统中部署声学传感器，可以长期、连续地记录动物鸣声，从而分析物种组成和行为模式的变化。热带生态评估与监测网络（TEAM）在全球热带森林中部署了大量声学监测设备，构建了热带生物多样性的声景图谱，为森林生态系统变化研究提供了宝贵数据。eDNA技术则为水生生物多样性监测提供了一种高效、非侵入性的方法。通过分析水体中的DNA片段，研究人员可以识别出水体中存在的物种。加拿大渔业和海洋部利用eDNA技术对太平洋沿岸的鱼类多样性进行监测，不仅提高了监测效率，还发现了一些稀有和入侵物种。

大数据分析为生物多样性评估提供了新的方法和视角。通过整合多源数据，研究人员能够更全面地评估生物多样性的现状和变化趋势。国际自然保护联盟（IUCN）的红色名录指数（Red List Index）就是基于大量物种评估数据计算得出的，它提供了全球生物多样性变化的重要指标。公民科学在生物多样性数据收集中也发挥着越来越重要的作用。通过移动应用和在线平台，普通公众可以参与到生物多样性观察中来，极大地扩展了数据收集的范围和频率。iNaturalist就是一个成功的公民科学平台，它已经收集了全球数百万条物种观察记录，为生物多样性研究提供了宝贵的数据资源。

在生物多样性保护决策支持方面，数据分析也发挥着关键作用。通过整合生物多样性数据、环境数据和社会经济数据，决策者能够更科学地制定保护策略。联合国环境规划署世界保护监测中心（UNEP-WCMC）开发的生物多样性指标合作伙伴关系（BIP）平台，整合了全球生物多样性指标数据，为《生物多样性公约》的实施提供了重要支持。然而，生物多样性数据分析也面临一些挑战，包括数据的不完整性问题、数据标准化的问题，以及如何平衡数据开放与物种保护等。

未来，随着观测技术的进步、数据共享机制的完善，以及人工智能等新技术的应用，生物多样性数据的收集和分析能力将进一步提升。同时，跨学科、跨部门的数据整合与分析，将为生物多样性保护提供更加全面和深入的科学依据。构建全球生物多样性数据生态系统，充分发挥数据要素的价值，是推动生物多样性保护的重要途径。这不仅需要技术创新，还需要国际合作和政策支持，以确保数据的可获取性、可比性和可用性，从而为全球生物多样性保护贡献力量。

7.2.3　环境污染治理的数据解决方案

环境污染是全球面临的重大挑战之一，数据要素在污染监测、分析和治理中发挥着越来越重要的作用。通过整合多源数据，建立复杂的污染扩散模型，环境管理者能够更精确地识别污染源，评估污染影响，并制定有效的治理措施。

在污染监测方面，物联网和传感器技术的应用极大地提升了环境监测的实时性和精度。例如，中国环境监测总站建立的国家环境空气质量实时发布平台，整合了全国1500多个空气质量监测站的数据，实现了对主要城市空气质量的实时监测和发布。这种高频率、高覆盖的监测数据为空气污染防治提供了重要支撑。

卫星遥感技术则为大尺度污染监测提供了有力工具。欧洲空间局的哥白尼大气监测服务（CAMS）利用多颗卫星的观测数据，结合地面监测和数值模型，提供全球大气成分的实时分析和预报。这些数据不仅用于空气质量评估，还支持了温室气体排放监测、臭氧层监测等多项环境管理任务。在水质监测方面，自动监测站和在线监测系统的应用显著提高了监测效率。美国地质调查局（USGS）的国家水质评估项目（NAWQA）建立了覆盖全国的水质监测网络，通过自动监测站和定期采样相结合的方式，全面监测地表水和地下水的水质状况。这些长期、系统的监测数据为水环境保护政策的制定提供了科学依据。

在污染分析方面，大数据和人工智能技术的应用正在彻底改变传统的研究方法。通过对海量环境数据的挖掘分析，研究人员能够发现新的污染模式和机制。美国环保署（EPA）的社区多尺度空气质量（CMAQ）模型整合了气象数据、排放清单和化学反应机制，能够模拟复杂的大气污染过程，为空气质量管理提供科学支持。污染源追踪是环境治理的关键环节，数据分析在这方面发挥着重要作用。通过整合多源数据，建立污染物扩散模型，可以更准确地识别污染源。例如，中国科学院大气物理研究所开发的HYSPLIT-PM模型，通过分析气象数据和污染物浓度数据，能够反演$PM_{2.5}$的来源和传输路径，为区域联防联控提供了重要依据。

在污染治理决策支持方面，数据分析也提供了新的方法。通过建立环境—经济—社会综合评估模型，决策者能够更全面地评估不同污染治理方案的成本和效益。世界银行开发的污染治理成本评估工具（COMBAT）整合了环境、经济和健康数据，能够评估不同污染治理措施的成本效益，为发展中国家的环境政策制定提供支持。然而，环境污染数据分析也面临一些挑战。首先是数据质量和可靠性问题，特别是在一些发展中国家和地区，环境监测数据的质量和覆盖度还有待提高。其次是数据整合的难度，如何有效融合不同来源、不同格式的环境数据是一个技术挑战。此外，如何平衡数据开放与企业隐私保护，如何处理跨境污染数据共享等问题，也需要进一步探索。

未来，随着观测技术的进步、数据分析方法的创新，以及跨部门、跨区域合作的深化，环境污染治理的数据解决方案将更加全面和高效。构建开放、共享的环境数据平台，推动环境大数据的应用，是提升环境治理能力的重要途径。同时，加强环境数据的标准化和质量控制，提升环境管理人员的数据分析能力，也是未来需要重点关注的方向。这不仅需要技术创新，还需要政策支持和国际合作，以确保环境数据的可获取性、可比性和可用性，从而为全球环境保护贡献力量。

7.3　社会可持续发展与数据要素

7.3.1　教育公平与数据分析

数据分析正在成为促进教育公平、优化资源分配和提高教育质量的关键工具。通过对教育大数据的深入分析，我们能够更好地识别教育不平等问题，制定有针对性的政策措施，促进教育机会和资源的公平分配。从评估教育公平状况到实现教育资源的精准分配，数据分析正在为教育决策提供重要支持。经济合作与发展组织的国际学生评估项目和中国教育部的全国教育资源公共服务平台都是数据驱动教育改革的典型案例。

在远程教育、教育评估和特殊教育等领域，数据分析同样发挥着重要作用。例如，美国edX平台利用学习分析技术优化在线课程，教育测验服务社开发的电子化自适应测试系统实现了更精准的能力评估，而新加坡教育部的学习支持系统则帮助及早识别并支持学习困难学生（王永华，2015）。这些创新应用展示了数据分析在提高教育质量和个性化教学方面的巨大潜力。

然而，教育领域的数据应用也面临诸多挑战。数据隐私保护、数据质量和标准化问题以及如何避免数据分析导致的标签化和歧视等都是需要慎重考虑的问题。确保数据分析结果的公平性和包容性，平衡数据应用与隐私保护，是未来教育数据应用需要重点解决的难题。

未来，随着人工智能、大数据等技术的发展，教育领域的数据应用将更加深入和广泛。构建开放、共享的教育大数据平台，推动跨部门、跨地区的教育数据整合与分析，是促进教育公平和提高教育质量的重要途径。同时，加强教育数据的伦理规范和隐私保护，提高教育工作者的数据素养，也是未来需要重点关注的方向。

通过充分发挥数据要素的价值，我们有望构建更加公平、高效和个性化的教育体系。这不仅能够促进教育机会的均等，还能提高教育质量，更好地满足每个学生的个性化需求。数据驱动的教育改革将为社会的可持续发展奠定坚实的基础，推动人力资本的全面发展，最终促进社会的整体进步和繁荣。

7.3.2 公共卫生与医疗资源分配

数据在公共卫生和医疗资源分配中发挥着越来越重要的作用，为保障社会可持续发展提供了新的途径。通过对公共卫生和医疗大数据的深入分析，我们能够更好地预测疾病风险，优化医疗资源配置，提高医疗服务质量和效率。

在疾病监测和预警、医疗资源配置、个人健康管理、医疗诊断、公共卫生政策制定和突发公共卫生事件应对等方面，数据分析都展现出了巨大的潜力。例如，谷歌流感趋势项目开创了利用大数据进行疾病监测的先河，英国NHS利用数据分析优化医疗资源配置，Verily公司的Study Watch为精准医疗提供了支持，IBM Watson for Oncology系统辅助癌症诊断，WHO的全球卫生观察站为公共卫生政策的制定提供了参考，中国疾控中心的疫情大数据分析平台在新冠疫情应对中发挥了重要作用（刘琛，2017）。

然而，这一领域的数据应用也面临着诸多挑战，包括数据隐私和安全问题、数据质量和互操作性问题、AI辅助诊断的可解释性和可靠性，以及如何避免数据分析导致的医疗资源分配不公等。这些问题需要我们在技术、伦理和政策层面进行深入探讨和解决。

未来，随着新技术的发展，公共卫生和医疗领域的数据应用将更加深入和广泛。构建开放、安全的医疗健康大数据平台，推动跨部门、跨地区的数据整合与分析，加强医疗数据的伦理规范和隐私保护，提高医疗工作者的数据素养，都是未来需要重点关注的方向。通过充分发挥数据要素的价值，我们有望构建更加高效、公平和可持续的公共卫生和医疗服务体系，为社会的可持续发展做出重要贡献。

7.3.3　社会福利系统的数据驱动优化

社会福利系统是确保社会公平和稳定的重要机制，而数据技术的发展为优化社会福利系统提供了新的可能。数据分析在优化政府福利资源分配、简化福利申请和发放流程、评估福利政策成效以及预测潜在社会风险等方面发挥着重要作用。例如，美国社会保障局利用预测分析模型预测未来养老金支出，印度利用"Aadhaar"生物识别系统简化了福利发放程序，新加坡政府利用数据分析预测和预防社会问题。

然而，在社会保障和福利领域应用数据技术也面临诸多挑战。这些挑战包括确保数据质量和完整性、保护个人隐私、避免算法偏见、解决数字鸿沟问题，以及整合不同部门和地区的社会福利系统。这些问题都需要通过技术创新、政策制定和多方合作来解决。

中国的扶贫大数据平台就是数据技术在社会福利系统中应用的典型案例。该平台实现了对贫困人口的精准识别和分类，提供了扶贫措施精准匹配、扶贫效果实时监测、资金使用全程监管以及贫困动态预警等功能。通过这个平台，中国实现了扶贫资源的精准投放和高效使用。

这个大数据平台的应用取得了显著成效。根据国家统计局数据，中国农村贫困人口从2012年底的9899万人减少到2020年底的551万人，贫困发生率从10.2%降低至0.6%。这一成就充分体现了大数据技术在扶贫工作中的重要作用。

尽管扶贫大数据平台取得了巨大成功，该系统的实施仍面临一些挑战，如数据质量不一致、基层数据采集能力不足、数据更新不及时等。为应对这些挑战，中国政府采取了加强数据采集培训、建立数据质量审核机制、引入第三方评估等措施。这个案例不仅展示了数据技术在优化社会福利系统中的巨大潜力，也提醒我们需要关注数据应用过程中可能遇到的挑战。随着技术进步和经验积累，数据驱动的社会福利优化有望在全球范围内发挥更大作用，为实现可持续发展目标做出重要贡献。

7.3.4 数字包容与数据素养

在数据驱动的可持续发展进程中，数字包容和数据素养变得越来越重要。数字包容确保所有人都能平等获取和使用信息通信技术，而数据素养则是理解、使用、分析和管理数据的能力。这两个方面不仅是缩小数字鸿沟的关键，也是实现可持续发展目标的重要基础。

数字包容的主要方面包括基础设施接入、经济可负担性、无障碍设计和多语言支持。例如，印度的"数字印度"计划旨在为全国提供高速互联网连接，哥伦比亚的"Vive Digital"计划通过补贴帮助低收入家庭获得数字资源，微软的"AI for Accessibility"项目则致力于帮助残障人士使用数字产品。

数据素养教育的关键内容包括数据收集和管理、数据分析和解释、数据伦理和隐私、批判性思维以及数据驱动决策。这些能力对于在数据驱动的社会中有效参与和做出明智决策至关重要。

许多国家和组织已经采取措施推动数字包容和数据素养。例如，欧盟的"数字教育行动计划"、UNESCO的"数字素养全球框架"以及非洲开发银行的"编程促进非洲"项目等。肯尼亚的"数字扫盲计划"是一个具体案例，该计划为公立小学提供数字设备和培训，已惠及超过100万学生，但也面临设备维护、基础设施和教师培训等挑战。

总的来说，数字包容和数据素养是实现可持续发展的重要基础，它们能够赋予个人参与数字经济和社会的能力，促进社会公平，推动创新和经济增长。然而，实现真正的数字包容和普及数据素养仍面临诸多挑战，需要各方的持续努力和创新。未来，随着技术进步和政策完善，我们有望看到更多国家和地区在这方面取得突破，为实现可持续发展目标做出贡献。

7.4 经济可持续发展与数据要素

在追求经济增长的同时实现环境保护和社会公平，是可持续发展的核心目标之一。数据要素作为新型生产要素，正在为经济可持续发展提供新的动力和路径。本节将探讨数据要素如何在绿色金融、可持续供应链管理、共享经济和可持续创新等领域推动经济的可持续发展。

7.4.1 数据驱动的绿色金融

绿色金融是将环境因素纳入金融决策中，支持环境友好型项目和企业的金融活动。数据技术的应用正在推动绿色金融的创新和发展，主要体现在环境风险评估、绿色债券监管、碳交易市场、可持续投资决策和气候相关金融信息披露等方面。例如，摩根士丹利资本国际公司（MSCI）开发的气候风险评估模型利用大量环境数据，帮助投资者评估气候变化对投资组合的潜在影响。

区块链技术在绿色金融中的应用日益广泛。HSBC和荷兰合作银行合作开发的区块链平台可以追踪绿色债券资金的使用情况，确保资金真正用于环保项目。IBM与能源区块链实验室合作开发的碳资产管理平台，利用区块链技术记录碳排放权的交易，提高了交易的透明度和效率。此外，数据分析工具，如彭博公司开发的ESG服务，为投资者提供全面的可持续性评估，支持可持续投资决策。

蚂蚁森林是绿色金融创新的典型案例。该项目通过游戏化方式激励用户减少碳排放，将虚拟的"绿色能量"转化为现实中的植树造林行动。系统收集用户低碳行为数据，利用算法计算碳减排量，并使用区块链技术记录每棵树的信息，保障项目透明度。截至2020年，蚂蚁森林已吸引超过5亿用户参与，在现实中种植了约2.2亿棵树，覆盖面积超过3万公顷。

尽管蚂蚁森林取得了显著成效，但仍面临一些挑战，如如何更准确地计算碳减排量，以及如何确保长期的植树效果。为应对这些问题，蚂蚁金服正与科研机构合作，不断优化算法和管理模式，以提升项目的可持续性和有效性。

总的来说，数据驱动的绿色金融为经济可持续发展提供了新的路径。它不仅能够更好地识别和管理环境风险，还能创造新的金融产品和服务，推动资金向环境友好型项目和企业流动。然而，数据驱动的绿色金融也面临一些挑战，如数据质量和可靠性、隐私保护、算法透明度等。未来，随着技术的进步和监管的完善，我们有望看到更多创新的绿色金融模式出现，为可持续发展做出更大贡献。

7.4.2 可持续供应链管理

可持续供应链管理是在整个供应链中考虑环境、社会和经济影响，以实现长期可持续发展。数据技术的应用正在彻底改变供应链管理，使其更加透明、高效和可持续。主要应用包括供应链透明度（如沃尔玛与IBM合作的食品溯源区块链系统）、碳足迹追踪（如联合利华的碳足迹计算工具）、需求预测和库存优化（如亚马逊的预测配送系统）、路线优化（如UPS的ORION系统）、供应商评估（如EcoVadis的供应商可持续性评级平台）和循环经济支持（如飞利浦公司利用物联网技术追踪医疗设备使用情况）。

宜家的可持续供应链管理案例展示了数据技术在实践中的应用。宜家利用区块链技术追踪原材料来源，使用碳足迹计算工具评估产品全生命周期的碳排放，通过机器学习算法优化需求预测和库存管理，利用AI算法优化运输路线和装载方式。此外，宜家还建立了基于数据的供应商评估系统，并利用数据技术支持产品租赁、回收和再制造，推动循环经济发展。

这些措施已取得显著成效。2020年宜家98%的木材来自可持续来源，较2017年提高了7个百分点；运输碳排放强度自2016年起下降了7.0%；可回收材料在产品中的使用比例达到了10%。然而，宜家仍面临一些挑战，如在全球范围内确保数据的一致性和可靠性，以及在数据收集过程中平衡供应商的隐私保护。

为应对这些挑战，宜家正与供应商和技术公司合作，不断改进其数据管理和分析系统，以进一步提升供应链的可持续性和透明度。这种持续改进的方法反映了可持续供应链管理是一个动态过程，还需要不断适应新技术和新挑战。

总的来说，数据驱动的可持续供应链管理为企业提供了提高效率、降低成本、减少环境影响的新途径。它不仅能够帮助企业更好地管理供应链风险，还能创造新的商业机会，如循环经济模式。然而，实现真正的可持续供应链仍面临诸多挑战，需要企业、政府和消费者的共同努力。未来，随着物联网、人工智能等技术的进一步发展，我们有望看到更多创新的可持续供应链管理模式出现，为经济的可持续发展做出更大贡献。

7.4.3　共享经济与数据平台

共享经济是一种基于闲置资源共享的创新经济模式，通过互联网平台高效匹配供需双方。数据作为核心要素驱动整个生态系统运作，在供需匹配、动态定价、信用评估、资源优化、用户画像和环境影响评估等方面发挥关键作用。这种模式有潜力显著提高资源利用效率、减少浪费，为经济可持续发展提供新的路径。

Uber作为数据驱动运营的典型案例，充分展示了数据在共享经济中的应用潜力。该公司利用机器学习算法进行供需预测和动态定价，通过路线优化提升出行效率，并基于数据分析不断优化服务质量和用户体验。这些策略使Uber实现了高效的资源利用，如UberPool服务在2017—2018年间减少了约10亿千米的车程，节省了大量汽油，为环境保护做出了贡献。

然而，数据驱动的共享经济也面临着诸多挑战。隐私保护、算法透明度、参与者权益保护、效率与公平的平衡，以及如何应对对传统行业的冲击等问题都需要妥善解决。以 Uber 为例，其数据实践引发了隐私保护和算法透明度等争议，公司正在加强数据治理，提升算法透明度，并与监管机构合作制定行业标准，以应对这些挑战。

共享经济为可持续发展提供了新的可能性，不仅能提高资源利用效率，减少浪费，还能创造新的就业机会和商业模式。未来，随着技术进步和监管完善，共享经济有望向更可持续、包容的方向发展。这需要企业、政府和用户共同努力，平衡创新与责任，确保共享经济在提高效率的同时，也能够公平、安全、环保地运作，为经济可持续发展做出更大贡献。

7.4.4 数据要素在可持续创新中的作用

可持续创新是兼顾经济、社会和环境影响，旨在创造长期价值的创新活动。数据作为关键生产要素，正在推动可持续创新的各个方面。数据在可持续创新中的主要应用包括问题识别、创意生成、产品设计、原型测试、市场验证和影响评估。

大数据分析可以帮助识别可持续发展面临的关键问题，如科学家通过分析卫星图像和气象数据发现全球变暖对珊瑚礁的影响。人工智能技术可以从海量数据中发现新的创意和解决方案，如 IBM 的 Watson for Drug Discovery 系统帮助研究人员发现新的药物靶点。在产品设计方面，阿迪达斯利用 3D 打印技术和数据分析开发了可完全回收的 Futurecraft.Loop 运动鞋，实现了循环设计。

在原型测试方面，虚拟仿真和数字孪生技术可以在虚拟环境中测试创新原型，减少物理资源消耗。西门子利用数字孪生技术优化风力涡轮机的设计和运行，提高了能源效率。市场验证则可以利用社交媒体数据和在线调查快速获取用户反馈，验证创新的市场潜力，如特斯拉通过社交媒体收集用户对新功能的反馈，不断优化产品。

影响评估是可持续创新的重要环节，数据分析可以帮助评估创新的环境和社会影响。联合国开发计划署（UNDP）开发的 SDG Impact 平台利用多维数据评估创新项目对可持续发展目标的贡献。这种评估对于确保创新真正实现可持续发展目标至关重要。

总的来说，数据在可持续创新中扮演着越来越重要的角色，从问题识别到影响评估的整个创新过程中，数据分析和人工智能技术都在发挥着关键作用。这不仅提高了创新的效率和精准度，也使得创新更加可持续。然而，在利用数据推动可持续创新的同时，我们也需要注意数据安全、隐私保护等问题，确保创新过程本身也是可持续的。未来，随着数据技术的进一步发展，我们有望看到更多数据驱动的可持续创新，为解决全球可持续发展挑战做出更大贡献。

7.5　可持续发展领域数据治理

随着数据在推动可持续发展中的作用日益重要，如何有效管理和利用数据成为一个关键问题。数据治理不仅关系到数据的质量和价值，还涉及隐私保护、安全、伦理等多个方面。本节将探讨数据治理在支持可持续发展中的重要性及其主要挑战。

7.5.1　数据安全与隐私保护

数据安全和隐私保护是数据治理的基础，也是确保数据能够安全、负责任地用于可持续发展的关键。主要涉及以下几个方面：数据加密、访问控制、数据匿名化、隐私保护计算以及数据泄露响应。通过这些措施，能够有效降低数据使用中的风险，并提升公众对数据应用的信任度。

首先，数据加密是保护敏感数据的基础。许多机构使用先进的加密技术来保证数据安全。例如，欧洲空间局的哥白尼计划使用高级加密标准（AES）来保护卫星数据的传输安全。此外，严格的访问控制也至关重要，世界气象组织的全球电信系统使用多因素认证和基于角色的访问控制，确保只有授权用户可以访问敏感数据。

其次，在处理和共享个人数据时，数据匿名化和隐私保护计算被广泛应用。例如，新加坡政府在共享公共交通数据时，对个人识别信息进行匿名化处理，以确保数据安全和隐私不受侵犯。同时，谷歌等公司使用联邦学习和安全多方计算技术，在不共享原始数据的情况下实现数据价值的挖掘和利用，从而在保护隐私的前提下提升数据的使用效率。

最后，数据泄露响应机制对于及时处理数据安全事件至关重要。例如，欧盟的GDPR要求组织在发生数据泄露后的72小时内通知相关方。这种及时的响应机制有助于减少数据泄露的危害并增强公众对数据安全的信任。

爱沙尼亚的数字社会建设就是数据安全与隐私保护的一个成功案例。爱沙尼亚通过实施数字身份（数字ID）、去中心化的数据交换平台X-Road系统，以及采用区块链技术等措施，确保数据的安全和高效应用。同时，爱沙尼亚在卢森堡设立了数据大使馆以备份关键数据，并建立了网络安全中心来协调网络安全事务。在2019年新冠疫情期间，爱沙尼亚迅速开发了安全的数字接触追踪系统，成功平衡了公共健康保护与个人隐私之间的关系。尽管面临复杂网络威胁等挑战，但爱沙尼亚的实践为其他国家提供了有益的借鉴。

总的来说，数据安全与隐私保护是数据驱动可持续发展的基础，涉及个人权益和公众信任。未来，随着数据应用的深入，数据安全与隐私保护的重要性将进一步提升，这需要政府、企业和公众的共同努力，以确保数据在可持续发展中发挥最大的作用。

7.5.2　数据伦理与可持续发展

数据伦理关注在收集、处理和使用数据过程中的道德问题，在推动可持续发展中变得越来越重要，主要涉及公平性、透明度、问责制和可解释性四个方面。公平性确保数据和算法不会加剧或创造新的不平等，如亚马逊停用了对女性有偏见的AI招聘工具。透明度保证数据收集和使用过程的公开性，如芬兰赫尔辛基市公开了市政服务中使用的AI系统信息。问责制明确数据使用的责任主体，如欧盟的《人工智能法案》草案要求高风险AI系统提供者承担法律责任。可解释性确保基于数据的决策过程可以被解释，如DARPA的可解释人工智能项目。

新加坡的人工智能治理框架是数据伦理应用的典型案例。2019年，新加坡发布了全球首个AI治理框架，旨在为负责任的AI使用提供指导。该框架包括内部治理、决策模型、运营管理和利益相关方互动四个关键方面。内部治理要求组织建立AI治理结构，明确AI系统的使用目的及潜在风险。决策模型强调AI决策过程的可解释性、透明性和公平性。运营管理强调建立完善的风险管理和内部控制系统。利益相关方互动鼓励组织与受AI系统影响的各方保持沟通。

该框架在实际应用中取得了一定成效。例如，新加坡银行业采用这一框架指导信贷评估的AI系统开发，成功提高了信贷决策的公平性和透明度，增强了公众信任。然而，该框架也面临一些挑战，如如何在不同文化背景下推广应用，如何在推动AI技术创新的同时保持适度监管等。为应对这些问题，新加坡正在与国际伙伴合作，推动全球范围内AI伦理标准的制定。

数据伦理是确保数据技术负责任使用的关键。随着数据技术在推动可持续发展中的作用越发重要，我们不仅要关注技术的效率和创新，还必须审慎考虑其对社会公平、人权保护等方面的影响。未来，随着数据技术应用的不断深入，数据伦理问题将更加复杂，需要政府、企业、学术界和公民社会的共同努力。

总的来说，数据伦理在可持续发展中扮演着关键角色。它不仅关乎技术的使用，更涉及社会价值观和人类福祉。通过建立健全的数据伦理框架，我们可以确保数据技术在推动可持续发展的同时，也能维护社会公平、保护个人权益，从而实现技术进步与社会责任的平衡。这需要持续的对话、跨领域合作和不断的实践探索，以应对数据时代带来的新挑战。

7.5.3　跨境数据流动与全球可持续发展合作

跨境数据流动对全球可持续发展合作至关重要，但各国在数据保护法规和数据主权方面的差异带来了挑战。这些挑战主要涉及数据本地化要求、充分性决定、标准合同条款、国际数据传输协议和全球数据治理框架等方面。各国正通过不同方式应对这些挑战，如俄罗斯要求本国公民数据存储在境内，欧盟GDPR不仅对第三国数据传输有严格规定，同时也在探索建立全球数据治理框架。

APEC跨境隐私规则（CBPR）系统是促进亚太地区跨境数据流动的自愿性认证机制。该系统建立了共同的隐私保护标准，要求企业进行自我评估和第三方认证，并加强跨境隐私执法合作。CBPR系统具有一定灵活性，允许各国根据实际情况调整实施，以适应不同的监管环境。截至2021年，已有9个APEC成员经济体加入该系统，多家跨国公司如苹果、IBM、思科等获得了认证（邢会强、李泽荟，2023）。

然而，CBPR系统也面临着一些挑战。主要包括参与度不足，目前只有少数APEC成员参与；与其他数据保护框架（如欧盟GDPR）的兼容性问题；执行力度不足，难以确保企业真正遵守标准；以及公众对系统的认知和信任度较低，制约了其广泛接受和推广。为应对这些挑战，APEC正采取加强宣传推广、探索与其他框架的互操作性、加强执法合作等措施，以提升CBPR系统的有效性和覆盖面。

跨境数据流动对全球可持续发展和经济增长具有重要意义。它不仅能够促进知识、技术和创新的全球传播，还能够支持全球价值链的运作。然而，如何在数据自由流动与数据安全和隐私保护之间取得平衡，仍是一个全球性挑战。各国和地区需要在保护本国利益的同时，考虑到全球数据生态系统的整体利益。

未来，随着数据在全球经济中的重要性进一步上升，可能会出现更多区域性和全球性的数据治理框架，以协调各国在数据流动方面的政策立场。这些框架将致力于推动负责任的数据共享与使用，同时也要考虑到不同国家和地区的特殊需求。建立一个平衡、高效、安全的全球数据流动体系，将是未来全球治理的重要议题之一。

7.5.4 建立可持续发展数据生态系统

建立健康、高效的可持续发展数据生态系统对于充分发挥数据在推动可持续发展中的作用至关重要。这个生态系统需要支持数据的生产、共享、分析和应用，同时确保数据的质量、安全和伦理使用。其核心要素包括数据基础设施、数据标准化、数据共享平台、数据分析能力建设、数据伦理框架以及多方利益相关者参与。例如，欧盟的"欧洲开放科学云"项目为研究人员提供开放的数据基础设施，全球报告倡议组织制定的可持续发展报告标准为企业提供了统一的数据报告框架。

欧盟的"欧洲绿色协议数据空间"是一个典型案例，旨在利用数据支持欧洲的可持续转型。该项目包括建立支持大规模环境和气候数据处理的云基础设施，制定统一的环境数据标准，建立数据共享平台，开发支持环境决策的数据分析工具和AI模型，提供数据技能培训，以及建立数据治理框架。这些措施有望对欧洲的可持续发展产生深远影响，如支持更精准的气候变化预测，促进更有效的自然资源管理，并为智能城市规划提供数据支持。

然而，建立可持续发展数据生态系统也面临诸多挑战。如何协调不同国家和部门之间的数据政策，确保中小企业和公民的参与，以及如何平衡数据共享与隐私保护等问题都需要解决。为应对这些挑战，各方正在采取一系列措施，包括制定统一的数据法案，为中小企业提供支持，以及加强公众的参与并提高透明度。

建立可持续发展数据生态系统是一项复杂的系统工程，涉及技术、政策和管理等多方面的创新。这不仅要求建设强大的硬件基础设施，还需要建立完善的数据标准、共享机制和能力建设体系等软性机制。随着物联网、5G、人工智能等技术的持续发展，数据生态系统将变得更加智能和高效。

未来，可持续发展数据生态系统的建设将继续深化。预计会出现更多跨国、跨部门的数据合作项目，数据驱动的决策将在环境保护、气候变化应对、资源管理等领域发挥更大作用。同时，数据伦理和隐私保护也将得到更多关注，平衡数据价值与个人权益将成为重要议题。总体而言，健全的可持续发展数据生态系统将为全球可持续发展目标的实现提供强有力的支持。

7.6 挑战与展望

随着数字技术的快速发展和可持续发展理念的深入人心，数据要素在推动可持续发展中发挥着越来越重要的作用。本节将系统探讨数据要素赋能可持续发展面临的主要挑战，并对未来发展趋势进行展望，为数据要素更好地服务于可持续发展提供思路。

7.6.1 数据质量与技术应用挑战

数据驱动可持续发展首先面临数据质量与可获得性的挑战。在实践中，数据的不完整性、不准确性、不及时性以及获取困难等问题严重制约了数据的有效应用。例如，在环境监测领域，由于监测设备分布不均、数据采集标准不统一等问题，往往难以获得完整、准确的环境数据，影响决策的科学性和有效性。

世界银行的"全球贫困数据倡议"为解决数据质量问题提供了有益经验。该倡议通过建立统一的数据采集标准、加强发展中国家的数据收集能力、引入创新的数据采集方法，显著改善了全球贫困数据的质量和可获得性。这表明，通过系统性方案和国际合作，数据质量问题是可以得到有效解决的。

技术应用和人才储备不足是另一个突出挑战，特别是在发展中国家和中小型组织中表现明显。当前主要存在技术基础薄弱、专业人才短缺、技术更新过快、投资不足以及产学研脱节等问题。这些问题限制了数据技术在可持续发展中的广泛应用，也影响了数据驱动决策的效果。

联合国环境规划署的 UNEP Live 平台就是应对技术挑战的成功案例。该平台通过整合全球环境数据、开发分析工具并进行情景模拟，为环境决策提供了强有力的支持。该平台不仅解决了数据整合和分析的技术问题，还通过能力建设项目帮助发展中国家提升数据应用能力。

非洲数据科学学院（AIMS）的案例则展示了如何通过创新教育模式解决人才短缺问题。该学院采用实践导向的教育方法，结合国际合作资源，为非洲国家培养了大量数据科学人才。这种模式不仅提升了当地的数据科学能力，还促进了数据技术在可持续发展中的应用。

为应对这些挑战，需要采取多方面措施。在数据质量方面，应加强数据基础设施建设，制定统一的数据标准，推动数据开放共享，建立严格的数据质量控制机制。在技术应用方面，需要加大对数据基础设施和技术的投资，促进国际合作，建立产学研协同创新机制。同时，要加强人才培养体系建设，创新人才引进模式，为可持续发展提供充足的人才保障。

7.6.2 数据治理与跨部门协作挑战

数据治理和跨部门协作是数据要素赋能可持续发展面临的另一重要挑战。数据孤岛现象普遍存在，不同部门之间的数据标准不统一，存在利益冲突和信任缺失，法律制度也存在障碍，这些都影响了数据的有效共享和利用。

欧盟的INSPIRE指令为解决跨部门数据共享问题提供了典范。该指令通过建立统一的数据标准、明确各方共享义务、搭建统一的网络服务平台，有效促进了环境空间数据的共享和应用。这一实践表明，通过完善的制度设计和技术支撑，可以有效破解跨部门协作的难题。

数据安全和隐私保护也是数据治理面临的重要挑战。随着数据应用的深入，如何在促进数据开放共享的同时保护个人隐私和商业机密，成为一个亟待解决的问题。芬兰的MyData模式提供了创新解决方案，通过赋予个人对其数据的控制权，同时促进数据的有效利用，实现了数据保护和利用的平衡（罗力，2021）。

应对数据治理和跨部门协作挑战需要系统性方案。首先，要建立统一的数据共享平台和标准，完善相关法律法规，为数据共享提供制度保障。其次，要建立有效的激励机制，通过政策支持、资金补助等方式，促进各方积极参与数据共享。同时，要加强数据治理能力建设，通过培训、交流等方式，提升各方对数据共享重要性的认识。此外，还需要建立跨部门协调机制，促进各方有效沟通与合作。

7.6.3 未来发展趋势与展望

尽管面临诸多挑战，数据要素与可持续发展的融合仍展现出广阔前景。人工智能和机器学习技术正在改变我们应对可持续发展挑战的方式，在环境保护、资源管理和社会发展等领域发挥重要作用。这些技术能够从海量数据中发现潜在规律，进行精准预测，为决策提供支持。

展望未来，数据要素与可持续发展的融合将呈现出以下几个主要趋势。

首先，智能环境监测系统将更加完善，实现精准的资源管理。通过物联网传感器网络和人工智能分析，环境监测将实现全覆盖、实时化，为环境保护决策提供更可靠的依据。同时，智能分析系统将能够预测环境风险，提前制定应对方案。

其次，个性化可持续生活解决方案将普及。基于数据分析的智能家居系统、个人碳足迹追踪、智能出行规划等应用将帮助人们实现更可持续的生活方式。这些解决方案将通过数据分析提供个性化建议，引导人们做出更环保的选择。

最后，数据驱动的循环经济模式将成为主流。通过数据分析优化资源利用效率，促进废物回收利用，推动经济向循环方向转型。物联网技术将实现产品全生命周期追踪，大数据分析将优化资源循环利用路径。

到2030年，智慧可持续城市将给人们的生活带来革命性变化。从个人数据账户到城市数字孪生系统，从智能建筑到电气化公共交通，城市的各个方面都将实现高度智能化和可持续化。这种转变不仅需要技术创新，还需要政府、企业和个人的共同参与。

政府应着力推动政策完善和基础设施建设，为数据驱动的可持续发展创造良好环境。企业应加强技术创新和数据共享，开发出更多可持续发展解决方案。个人则可以通过提升数据素养、负责任地使用数据产品等方式参与其中。

同时，需要持续提升数据收集、分析和应用能力，加强数据安全和隐私保护，完善数据治理机制，提高全社会的数据素养。只有通过多方协作，充分发挥数据要素的潜力，才能推动可持续发展目标的实现，共同创造更加繁荣、公平和可持续的未来。

数据驱动的可持续发展正在开启一个充满机遇和挑战的新时代。虽然面临诸多挑战，但只要我们持续创新、攻克难关，数据要素必将在推动可持续发展中发挥更大作用。让我们携手合作，善用数据这一强大工具，为构建人与自然和谐共生的现代化贡献力量。在这个数据驱动的可持续发展时代，每个人都是参与者和受益者，让我们共同努力，创造一个更美好的未来。

8 数据要素与以人为本

在数字化转型过程中，如何平衡技术进步与人的发展成为关键议题。本章是全书探讨数据要素人文价值的重要篇章，从人的视角出发，系统分析了数据要素对工作方式、员工发展、组织文化和领导力的深远影响。通过强调"以人为本"的理念，展示了数据要素不仅是技术工具，更是推动人的全面发展的重要力量，对构建数字时代的人本管理模式具有重要的指导意义。

本章内容全面，从数据要素对工作方式的改变入手，深入探讨了数据赋能员工发展、组织文化建设等核心议题。通过分析数据驱动的人力资源管理创新和领导力转型，展示了数字时代人才发展的新路径。同时，本章特别强调了数据伦理、隐私保护和算法公平等关键问题，为企业在数字化转型中坚持以人为本提供了实践指导，对推动数据要素与人文价值的融合具有重要的参考价值。

8.1 数据要素对工作方式的影响

数据要素的广泛应用正在深刻改变着现代工作方式。从决策制定到日常操作，从团队协作到个人工作，数据的力量无处不在。本节将从以下几个方面探讨数据要素对工作方式的影响。

8.1.1 工作场所重塑

数据要素的应用正在深刻改变现代工作场所的形态和运作方式。通过对员工工作模式、空间使用和环境参数的全面数据分析，企业能够创造更加智能、灵活和高效的办公环境，同时显著提升员工的工作体验。这种转变不仅体现在物理空间的重塑上，更反映在整个办公模式的智能化升级中。

在工作场所重塑方面，荷兰金融服务公司ING集团的实践提供了典型案例。ING通过其"敏捷工作空间"项目，基于员工工作模式和空间使用数据的分析，设计了包含开放式工作区、静音区和协作区等多功能区域的灵活办公空间。这种基于数据驱动的空间设计不仅提高了员工满意度，还将办公空间使用效率提升了30%。

类似地，华为公司在松山湖基地实施的"无固定工位"办公模式，通过分析员工工作数据，创造了更加灵活的办公环境，促进了跨部门交流与协作。

智能化办公系统的应用进一步推动了办公环境的升级。微软公司在雷德蒙德总部部署的智能建筑项目就是一个成功案例。该项目通过10000多个传感器收集温度、湿度、光照、噪声等环境参数，以及人员流动和设备使用数据，实现了办公环境的智能化管理。系统不仅优化了空调和照明系统的运行，每年节省约150万美元的能源成本，还能根据实际使用情况动态调整办公空间布局。

华为公司在深圳总部大楼应用的智能办公系统则展示了更深层次的整合。系统能够根据会议预订情况自动调节会议室的环境参数，并基于员工到岗情况动态分配工位。这种智能化管理不仅提高了空间使用效率，还为员工创造了更加舒适的工作环境。通过分析员工的个人偏好和工作习惯，系统能够自动调节工作环境的各项参数，从照明亮度到座椅高度，实现了办公环境的个性化定制。

然而，数据驱动的工作场所转型也面临着多重挑战。首先，如何平衡开放性与隐私保护的需求。在收集和利用员工数据的过程中，企业需要建立严格的数据保护机制，确保员工隐私不受侵犯。其次，如何维护团队凝聚力，灵活的办公模式可能会减少面对面交流的机会，企业需要通过其他方式来加强团队建设。此外，如何适应不同员工的个性化需求也是一个重要问题，同一种办公模式可能并不适合所有员工。

过度依赖智能系统可能会影响员工的主动性和创造力。因此，在推进办公环境智能化的过程中，企业需要保持"以人为本"的理念，在技术创新和人文关怀之间找到平衡点。这包括给予员工足够的自主权，允许他们根据个人需求选择工作方式和环境，同时通过技术手段为这种选择提供支持。

未来的工作场所将继续朝着更加智能化和个性化的方向发展。我们可以预见，随着物联网、人工智能等技术的进步，办公环境将能够更精确地感知和响应员工需求，创造出真正智能、高效且人性化的工作空间。然而，这种发展必须建立在对员工隐私和个人需求的充分尊重基础之上，确保技术创新真正服务于人的发展。

总的来说，数据要素正在推动工作场所发生深刻变革，从决策制定到日常运营，从环境管理到员工体验，数据的力量无处不在。这些变革不仅提高了工作效率和资源使用效率，还为员工创造了更加灵活、个性化和人性化的工作体验。未来，随着技术的不断进步和管理理念的持续演进，我们有理由期待工作场所能够实现数据赋能与人的全面发展的有机统一。

8.1.2　远程协作

数据要素的应用极大地促进了远程协作的发展。云计算、大数据和人工智能等技术的结合，使得团队成员无论身在何处都能实现高效协作。

以Zoom公司为例，其视频会议系统在2020年新冠疫情期间获得了广泛应用。Zoom公司利用人工智能技术优化音视频质量，通过大数据分析预测网络流量，保证了在用户激增的情况下仍能提供稳定的服务。Zoom公司2021财年第四季度报告显示，其付费客户数量同比增长了470%，达到467100个。

在国内，字节跳动公司开发的飞书（Lark）协作平台也是远程办公的典型案例：飞书整合了即时通信、文档协作、视频会议等多种功能，并利用人工智能技术提供实时翻译、会议纪要自动生成等智能服务。据媒体报道，截至2021年底，飞书在国内的付费企业用户已超过100万家。

远程协作不仅改变了工作地点的概念，还重塑了工作时间的安排。灵活的工作时间使得员工可以根据自己的生活节奏安排工作，有助于提高工作效率和生活质量。然而，这也带来了工作与生活界限模糊的问题。如何在灵活性和规范性之间找到平衡，是企业管理者需要思考的问题。

此外，远程协作还面临着团队凝聚力和企业文化传承的挑战。如何在虚拟环境中培养团队精神，如何确保企业文化的有效传播，这些都是企业在推行远程办公时需要考虑的问题。

8.1.3　个性化工作流程

数据要素的应用使得企业能够为每个员工定制个性化的工作流程。通过分析员工的工作模式、技能特点和绩效数据，企业可以为每个员工设计最适合他们的工作方式。

例如，Salesforce公司开发的Einstein AI系统能够分析销售人员的行为数据，为他们提供个性化的工作建议。系统会根据每个销售人员的特点，推荐最适合的销售策略，并在最佳时机提醒跟进客户。据Salesforce公司报告，使用Einstein AI的销售团队平均提高了20%~30%的生产力。

阿里巴巴集团旗下的钉钉平台也在探索个性化工作流程的应用。钉钉利用人工智能技术分析员工的工作习惯和效率数据，为每个员工推荐最适合的工作安排。例如，系统会根据员工的工作节奏，在最佳时间段安排重要任务，在效率低谷时间段安排休息或轻松的工作。

个性化工作流程的应用有助于提高工作效率，增强员工满意度。然而，这也带来了一些新的挑战。首先是如何平衡个性化与标准化。过度个性化可能会影响团队协作和管理的一致性。其次是如何避免算法偏见。如果算法设计不当，可能会导致某些员工群体受到不公平对待。因此，在推行个性化工作流程时，企业需要建立有效的监督和反馈机制，确保公平性和透明度。

8.1.4 工作评估的变革

数据要素的应用正在改变传统的工作评估方式。通过收集和分析员工的日常工作数据，企业可以实现更加客观、全面和实时的绩效评估。

例如，Deloitte公司开发的"绩效快照"系统，每周都会向团队领导询问关于团队成员表现的简单问题。这些问题涉及是否会给该员工加薪、是否适合晋升等方面。通过累积这些微型评估数据，系统能够生成更加客观和全面的绩效评估结果。

国内的阿里巴巴集团也在探索数据驱动的绩效评估模式。阿里巴巴开发了"OKR+"（目标与关键成果）系统，将员工的日常工作与公司战略目标紧密联系起来。系统通过实时跟踪员工的工作进度和成果，自动生成绩效报告，使得绩效评估更加透明和及时。

数据驱动的工作评估不仅提高了评估的客观性和全面性，还能为员工提供及时的反馈，帮助他们不断改进工作方法。此外，通过分析大量的绩效数据，企业还可以更好地识别高潜力人才，为人才梯队建设提供重要依据。

然而，数据驱动的工作评估也面临一些挑战。首先是如何确保评估指标的全面性和合理性。过度依赖量化指标可能会忽视一些难以量化但同样重要的工作内容。其次是如何平衡短期绩效与长期发展。仅仅关注短期数据可能会导致员工忽视长期价值创造。最后是如何处理数据隐私问题。在收集和分析员工数据的过程中，企业需要严格遵守相关法律法规，保护员工的隐私权。

8.1.5 持续学习与技能提升

在数据要素时代，知识更新速度加快，持续学习成为每个员工的必修课。数据分析技术的应用使得企业能够精准识别员工的技能缺口，为他们提供个性化的学习计划。

例如，IBM公司开发的"Your Learning"平台利用人工智能技术为每个员工推荐个性化的学习内容。系统会根据员工的工作内容、职业目标和学习偏好，推荐最适合的课程和学习资源。据IBM公司报告，该平台的使用使得员工的技能提升加速。

在中国，腾讯公司推出的"腾讯课堂"平台也在探索数据驱动的学习模式。平台利用大数据分析技术，根据学员的学习行为和兴趣偏好，为每个学员推荐个性化的课程。此外，平台还能根据学员的学习进度和测试结果，动态调整课程难度和内容，确保学习效果最大化。

数据驱动的学习不仅提高了学习效率，还使得学习过程更加灵活和便捷。员工可以随时随地通过移动设备进行学习，将碎片化时间充分利用。此外，通过分析大量学习数据，企业可以更好地了解员工的技能发展趋势，为人才培养和职业发展规划提供重要参考。

然而，数据驱动学习也面临一些挑战。首先是如何保证学习内容的质量和多样性。过度依赖算法推荐可能会导致学习内容单一化，不利于员工全面发展。其次是如何平衡工作与学习的关系。在追求效率的同时，企业需要为员工创造足够的学习时间和空间。最后是如何评估学习效果。仅仅依靠在线测试可能无法全面反映员工的实际技能水平，需要结合实际工作表现进行综合评估。

8.1.6　数据驱动决策

在数据要素时代，企业和组织的决策制定正从经验驱动向数据驱动转变。通过收集和分析大量数据，管理者可以获得更全面、准确的信息，从而做出更明智的决策。

例如，美国零售巨头亚马逊公司广泛应用数据分析技术来优化其业务决策。亚马逊利用机器学习算法分析海量的用户浏览和购买数据，为每个用户推荐最可能感兴趣的商品。据报道，亚马逊的推荐系统贡献了该公司35%的销售额。此外，亚马逊还利用数据分析来优化库存管理、定价策略和物流配送等关键业务环节。通过预测性分析，亚马逊还能够提前安排库存，在商品被订购之前就将其运送到最近的配送中心，大幅缩短了配送时间。

国内企业也在积极探索数据驱动决策的应用。例如，阿里巴巴集团旗下的菜鸟网络利用大数据技术构建了智能物流系统。该系统能够实时分析全国范围内的物流订单数据，预测未来3～7天的物流需求，并据此优化仓储布局和运力调度。在"双11"等大型购物节期间，这一系统发挥了重要作用，帮助菜鸟网络在订单量剧增的情况下仍能保持高效的物流配送。

然而，数据驱动决策也面临一些挑战。首先是数据质量问题。如果输入的数据存在偏差或错误，那么基于这些数据做出的决策也可能出现偏差。其次是如何平衡数据分析结果与人类直觉和经验。过度依赖数据可能会忽视一些难以量化的因素，而这些因素在某些情况下可能至关重要。因此，如何在数据分析和人类判断之间找到平衡点，是企业管理者需要思考的重要问题。

8.2 数据赋能员工发展

8.2.1 技能评估与培训体系

在数字化时代，数据驱动的技能评估和培训已成为企业人才发展战略的核心支柱。通过全面分析员工技能数据，企业能够更精准地识别技能差距，制定针对性培训计划，显著提升培训效果。这种基于数据的方法不仅提高了技能评估的准确性与客观性，还使培训资源的分配更加高效且有针对性。

在技能图谱构建方面，企业通过深入分析岗位要求、行业标准和员工表现数据，构建了详细的技能图谱体系。IBM 的"Watson Talent Frameworks"系统展示了这一应用的先进性，该系统能够根据行业趋势和公司特点动态更新技能要求，为企业人才发展提供精准指导。系统通过机器学习算法持续分析行业数据，自动识别新兴技能需求，帮助企业及时调整人才培养方向。

在个性化技能评估方面，企业利用在线测评、绩效数据、项目经历等多维度信息，为每个员工生成详细的技能画像。亚马逊的职业规划程序通过分析员工的工作数据和职业兴趣，不仅提供个性化的职业发展建议，还能预测员工未来3～5年的技能发展需求。系统通过对历史数据的分析，准确预测了85%的关键技能需求变化，帮助员工提前做好技能储备。

智能学习推荐系统的应用进一步优化了培训效果。LinkedIn Learning利用机器学习算法，根据用户技能水平和职业目标推荐个性化学习内容，其推荐准确率达到90%以上。华为的"iLearning"智能学习平台整合多维度数据构建员工技能图谱，能够自动生成个性化学习路径，实时更新技能评估结果。该平台上线后，华为员工培训参与度提高了30%，培训满意度提升了25%，员工技能提升速度显著加快。

8.2.2 职业发展规划

数字时代的职业发展已经从传统的预设直线路径转变为基于个人特点和组织需求的动态调整模式。数据驱动的个性化职业发展规划借助大数据与人工智能技术，为每个员工定制最优的职业发展方案，既满足个人职业理想，又符合企业发展需求，实现了员工发展与组织目标的有机统一。

Deloitte的ConnectMe平台运用AI技术分析员工数据生成详细画像，为职业发展规划奠定了基础。该平台整合了员工的工作经历、技能评估、绩效表现、职业兴趣等多维度数据，通过机器学习算法识别员工的职业发展潜力和方向。平台还能根据市场趋势和组织需求，为员工推荐最适合的职业发展路径。自平台启用以来，Deloitte的员工职业发展满意度提升了35%，关键人才保留率提高了25%（刘涛，2022）。

IBM的Blue Matching系统展示了数据驱动职业发展的另一个成功案例。该系统根据员工技能和兴趣匹配公司内部工作机会，提供个性化职业发展建议。系统不仅考虑当前的技能匹配度，还会预测员工在新岗位上的潜在表现。通过AI算法的分析，系统的岗位匹配准确率达到85%，员工在新岗位的绩效达标率超过90%（Paudel and Shakya，2018）。

LinkedIn的Economic Graph项目利用海量职业数据预测未来就业趋势和热门技能，帮助员工做出前瞻性的职业选择。项目通过分析全球数亿用户的职业发展数据，准确预测了多个新兴职业的兴起，为职业规划提供了重要参考。

腾讯的"腾讯学堂"平台代表了中国企业在这一领域的创新实践。平台整合多维度信息构建员工发展画像，利用AI算法生成个性化职业发展路径，提供职业发展建议、轮岗和晋升机会。平台的特色在于将企业战略目标与个人发展需求有机结合，通过数据分析实现最优匹配。平台上线后，腾讯员工内部流动率提高20%，职业满意度提升15%，员工留存率显著提高。

8.2.3　绩效管理的数字化转型

数据驱动的绩效管理为传统绩效管理注入了新的活力与科学性。通过大数据和人工智能技术，企业构建起更全面、客观且实时的绩效评估与反馈机制。这种转型不仅提高了评估的准确性，还显著改善了员工体验。

微软的Workplace Analytics工具代表了绩效管理数字化的前沿实践。该工具分析员工的邮件、日历、即时通信等数据，生成全面的工作效率报告。系统能够识别员工的工作模式、协作网络和时间利用情况，为绩效评估提供客观依据。数据显示，使用该工具的团队生产效率提升了23%，会议时间减少了18%（Langford et al.，2023）。

通用电气公司的PD@GE应用实现了绩效管理的实时化。该应用使经理和员工能够进行频繁的绩效对话和即时反馈，改变了传统的年度评估模式。系统还能根据员工的工作数据自动生成绩效建议，帮助管理者提供更有针对性的指导。该应用推广后，员工绩效反馈频率提高了300%，员工满意度提升了45%。

IBM 的 Watson Analytics 系统展示了预测性分析在绩效管理中的应用。系统能够分析员工的各类数据，预测可能离职的员工，相关人员可据此采取相应的保留措施。预测模型的准确率达到85%，帮助IBM将关键人才流失率降低了20%。

阿里巴巴的"阿里味"绩效管理系统代表了中国企业的创新实践。系统整合多维度信息构建全面的绩效评估体系，运用AI算法实时分析员工工作表现并提供持续的绩效反馈。该系统不仅关注KPI指标，还评估员工在创新、团队协作、客户满意度等方面的表现。系统上线后，员工绩效改进速度提高了30%，绩效评估的公平性感知提升了25%，员工满意度显著提升。

8.2.4　员工健康与福祉监测

数据驱动的健康与福祉监测已成为企业人才管理的重要组成部分。通过可穿戴设备、物联网传感器和移动应用等技术，企业能够收集并分析员工健康数据与工作环境数据，提供全方位的健康管理支持，创造更健康、高效的工作环境。

Fitbit Health Solutions 为企业提供的员工健康管理解决方案展示了这一领域的创新应用。通过智能手环收集员工的运动量、心率、睡眠质量等健康数据，系统能够全面评估员工的健康状况。企业案例显示，使用该解决方案的公司员工平均运动量增加了35%，医疗保险支出减少了15%。

Siemens 的智能办公解决方案关注工作环境对员工健康的影响。系统实时监测并自动调节办公环境的温度、湿度、光照等参数，确保最佳的工作条件。数据显示，改善后的办公环境使员工工作效率提升了20%，病假率降低了15%。

微软的 MyAnalytics 工具从工作压力管理的角度关注员工健康。工具通过分析员工的工作模式，识别可能导致过度疲劳的行为模式，并提供个性化的改善建议。统计显示，使用该工具的员工工作压力感知降低了25%，工作生活平衡度提升了30%。

腾讯的"腾讯健康"平台代表了中国企业在员工健康管理方面的创新实践。平台整合多种健康数据源，构建全面的员工健康画像，利用AI算法分析员工健康数据和工作数据，评估健康风险和压力水平。平台特别关注员工的心理健康，通过数据分析早期识别潜在的心理健康问题。平台上线后，员工的平均运动量增加了20%，睡眠质量提高了15%，工作压力感知降低了10%，对公司健康福利的满意度提高了25%。

然而，这些数据驱动的员工发展举措也面临诸多挑战。首先是数据收集的全面性和准确性，不同数据源的整合和数据质量控制都需要特别关注。其次是技术标准的动态性，随着技术的快速发展，评估标准和工具需要不断更新。此外，隐私保护也是一个重要议题，企业需要在数据应用和个人隐私保护之间找到平衡。

为应对这些挑战，企业需要采取系统性的措施：建立全面的数据收集机制，确保数据的质量和完整性；开发动态更新的评估模型，适应技术和市场的变化；加强数据安全和隐私保护，建立严格的数据使用规范；在技术应用中始终坚持"以人为本"的理念，确保技术服务于人的发展需求。只有在充分尊重员工权益的基础上推进数据应用，才能真正实现数据赋能与员工发展的良性互动。

8.3 数据要素与组织文化建设

8.3.1 数据驱动的决策文化构建

在数字化时代，数据驱动的决策文化已经成为现代组织的核心竞争力之一。这种文化强调在决策过程中充分运用数据分析结果，而非单纯依靠经验或直觉，要求组织所有成员具备数据思维，能够有效收集、分析和解释数据，并将数据洞察转化为实际行动。通过建立数据驱动的决策文化，组织能够显著提升决策的准确性和效率，同时推动组织创新和持续优化。

阿里巴巴集团通过建立"数据中台"实现了数据驱动决策文化的全面落地，为业界提供了典范。数据中台整合了集团内部各类数据，为不同业务部门提供标准化的数据服务接口，极大提高了决策效率和准确性。阿里巴巴还成立了"数据委员会"，负责制定集团的数据战略和数据治理政策，要求所有重要决策必须有数据支持。在电商业务中，通过分析海量用户行为数据，阿里巴巴能够精准预测消费者需求，优化商品推荐和库存管理。在金融服务领域，蚂蚁集团通过分析交易数据和信用数据，开发出创新的信用评估模型。2022年企业报告显示，受益于数据驱动的决策文化，阿里巴巴集团商品推荐准确率提高30%，物流配送效率提升25%，风险控制准确性提高20%。

构建数据驱动的决策文化需要采取系统性措施。首先是重视数据收集和管理，建立完善的数据收集与管理体系。如亚马逊通过构建庞大的数据仓库，整合各业务环节数据，为决策提供全面支持。数据显示，这一系统帮助亚马逊将库存周转率提升40%，运营成本降低15%（刘东华，2003）。其次是培养员工的数据分析能力，包括统计学知识、数据可视化技能、机器学习等。如谷歌为员工提供系统的数据分析培训课程，并鼓励在日常工作中运用数据分析相关技能，使公司90%以上的业务决策都建立在数据分析基础上（Daradkeh et al.，2019）。

建立数据驱动的决策流程同样重要。LinkedIn要求所有重要决策都必须有数据支持，并设立专门的数据分析团队为各部门决策提供支持。这一政策使公司的决策准确率提升35%，项目成功率提高40%。如Facebook则广泛运用A/B测试优化产品设计和用户体验，每年进行超过100000次实验，显著提升了产品创新的成功率。微软通过建立统一的数据平台，实现跨部门的数据共享与协作分析，使决策效率提高50%，创新周期缩短30%（杨山山，2019）。

8.3.2　透明度与信任的构建机制

在数据驱动的组织文化中，透明度与信任的构建极为关键。虽然数据的广泛运用提升了决策效率和准确性，但也可能引发员工对隐私与公平性的担忧。因此，企业需要在充分利用数据的同时，建立有效的透明度和信任构建机制，确保员工能够理解和接受数据驱动的管理方式。

Spotify公司通过"透明巨轮"（Transparency Flywheel）模式实现了高度的组织透明度和信任。这一模式包含开放信息、信任建立、积极参与和持续改进四个关键要素。在开放信息方面，Spotify公开大量公司运营数据，定期举办全员会议分享战略决策和重要动向。在信任建立方面，公司采用扁平化组织结构和自主团队模式，赋予员工更多决策权，并实施开放的薪酬政策。在积极参与方面，公司鼓励员工参与决策过程，如产品开发采用"Squad"模式，每个小团队可自行决定工作方式和优先级。在持续改进方面，公司建立"健康检查"机制，定期评估组织的透明度和信任度，并根据反馈持续改进。

这种模式取得了显著成效。Spotify 2022年员工调查显示，95%的员工表示信任公司领导层，90%的员工认为公司决策过程透明。员工满意度和保留率远高于行业平均水平（Swanson，2013）。更重要的是，高度的透明度和信任不仅提高了员工满意度和忠诚度，还显著提升了公司的创新能力和市场响应速度。

其他企业的实践也提供了有益借鉴。微软公开其数据使用政策，详细说明员工数据的收集和使用情况，这种透明度帮助公司建立了员工对数据驱动管理的信任。数据显示，实施这一政策后，员工对数据收集的接受度提高了45%。Salesforce构建统一的数据平台，确保员工能公平获取业务数据，避免信息不对称。这一措施提升了跨部门协作效率，员工满意度提高30%。

Buffer的薪酬透明化实践尤其引人注目。公司公开薪酬计算公式，使每个员工都能清楚地了解薪酬决策依据。这种高度透明的做法不仅提升了员工对薪酬体系的信任，还帮助减少了性别薪酬差距。IBM则通过严格的数据分类和访问控制政策保护员工敏感信息，同时为员工提供数据使用的知情权和选择权，建立了良好的信任基础。

8.3.3　数据驱动的创新文化培育

数据驱动的创新文化注重依据数据洞察来识别机会、验证假设、评估结果，从而加快创新速度，提升创新成功率。在这种文化中，数据既是创新的灵感源泉，又是创新成果的验证工具，推动组织形成更加科学和高效的创新机制。

Netflix的内容创新实践展示了数据驱动创新的威力。通过深入分析用户观看行为数据，Netflix不仅能够精准把握观众偏好，还能预测内容题材的市场潜力。《纸牌屋》的成功就源于对用户数据的深入分析，该剧的题材选择、演员阵容、剧情发展都有数据支持。数据显示，Netflix的原创内容成功率比传统电视网络高出30%，订阅增长率提升25%。

Booking.com的实验文化也很有代表性。公司每年进行超25000次的A/B测试，涵盖产品功能、用户界面、定价策略等多个方面。这种数据驱动的实验方法使公司能够快速验证创新想法，优化用户体验。统计显示，通过持续实验和优化，公司的转化率提升了20%，用户满意度提高15%。

GE公司的"数字线程"系统展示了数据驱动创新在制造业的应用。该系统实现了从设计到制造全流程的数据共享，使创新协作更加高效。例如，通过分析设备运行数据，GE能够不断优化产品设计，提高性能和可靠性。该系统的应用使产品开发周期缩短35%，创新成功率提高40%。

阿里巴巴的"双V"创新模式（Vision+Value）提供了另一个范例。该模式要求创新项目不仅要有远大愿景，还需通过数据分析证实商业价值。公司鼓励员工广泛开展小规模实验，并构建完备的数据分析与评估体系。在新零售领域，通过分析线上和线下的消费数据，阿里巴巴成功打造了盒马鲜生等创新业态。2022年创新报告显示，这种模式使公司新产品开发周期缩短40%，创新项目成功率提高35%。

8.3.4　员工参与和数据赋能

数据驱动的员工参与和赋能强调通过数据共享、普及分析工具和提升数据素养，让每个员工成为数据的生产者、分析者和使用者。这种方式不仅提高了员工参与度，也为组织带来更多创新和价值，推动形成更加开放和协作的组织文化。

Spotify 的"数据无处不在"（Data Everywhere）策略就是一个典型案例。公司建立了"Discover"内部数据平台，方便所有员工获取各类公司数据。通过"Data University"培训项目提升员工数据素养，内容涵盖从基础数据分析到高级机器学习的多个层次。公司还组织"数据黑客松"活动，鼓励员工运用数据技能解决实际问题。这些举措的效果显著，95%的员工在日常工作中经常使用数据，90%认为数据分析能力对工作很重要。公司的创新速度和产品质量也得到显著提升。

Airbnb 的"Knowledge Repo"平台展示了数据民主化的实践。该平台方便所有员工查阅和分享数据分析结果，促进了知识传播和经验交流。统计显示，平台上线后，跨部门协作效率提升40%，创新项目数量增加35%。Tableau 则通过提供易用的数据可视化工具，让非专业人员也能进行基本的数据分析。这种赋能使得数据分析在公司各个层面得到广泛应用，决策效率提高50%。

沃尔玛的员工数据培训项目也值得关注。公司为员工提供包含数据分析、机器学习等在内的多个培训项目，帮助员工掌握数据技能。同时，通过实际项目练习，员工能够将所学知识应用到工作中。项目实施后，员工的数据分析能力显著提升，工作效率提高25%。

微软的"Workplace Analytics"工具展示了数据赋能在提升工作效率方面的应用。该工具分析员工的工作模式并提供个性化的效率提升建议。数据显示，使用该工具的团队生产效率平均提升23%，员工满意度提高20%。

然而，数据驱动的组织文化建设也面临诸多挑战。首先是数据质量和标准化问题。数据来源的多样性和格式的复杂性使得数据的整合和分析变得困难。企业需要建立统一的数据标准和管理制度，以确保数据的准确性和可用性。其次是平衡效率与人性化的挑战。过度依赖数据可能导致决策过于机械，而忽视人文因素和情感需求。企业需要在数据驱动和人文关怀之间找到平衡点。

数据安全和隐私保护也是重要挑战。随着数据收集和使用范围的扩大，如何保护员工隐私、防止数据滥用成为关键问题。企业需要建立严格的数据安全机制，制定清晰的数据使用政策。此外，技能差距也是普遍存在的问题。许多员工可能缺乏必要的数据分析技能，需要大量培训投入。

为应对这些挑战，企业需要采取系统性措施。在技术层面，建立完善的数据基础设施，包括数据采集、存储、分析和展示平台，确保数据的质量和安全。在管理层面，制定清晰的数据使用政策和隐私保护准则，平衡数据应用和个人权益。在人才层面，加强数据技能培训，培育数据文化，提升员工的数据素养。在制度层面，建立数据驱动的决策机制和评估体系，确保数据的有效应用。

未来，随着数据技术的不断进步，数据驱动的组织文化将继续深化和演进。人工智能、机器学习等技术的发展将为数据分析提供更强大的工具，使数据驱动决策更加精准和高效。物联网技术的普及将带来更多数据源，为创新提供更广阔的空间。区块链等技术的应用将提升数据的可信度和安全性，促进数据共享和协作。

然而，企业在推进数据驱动文化时，必须始终坚持"以人为本"的理念。数据应该服务于人的发展，而不是限制人的创造力和主动性。企业需要在发挥数据价值的同时，关注员工的成长和发展，创造有利于人才发展的环境。只有在数据赋能与人文关怀的良性互动中，组织才能实现可持续发展。

同时，组织也需要注意避免数据崇拜。数据分析虽然能够提供重要的决策依据，但不应成为唯一的决策标准。人的经验、直觉和创造力在很多情况下仍然不可或缺。企业需要建立数据驱动与人为判断相结合的决策机制，充分发挥两者的互补优势。

微软的实践提供了很好的参考。公司在推进数据驱动文化的同时，特别强调"成长型思维"的培养。通过"Growth Mindset"项目，鼓励员工将数据视为学习和成长的工具，而不是评判的标准。这种方法既保持了数据驱动的效率优势，又避免了过度依赖数据的负面影响。据统计，采用这种方法后，员工创新积极性提高40%，团队协作效果提升35%。

谷歌的"20%时间"政策也展示了如何在数据驱动中保持创新活力。虽然公司高度重视数据分析，但通过这一政策给予员工充分的创新空间，鼓励他们追求具有创意的项目。许多重要产品，如Gmail、谷歌新闻等，都源于这种自由创新的实践。

建立学习型组织文化也是数据驱动文化建设的重要方面。企业需要鼓励员工持续学习和尝试，容忍失败，从数据中获取经验教训。如亚马逊的"Day 1"理念强调保持创业精神，鼓励基于数据的试错和创新。公司为此建立了完善的实验评估体系，使创新尝试既有数据支持，又不会因为失败而受到惩罚。

在推进数据驱动文化的过程中，领导层的示范作用至关重要。领导者需要身体力行，在决策中主动运用数据分析，同时秉持开放和包容的态度，鼓励不同观点的表达。通过建立适当的激励机制，引导员工在数据驱动与创新精神之间找到平衡。

透明度和信任的持续建设同样不可忽视。企业需要定期与员工沟通数据使用的情况，保持决策过程的透明度，建立有效的反馈机制。通过让员工参与数据治理，增强其对数据驱动管理的理解和认同。

LinkedIn在这方面的做法值得借鉴。该公司建立了"数据伦理委员会",吸收员工代表参与数据使用政策的制定和监督。同时通过"Data Transparency Dashboard",让员工能够清楚地了解公司如何使用其数据。这些措施有效提升了员工对数据驱动管理的信任度,员工参与度提高50%。

未来,随着元宇宙、人工智能等新技术的发展,数据驱动的组织文化将面临新的机遇和挑战。虚拟现实技术可能改变工作方式和协作模式,带来新的数据应用场景。人工智能的进步可能使数据分析更加智能和自动化,但也可能带来新的伦理问题。

因此,企业需要保持前瞻性思维,积极探索新技术带来的机遇,同时谨慎应对潜在风险。在建设数据驱动文化的过程中,始终需要坚持"以人为本"、合规合法、持续创新的原则,确保组织文化既能适应数字化转型的需要,又能维护员工权益和组织的长期健康发展。

总的来说,数据驱动的组织文化建设是一个复杂的系统工程,需要在技术应用、管理创新、人才培养等多个维度统筹推进。只有将数据驱动与组织的实际情况相结合,在效率提升和人文关怀之间找到平衡,才能构建真正有效的组织文化,推动组织持续健康发展。这就需要企业领导者的远见卓识,也需要全体员工的积极参与和支持。通过持续的努力和创新,组织必将在数据时代开创新的发展局面。

8.4　数据时代的领导力转型

8.4.1　数据思维与领导决策

在数据时代,领导者的决策方式正在发生深刻变革,数据思维成为现代领导者必备的核心能力,这要求领导者基于数据进行分析、推理和判断,从而做出更科学有效的决策。

数据思维在领导决策中的应用主要体现在以下方面。基于事实的决策方面,领导者在做决策时不能仅依靠经验和直觉,更要注重客观数据的支持。例如,某零售巨头的CEO在决定是否进入新市场时,除了考虑传统的市场调研报告,还利用大数据分析目标地区的消费者行为、竞争对手动态和经济发展趋势等多维度数据,这种基于全面数据的决策大大提高了市场拓展的成功率。在预测性决策方面,通过对历史数据的深度分析，领导者能够更好地预测未来趋势，做出前瞻性决策。某制造企业的领导团队利用机器学习算法分析过去十年的市场数据和技术发展趋势，准确预测了新能源汽车市场的爆发，基于这一预测，公司及时调整了战略方向，成功抓住了市场机遇。在精准的风险管理方面，数据思维使领导者能够更精确地识别和评估风险。某金融机构的高管团队利用大数据分析技术构建了一个全面的风险预警系统，该系统能够实时监控市场变化、客户行为和内部运营数据，及时发现潜在风险，这种数据驱动的风险管理方法帮助公司成功避免了几次重大损失。在持续的绩效优化方面，数据思维支持领导者进行实时的绩效跟踪和调整。某科技公司的管理团队开发了一个基于数据的绩效仪表盘，能够实时显示各项业务指标的达成情况，这使得领导者能够及时发现问题，快速调整策略，实现持续的绩效优化。在人才评估方面，数据思维有助于领导者更加客观地评估和选拔人才。某咨询公司的合伙人团队利用多维度的数据分析，包括项目绩效、客户反馈、团队协作等指标，建立了一个更加全面和公平的晋升评估体系，这不仅提高了人才选拔的准确性，还增强了员工对晋升过程的信任。

然而，数据思维在领导决策中的应用也面临一些挑战。关于数据质量问题，如果输入的数据存在偏差或不完整，可能会导致错误的决策，领导者需要具备辨别和保证数据质量的能力。过分依赖数据可能会忽视一些难以量化的因素，如企业文化、员工情绪等，领导者需要在数据分析和经验判断之间找到平衡。在数据解读能力方面，面对复杂的数据分析结果，领导者需要具备足够的数据素养，能够正确理解和应用这些信息。在伦理考量方面，在利用数据做出决策时，领导者需要考虑伦理和隐私问题，以确保决策过程的合法性和道德性。

为应对这些挑战，领导者可以采取以下措施。建立数据治理体系，确保数据的质量和可靠性；培养跨学科团队，结合业务专家和数据科学家的优势；持续学习和提升数据素养，增强数据分析和解读能力；建立数据伦理框架，确保数据的合法和合规使用；保持开放和批判性思维，不盲目相信数据结果；重视直观和定性信息，将其与数据分析结果相结合。

某跨国公司的CEO在推动公司数字化转型时采取了全面的数据思维策略。他不仅要求所有高管接受数据分析培训，还亲自参与关键的数据分析项目。在做出重大决策时，他总是要求看到详细的数据支持，但同时也注重听取不同观点，特别是那些可能与数据分析结果相矛盾的观点。他还建立了一个"数据伦理委员会"，审查所有涉及敏感数据的决策。这种平衡数据驱动和人文关怀的领导方式不仅推动了公司的成功转型，还赢得了员工和社会的广泛认可。

总的来说，数据思维正在成为现代领导者的必备素质。它为领导决策提供了更加科学和客观的基础，有助于提高决策的准确性和效率。然而，领导者在运用数据思维时，也需要保持警惕，认识到数据的局限性，并将其与传统的领导智慧相结合。只有这样，才能在数据时代真正发挥卓越的领导力，推动组织的持续发展和创新。

8.4.2　数据赋能与管理创新

在数据时代，数据不仅是一种资源，更是管理创新的强大动力，数据赋能正在重塑管理实践，促使企业运营模式更高效、更灵活。领导者要充分认识数据赋能的价值，积极推动管理创新来应对数字化时代的挑战。

数据赋能在管理创新中的应用体现在多个方面。在敏捷决策方面，数据赋能让企业更快感知市场变化并及时反应。例如，某电商巨头借助实时数据分析系统，数小时内就能发现消费者偏好变化并迅速调整产品策略，这种数据驱动的敏捷决策能力极大提升了市场响应速度。在精细化管理方面，分析海量数据可实现更精细化管理。某制造企业利用物联网技术和大数据分析，全面数字化监控生产过程，系统能实时监测设备运行状态、预测故障并自动调整生产计划，这提高了生产效率并显著降低维护成本。在个性化服务方面，数据赋能使企业更好理解和满足客户个性化需求。某金融机构开发的基于AI的客户服务系统，分析客户交易历史、投资偏好和风险承受能力后为每位客户提供量身定制的金融建议，极大地提升了客户满意度和忠诚度。

然而，数据赋能的管理创新面临一些挑战。在技术与业务的融合方面，很多企业难以将数据技术与具体业务场景有机结合。在组织结构的适应性方面，数据驱动的管理模式需要更扁平、更灵活的组织结构，这对传统层级管理模式构成挑战。在人才缺口方面，数据驱动的管理创新需要既懂技术又懂业务的复合型人才，这类人才比较稀缺。在数据安全和隐私保护方面，在充分利用数据时确保数据安全和保护用户隐私是企业面临的重大挑战。

为应对这些挑战，领导者可采取以下措施。首先，建立跨部门的数据团队，促进技术与业务深度融合；推动组织结构调整，建立更灵活敏捷的管理模式。其次，加大人才培养和引进力度，构建数据驱动的人才生态系统。再次，制定严格的数据管理政策，确保数据安全使用和隐私保护。从次，培养全员的数据思维，营造数据驱动的组织文化。最后，建立试错和创新机制，鼓励基于数据的管理创新。

某制造业巨头推动数据赋能的管理创新时采取全面而系统的策略可作参考。公司先成立由高管直接领导的"数字化转型委员会"统筹数据战略，投资建立全面数据平台整合全链条数据，在此基础上推动智能生产调度、预测性维护、个性化营销等管理创新。为解决人才问题，既大力引进数据科学家，又为现有员工提供系统数据培训。同时调整组织结构，打破部门壁垒建立更灵活的项目制团队。这种全方位的数据赋能策略显著提升运营效率、培育创新能力，使公司在数字化转型中保持领先地位。

总的来说，数据赋能正成为管理创新的重要动力，为企业提供更智能、高效运营的机会。但数据赋能的管理创新不仅是技术应用，更需思维模式转变和组织能力提升。领导者要以开放、创新的心态积极应对数据时代挑战，推动企业全面转型和升级，这样企业才能在数据时代保持持续竞争优势，实现长远发展。

8.4.3　数字化时代的领导力培养

在数字化时代，领导力的内涵与要求正在发生深刻变革，传统领导力模式难以应对数字化挑战，企业需培养具备数字思维和数据素养的新一代领导者，这不仅是技能提升，更需思维方式与领导风格转变。

数字化时代的领导力培养主要涵盖以下方面。在培养数据思维方面，领导者要具备理解和运用数据的能力以基于数据决策。例如，某科技公司为高管团队设计"数据领导力"培训项目，内容有数据分析基础、数据可视化、数据驱动决策等，这不仅提升了高管数据技能，更培养了他们用数据思考问题的习惯。在发展数字化战略能力方面，领导者需理解数字技术对行业和业务模式的影响来制定数字化转型战略。例如，某制造业巨头邀请硅谷科技专家为高管进行数字化趋势培训，帮助他们理解AI、物联网、区块链等新技术对制造业的影响，从而提升了公司战略规划能力。在提高敏捷领导力方面，数字时代的快速变化要求领导者有快速适应和决策能力。例如，某金融机构引入"敏捷领导力"培训，教导高管在不确定中决策、快速试错和调整，这种敏捷思维使公司能更好地应对市场快速变化。在增强跨界协作能力方面，数字化时代创新常需跨学科、跨领域合作。例如，某互联网公司实施"轮岗制"，要求高管定期在不同部门轮岗，拓宽了高管视野，促进公司各部门深度合作。在培养创新思维方面，数字化时代要求领导者具备创新思维推动组织持续创新。例如，某零售巨头为高管团队安排"创新实验室"体验，让他们参与新技术应用和创新项目开发，激发了高管的创新热情。

然而，数字化时代的领导力培养面临以下挑战。技术更新速度快，领导者需不断学习跟上技术变革；传统思维有惯性，很多领导者习惯传统管理方式，改变需时间和努力；在理论与实践结合方面，将数字化领导力理论知识转化为实际管理技能是个挑战；在个性化培养需求方面，不同背景和岗位领导者可能需要不同培养方式，如何实现是个问题。

为应对这些挑战，企业可采取如下措施。建立持续学习机制，如定期举行技术趋势分享会、数字化案例研讨等；提供实战机会，让领导者参与实际数字化项目，将理论用于实践；采用多元化培养方式，如课堂学习、在线课程、导师指导、实践项目等相结合；建立个性化发展计划，根据领导者背景和需求定制方案；鼓励跨行业交流，让领导者向其他行业数字化领袖学习；建立数字化领导力评估体系，定期评估并给予反馈。

某跨国公司培养数字化领导力时采取的全方位策略可作参考。公司建立"数字领导力学院"提供系列课程；实施"数字导师"计划，为每位高管配备科技行业导师；要求高管每年至少参与一个数字化创新项目；定期组织"数字化沙龙"，邀请专家分享最新趋势；建立数字化领导力评估体系，将评估结果与晋升和薪酬挂钩。这种综合培养策略提升了高管数字化能力，推动了公司数字化转型。

总的来说，培养数字化时代的领导力是系统性工程，需要企业持续关注和投入资源。它不仅涉及知识技能提升，更需思维模式和行为方式转变。通过多元化、持续性培养措施，企业可建立具备数字思维和创新能力的领导团队，从而在数字化时代保持竞争优势，实现长远发展。

8.4.4 数据伦理与社会责任

在数据时代，领导者除掌握数据技能外，还应具备强烈的数据伦理意识与社会责任感。因数据在商业决策和社会治理中的作用越发重要，其使用可能引发诸多伦理与社会问题，所以领导者在追求商业利益时，必须考量数据使用的道德影响与社会后果。

数据伦理与社会责任主要体现在以下方面。

在隐私保护方面，企业在收集和使用个人数据时要尊重用户隐私权。例如，某科技巨头推出新的数据收集功能时遵循"Privacy by Design"原则（该原则最早由加拿大安大略省信息与隐私专员 Ann Cavoukian 提出，现已成为隐私保护领域的一个重要理念和标准），在产品设计阶段就考虑隐私保护，这既赢得了用户信任，又规避了潜在法律风险。

在数据安全方面，确保数据安全存储与传输是企业的基本责任。例如，某金融机构投入大量资金构建全方位数据安全体系，涵盖加密存储、访问控制、安全审计等，重视数据安全既保护了客户利益，也维护了公司声誉。

在算法公平方面，使用AI算法决策时要确保算法无歧视或偏见。例如，某人力资源公司开发AI招聘系统时专门成立"算法伦理委员会"审核算法公平性，有效防止潜在歧视问题，保障招聘公平性。

在数据透明度方面，企业应公开数据使用政策，让用户知晓自己数据的使用情况。例如，某社交媒体平台推出"数据透明度报告"，详细说明用户数据收集和使用情况，这种透明做法极大提升了用户信任度。

在数据赋权方面，企业要给予用户对自身数据的控制权。例如，某电子商务公司开发"数据控制中心"，用户可查看、下载甚至删除自己的数据，这种赋权措施符合法律要求且增强了用户自主权。

然而，数据伦理与社会责任在实践中的落实面临挑战。例如，严格的伦理标准可能限制数据商业价值，如何在两者之间寻求平衡是个挑战；许多数据伦理问题涉及复杂技术，如何让非技术背景的领导者理解并正确决策是个难题；数据技术发展常快于法律法规制定，某些领域缺乏明确伦理指导；不同国家和地区的数据伦理标准不同，跨国企业制定统一政策存在挑战。

为应对这些挑战，领导者可采取以下措施：建立数据伦理委员会，负责制定和监督公司数据伦理政策；开展全员数据伦理培训，提升公司整体的伦理意识；将数据伦理纳入产品开发流程，在设计阶段就考虑伦理问题；定期进行数据伦理审计，及时发现和解决潜在问题；与监管机构、学术界密切沟通，共同探讨数据伦理标准；积极参与行业自律建设，推动建立行业数据伦理规范。

某跨国科技公司推行数据伦理时采取的全面策略可资借鉴。公司成立由CEO直接领导的"数据伦理委员会"制定政策；推出强制性数据伦理培训课程且员工须通过考试；在产品开发流程中加入"伦理审查"环节确保新产品符合伦理标准；每年发布"数据伦理报告"公开数据使用做法；积极与各国政府和学术机构合作参与制定数据伦理标准。这种全方位伦理策略提升公司社会声誉，为公司赢得更多用户信任和市场份额。

总的来说，在数据时代，数据伦理与社会责任是企业领导者必须应对的重要议题，这不仅是法律合规要求，更是企业长远发展的基础。通过构建健全的数据伦理体系，企业可规避风险、赢得用户信任、提升品牌形象以实现可持续发展。领导者要有远见和勇气，在商业利益和社会责任间找到平衡，推动企业在数据时代健康、负责任的发展。

8.5 发展与展望

8.5.1 人力资源管理新格局

在数据要素时代，人力资源管理迎来全新格局。首先是数据隐私与权利保护成为核心议题。企业必须在采集和使用员工数据时严格遵循伦理准则与法律规范，确保员工的知情权、同意权、访问权等基本权利。同时需要建立完善的数据安全保护机制，防范数据泄露风险。

其次是算法应用带来的公平性和透明度挑战。企业在利用算法进行人才筛选、绩效评估等决策时，需要确保算法的公平性，避免产生歧视和偏见。通过选择可解释的算法模型、提供决策依据等方式提高透明度，维护员工权益。

此外，企业还需加强数据伦理培训，提升员工数据素养。通过系统培训提高员工对数据伦理的认知，培养正确的数据使用习惯。

8.5.2 领导力新要求

数据时代对领导者提出了新的要求。首先要具备数据思维，善于利用数据进行分析和决策，包括基于事实决策、预测性决策、风险管理等方面的能力。其次要推动管理创新，利用数据实现敏捷决策、精细化管理、个性化服务等创新。

领导者还需要构建数据驱动的组织文化，包括培养全员数据意识、建立数据共享机制、鼓励数据驱动决策等。同时加强自身数字化能力建设，提升数据分析、数字战略、敏捷管理等方面的能力。

8.5.3 组织文化重塑

组织文化重塑是数据时代的必然要求。要建立数据驱动的决策文化，就要重视数据收集和分析，培养数据分析能力，建立数据驱动的决策流程。同时也要注重透明度和信任建设，确保数据使用透明，建立隐私保护机制。

推动员工数据赋能也很重要，包括数据民主化、提供分析工具、数据素养培训等。未来随着技术的发展，人机协作将成为常态，实时决策将成为趋势，企业需要持续推动文化变革，适应数字化发展需求。

9　数字化时代的新质生产力发展趋势

本章作为全书的最后一章，笔者尝试从战略层面对数字化时代新质生产力的未来发展做一些粗浅的探讨。通过对数据要素与新质生产力发展方向的初步分析，以及其在各行业中的演变趋势观察，希望能为读者勾勒出数字经济时代生产力变革的发展图景。本章不仅是对前文的一个简要梳理，也期望能为理解数字经济发展方向、制定相关战略提供一些参考思路。

本章内容涉及多个方面，首先浅析了数据要素在未来经济中的重要作用和商业模式创新趋势，继而尝试探讨了新质生产力在制造业、服务业、农业、金融业、医疗健康等不同领域的可能发展方向。通过观察全球化、共享经济、人口老龄化等社会发展趋势对新质生产力的影响，以及数据安全、技术伦理、人才培养等方面的挑战，笔者不揣浅陋，对数字经济时代的生产力发展提出了一些个人思考。希望本章的一些不成熟的见解，能为数字经济的健康可持续发展提供些许启发。

9.1 数据要素与新质生产力的未来发展方向

9.1.1 数据要素在未来经济中的核心地位

在数字化时代，数据已成为推动经济增长的关键要素。它不仅是信息时代的标志，更是未来经济活动的核心资源。随着大数据、云计算、人工智能等技术的快速发展，数据要素正以前所未有的速度和规模积累和流动。数据要素凭借其独特的技术经济特征，如虚拟性、非竞争性、易复制性等，正在重塑传统的生产方式和经济结构。

数据要素的重要性体现在多个方面。首先，它是创新的源泉。通过对海量数据的分析和挖掘，企业可以发现新的市场机会，开发新的产品和服务。其次，数据要素提高了生产效率。利用数据分析，企业可以优化生产流程，减少资源浪费，提高生产精度。再次，数据要素促进了精准营销。通过对消费者行为数据的分析，企业可以更准确地定位目标客户，提供个性化的产品和服务。最后，数据要素推动了决策科学化。基于数据的决策支持系统可以帮助管理者做出更加准确和及时的决策。以"工业4.0"为例，数据要素在其中发挥着核心作用。"工业4.0"的兴起标志着制造业的一次根本性变革。在这场变革中，数据要素如同血液一般流经整个生产系统，为智能制造提供了源源不断的动力。通过传感器收集的海量数据，结合机器学习算法，企业能够预测并优化生产流程，减少停机时间，提高生产效率。德国西门子公司的"数字化工厂"就是一个典型案例。该工厂通过在生产线上安装大量传感器，实时收集生产过程中的各种数据。这些数据包括机器运行状态、原材料使用情况、能源消耗、产品质量等。通过对这些数据的实时分析，工厂可以快速发现并解决生产过程中的问题，如预测设备故障，优化生产排程，调整能源使用等。最终，该工厂的生产效率提高了30%，产品不良率降低了20%，能源消耗减少了15%，此外，该工厂还提升了仓储效率，范围达到40%～70%。这种智能化不仅提升了生产效率，还实现了对生产环境的实时监控、能源消耗的优化以及设备维护的精确调度。

图 9.1　数据要素驱动新经济中枢与产业重构

数据要素在实现个性化和柔性生产方面发挥着关键作用。面对日益多样化的消费者需求，企业必须快速响应市场变化，提供个性化产品。通过深入分析客户数据，企业能够洞察市场趋势和消费者需求，快速调整生产线以适应个性化的产品需求。例如，德国运动品牌阿迪达斯的"智能工厂"，能够根据消费者的个性化需求，在短短几小时内完成从设计到生产的全过程，实现了真正的大规模定制生产。

在供应链管理领域，数据要素的作用堪比高级神经系统，实时追踪和分析产品与原材料的流动。这种能力使企业能够更有效地管理库存，实现按需补货和及时配送，从而减少库存积压和物流成本。例如，沃尔玛公司通过分析销售数据、天气预报、社交媒体等多源数据，精准预测各地区各种商品的需求，大大提高了库存周转率，减少了缺货和积压现象。同时，数据的透明化还加强了供应链各环节之间的信息共享，提高了整个供应链的响应速度和灵活性。

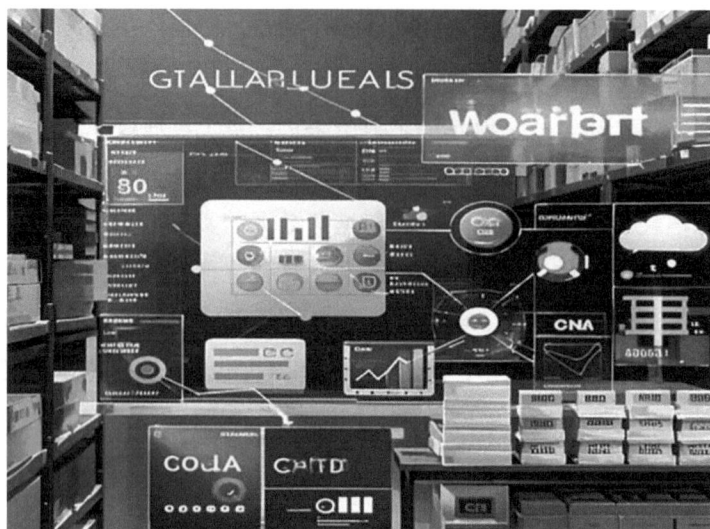

图 9.2　数据神经系统赋能供应链精准库存管理

然而，数据要素的价值实现也面临着一些挑战。首先是数据质量问题。大量的原始数据可能存在错误、重复或不完整的情况，需要经过清洗和处理才能使用。其次是数据安全和隐私保护问题。随着数据的广泛收集和使用，如何保护个人隐私和防止数据滥用成为一个重要议题。再次是数据垄断问题。一些大型科技公司掌握了大量的用户数据，如何确保数据的公平使用和竞争成为一个挑战。最后是数据人才短缺问题。数据科学家、数据分析师等专业人才的需求远远超过供给。

9.1.2　数据驱动的商业模式创新

数据驱动正在推动商业模式的深刻变革。共享经济的兴起就是一个典型案例，它不仅颠覆了传统的消费模式，也重塑了市场结构。这种新兴模式通过重新定义物品的所有权与使用权，使得资源分配更加高效和灵活。共享经济依托于技术平台，尤其是移动应用和在线市场，将闲置资源与需求者快速匹配，从而最大化资源的利用效率。

以 Uber 平台为例，该平台利用算法优化车辆调度，减少了乘客等待时间，同时提高了车辆使用率。Uber 的核心是其数据驱动的调度系统，这个系统不仅考虑乘客和司机的位置，还会考虑交通状况、天气情况、历史需求模式等多种因素，以优化匹配效率。例如，系统会预测某些地区在特定时间段的需求增加（如体育赛事结束后），提前调派车辆到这些地区。此外，Uber还利用数据分析来实施动态定价，在需求高峰时提高价格，以平衡供需关系。

Airbnb则通过提供一个广泛的住宿选择平台，让房主能够出租空闲房间或房产，为旅行者提供独特的住宿体验，同时也为房主创造了额外收入。Airbnb的成功也离不开其强大的数据分析能力。例如，Airbnb使用机器学习算法来优化房源的定价，帮助房主设定最优价格。该算法考虑了房源的位置、设施、季节性需求、周边活动等多种因素。此外，Airbnb还利用数据分析来改善用户体验，如根据用户的浏览历史和偏好推荐合适的房源。

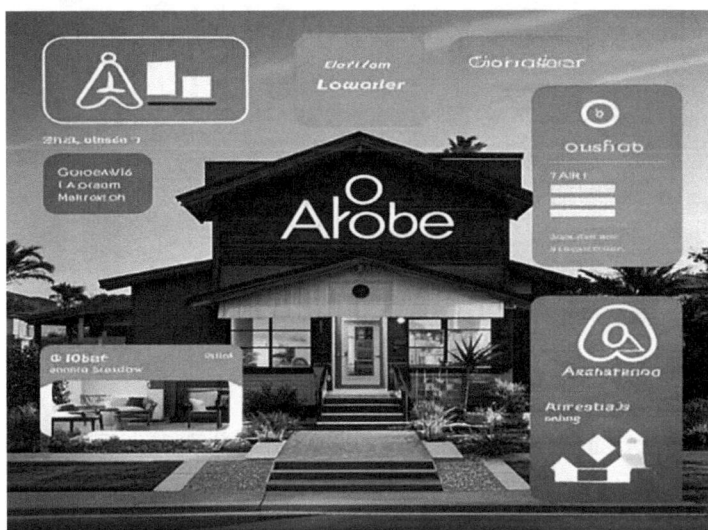

图 9.3　Airbnb：数据驱动下的共享经济智能平台

数据驱动在共享经济中扮演着至关重要的角色，它通过深入分析用户行为，为企业提供了洞察市场趋势和消费者需求的窗口。这种分析能力使企业能够预测未来的市场动向，实现精准营销，从而更有效地满足用户期望并吸引潜在客户。例如，共享单车公司摩拜（现已并入美团）通过分析用户的骑行数据，不仅可以优化单车的投放位置和数量，还能为城市规划提供有价值的参考。通过分析数百万次骑行的轨迹数据，摩拜可以识别出城市中的热门路线和拥堵点，这些信息可以帮助城市规划者优化自行车道的设计和交通流量管理。

共享经济企业借助数据驱动的核心优势，不断推动商业模式的创新与突破。这些企业通过实施平台化战略，吸引包括服务提供者、消费者、投资者等在内的多方参与者加入，形成了一个互动频繁、充满活力的生态系统。这种策略不仅促进了参与者之间的互联互通，而且通过发挥强大的网络效应，为企业带来了规模扩张和市场影响力的显著提升。

在服务多样化方面，企业通过深入了解用户需求，不断创新服务内容，从标准化服务向个性化、定制化服务转变，满足用户的多元需求。例如，滴滴出行在传统网约车服务的基础上，逐步拓展到了专车、顺风车、共享单车等多种出行方式，以满足不同场景下的用户需求。

图 9.4　滴滴出行：多场景出行服务生态构建

同时，共享经济企业在收入模式上也展现出创新能力，它们不再局限于单一的收入来源，而是通过提供增值服务、定制化解决方案、数据分析服务等多元化途径，拓宽了收入渠道。这种多维度的盈利模式为企业带来了更广阔的盈利空间，也为持续增长和市场竞争力的提升奠定了坚实的基础。例如，一些共享经济平台通过分析用户行为和市场趋势，推出了个性化推荐、优先预约、会员特权等增值服务，不仅增强了用户的忠诚度，还为企业带来了额外的收益。美团就通过其"黑珍珠"餐厅榜单和美食节活动，不仅提升了平台的影响力，还为高端餐饮商户提供了额外的曝光机会，从而创造了新的收入来源。

然而，共享经济的发展也面临着一些挑战。首先是监管问题，由于共享经济模式往往跨越了传统行业的界限，现有的法律法规可能无法完全覆盖其运营模式，导致监管真空。其次是劳动关系问题，许多共享经济平台的服务提供者是否应该被视为员工，以及他们应该享有什么样的劳动权益，成为一个争议焦点。最后是数据安全和隐私保护问题，共享经济平台掌握了大量用户的个人信息和使用数据，如何确保这些数据的安全使用也成为一个重要议题。

尽管如此，共享经济作为一种新兴的经济模式，其潜力和影响力是不容忽视的。它不仅提高了资源利用效率，创造了新的就业机会，还推动了传统行业的变革和创新。随着技术的不断进步和政策环境的逐步完善，共享经济有望在未来发挥更大的作用，成为推动经济增长和社会进步的重要力量。

9.2 新质生产力在不同产业的未来发展趋势

新质生产力的发展将在不同产业中呈现出独有的特征和趋势。本节将重点探讨制造业、服务业、农业、金融业和医疗健康等关键领域的发展趋势。

9.2.1 制造业：智能制造与柔性生产的新范式

制造业作为经济的基础，正经历着数字化、智能化转型，向"工业4.0"迈进。智能工厂将成为未来制造业的主流模式。例如，西门子在安贝格的电子工厂被誉为"工业4.0"的典范，实现了高度自动化和数字化生产。这种智能工厂可以实现生产过程的实时监控、预测性维护和自动化决策，大幅提高生产效率和质量。

柔性生产的发展，大规模定制将成为可能，生产线可以快速调整以适应不同的产品需求。例如，奥迪公司的"智能工厂"项目允许客户在生产过程的最后阶段仍能更改汽车的某些配置。这种柔性生产模式可以更好地满足个性化需求，提高市场响应速度。

数字孪生技术将在产品设计、生产优化和设备维护中发挥重要作用。例如，通用电气公司利用数字孪生技术优化风力涡轮机的性能，使发电量提高了6%。

可持续制造的推进，绿色、低碳制造正逐渐成为全球制造业的主流趋势。例如，宝马集团承诺到2030年将每辆车生产过程中的碳排放减少80%。这一承诺不仅表明了企业对环保的重视，也推动了清洁能源、循环经济等技术在制造业中的广泛应用。

这些趋势对制造业的新质生产力产生了深远的影响，具体体现在以下几个方面。首先，智能制造的应用显著提高了生产效率和资源利用率，帮助企业在减少环境影响的同时提升产出。其次，通过数字化工具和柔性生产系统，产品开发和迭代的速度大幅加快，企业能够更迅速地响应市场需求和技术变革。再次，数字化技术推动了制造业服务化的转型，改变了传统的价值创造模式，更多的价值来自服务和数字化解决方案。最后，可持续制造不仅改善了资源利用效率，还同时推动了环境效益的提升，实现经济效益与生态效益的双赢。

随着绿色制造和低碳生产技术的不断进步，制造业将进入一个更加高效、创新且可持续发展的新时代。

9.2.2 服务业：数字化转型与体验经济的升级

服务业正经历深刻的数字化转型，同时体验经济的概念也在不断深化。新技术应用广泛改变了服务形态：AI和大数据技术提升了服务效率（如星展银行的AI客服系统可处理90%的客户查询），平台经济重塑了服务格局（如Airbnb平台拥有超过550万个房源），而VR/AR技术则创造了新的服务体验（如宜家的AR家具摆放应用），这些创新正推动服务业向更智能、更个性化的方向发展。

大数据分析和人工智能技术的发展使得高度个性化的服务变得越来越普遍。例如，Netflix利用AI算法为用户推荐影视内容，其推荐系统贡献了80%的观看量（刘婷，2024）。这种个性化服务的深化不仅增强了用户黏性，也推动了服务行业的创新。

这些趋势对服务业新质生产力的影响主要体现在以下几个方面。首先，智能化和自动化技术的应用将大幅提高服务的效率，使得企业能够以更少的资源提供更高质量的服务。其次，数字技术突破了传统的地理限制，使得企业能够向全球客户提供个性化服务，显著扩大了服务的覆盖范围。再次，通过个性化和沉浸式技术，用户体验得到了极大提升，客户的需求和偏好可以得到更精准的满足。最后，平台经济和共享经济的快速发展催生了新的服务模式，为服务业注入了新的活力与创新动力。

总体而言，个性化服务的深化为服务业的新质生产力带来了巨大的发展潜力，推动了服务业从标准化向定制化、智能化转型。

9.2.3 农业：精准农业与智慧农业的融合发展

农业正在向精准化、智能化方向发展，以应对粮食安全和环境可持续性的挑战。各种创新技术广泛应用：GPS导航和遥感技术实现了精准施肥灌溉（如约翰迪尔公司的精准播种设备可提高产量10%～15%），农业机器人降低人力依赖（如日本自动插秧机器人的效率是人工的50倍），而在城市地区，垂直农业［如新加坡Sky Greens垂直农场产量是传统农业10倍（戴菲　等，2019）］则为有限土地上的高效生产提供了新思路。

基因编辑等技术正在革新作物育种的方式。例如，中国科学家利用CRISPR技术培育出了抗白粉病的小麦品种。这些技术进步正在为农业带来前所未有的变革，提升农业生产的效率和质量。

这些趋势对农业新质生产力的影响体现在以下几个方面。首先，精准农业技术通过更精确的灌溉、施肥和农药管理，显著提升了水、肥料和农药的利用效率，减少了资源浪费。其次，农业机器人和自动化设备的大规模应用大幅提高了农业劳动生产率，减少了对人力的依赖。再次，生物技术和精准农业管理将大幅提升农产品的品质和营养价值，满足人们对高质量食品的需求。最后，新技术的广泛应用有助于减少农业生产对环境的负面影响，如减少化学肥料和农药的使用，从而提升农业的可持续性。

总的来说，农业生物技术的进步推动了农业生产方式的转型，不仅提升了生产效率，还为实现可持续发展目标提供了重要的技术支持。

9.2.4 金融业：金融科技创新与普惠金融的推进

金融科技正在重塑金融服务的方式，同时推动金融服务的普惠化。在技术创新方面，区块链技术（如摩根大通的 Quorum 平台）优化了跨境支付流程，AI 技术（如 Man Group 的 AI 投资管理）在风险管理和投资决策中发挥重要作用，开放 API（如 Starling Bank 的服务创新）促进了金融生态的多样化，而移动支付和微贷款等创新（如覆盖肯尼亚 96% 家庭的 M–PESA 系统）则显著扩大了金融服务的覆盖范围，让更多传统金融难以覆盖的人群享受到普惠金融服务。

这些趋势对金融业新质生产力的影响主要体现在以下几个方面。首先，通过新技术的应用，金融交易和风险管理的效率大幅提高，缩短了交易时间，降低了运营成本。其次，开放银行等新模式为金融产品和服务的快速创新提供了平台，推动了金融业的转型与升级。再次，通过技术创新，更多的人能够以较低的成本获得金融服务，这有助于缩小金融鸿沟，推动社会经济的包容性增长。最后，借助 AI 和大数据分析，金融机构能够更准确地识别和管理风险，提高整体风险防控能力。

总的来说，普惠金融的推进不仅提高了金融业的生产效率，也为社会经济发展注入了新的活力，促进了更加广泛和包容的金融服务体系的形成。

9.2.5 医疗健康：远程医疗与精准医疗的新篇章

医疗健康领域正经历数字化转型，远程医疗和精准医疗成为重要发展方向。2019 年新冠疫情加速了这一趋势，以 Teladoc 为例，其 2020 年远程问诊量增长了156% 至 1020 万次。在技术应用方面，AI 诊断系统（如谷歌的乳腺癌筛查系统）和基因编辑技术（如诺华的 CAR–T 疗法 Kymriah）显著提升了医疗效率和精准度，而智能可穿戴设备（如获FDA认证的Apple Watch心电图功能）则为健康管理提供了便捷工具，推动医疗技术创新与进步。

这些趋势对医疗健康领域新质生产力的影响主要体现在以下几个方面。首先，可穿戴设备与远程医疗的结合将优化医疗资源的分配和利用，减少病人到医院的需求，从而减轻了医疗系统的压力。其次，借助AI和精准医疗技术，可穿戴设备能够提供更精确的数据，进而提高诊断的准确性和治疗效果。其次，随着可穿戴设备普及，个人健康数据的实时监控将推动医疗从以治疗为中心转向以预防为主的健康管理模式。最后，基因治疗和精准医疗等新技术的进步，将推动个性化医疗服务的发展，使患者能够获得更针对其个人健康状况的治疗方案。

总之，可穿戴设备的发展正在提升医疗健康领域的生产力，不仅提高了医疗资源的利用效率，还推动了预防医学和个性化医疗的发展，提升了整体医疗服务的质量和效果。

9.3　社会发展趋势对新质生产力的塑造

社会发展趋势与技术进步相互作用，共同塑造着新质生产力的发展方向。本节将探讨几个关键的社会发展趋势，以及它们如何影响未来的生产力形态。

9.3.1　全球化与逆全球化背景下的生产力变革

全球化进程在过去几十年中极大地推动了生产力的提升，但近年来逆全球化趋势也日益凸显。这种复杂的国际环境正在重塑全球价值链，对生产力发展产生深远影响。

新冠疫情暴露了全球供应链的脆弱性，促使企业加速供应链的多元化和本地化。根据麦肯锡全球研究院的报告，未来五年内，16%～26%的全球商品出口可能会转移到新的国家。这一生产网络的重构虽然在短期内可能带来一定的效率损失，但从长期来看，供应链的多元化和本地化有望显著提高其韧性和应对风险的能力。

2020年11月签署的《区域全面经济伙伴关系协定》（RCEP）就是区域合作的典型案例。该自由贸易协定覆盖了全球30%的人口和GDP，旨在进一步促进区域内的经济合作和贸易。

区域经济一体化的优势在于，它能够形成更大规模的统一市场，推动规模经济和专业化分工，从而提高整体的生产效率。例如，欧盟的单一市场显著提升了成员国的生产力水平，研究估计，单一市场为欧盟GDP带来了8.5%的增长。这种经济合作模式不仅提升了区域内的经济协同效应，还增强了成员国在全球经济中的竞争力。

在当前地缘政治紧张局势的背景下，技术民族主义正在兴起，各国越发重视关键技术的自主可控。这一趋势在一定程度上可能阻碍全球技术的流动，但与此同时，也有助于刺激本土创新能力的提升。例如，中国在半导体领域加大了投资力度，以减少对外部供应的依赖。根据中国半导体行业协会的数据，2020年中国集成电路产业销售额达到了8848亿元，同比增长17%。这一自主创新的努力有望推动技术突破，进而提高生产效率。

全球化与逆全球化的相互作用对新质生产力的影响主要体现在几个方面。首先，供应链的重构与优化将促使企业优化供应链管理，提高其灵活性和韧性，从而实现新的效率提升。其次，创新模式的转变可能由技术民族主义引发，促使各国重新分配创新资源，推动本土技术的发展。此外，全球竞争加剧将进一步加速数字化转型，帮助企业提升运营效率和市场响应速度。全球价值链的重构还可能为新兴市场的崛起提供新的机遇，推动这些国家的生产力水平提升。同时，随着货物贸易面临更多障碍，服务贸易的增长可能成为全球化的新焦点，促进服务业生产力的进一步提升。

尽管如此，这些趋势也伴随着诸多挑战。供应链重构可能导致短期内的成本上升，技术壁垒可能阻碍全球创新合作，而地区间的发展不平衡问题也可能进一步加剧。应对这些挑战需要政府、企业和国际组织的共同努力，在确保国家安全的同时，维护开放、包容的国际经济秩序，推动全球经济的可持续发展。

9.3.2 共享经济模式的深化与演进

共享经济作为一种新的经济模式，近年来得到了快速发展。它通过互联网平台提高了资源利用效率，创造了新的就业形式，也对传统产业带来了巨大冲击。

尽管受到疫情的影响，共享经济仍保持了强劲的增长态势。根据普华永道的预测，到2025年，全球共享经济主要行业的收入将从2015年的150亿美元增长至3350亿美元。这种增长不仅体现在经济收益上，也深刻改变了人们的生活方式和就业模式。

以共享出行为例，中国的滴滴出行在国内的日均订单量已超过3000万单。在美国，Uber和Lyft则占据了超过95%的网约车市场。这些平台不仅为用户提供了便捷的出行服务，还创造了大量灵活的就业机会，为推动新经济形态的形成做出了重大贡献。随着技术的进步和市场需求的变化，共享经济预计将在更多行业中获得应用，进一步推动全球经济的创新和发展。

共享经济正在不断向更多领域扩展，超越了传统的共享出行和短租住宿模式。如今，共享办公、共享医疗设备、共享教育资源等新兴模式逐渐崭露头角，进一步推动了共享经济的多元化发展。

例如，WeWork 是全球最大的共享办公空间提供商之一。截至 2021 年第二季度，WeWork 在 38 个国家的 763 个地点拥有 937000 个工位。这种模式不仅提高了办公空间的利用效率，还为中小企业和自由职业者提供了灵活、经济的办公选择。随着共享经济在更多领域中的应用，企业和个人能够更加灵活地利用资源，推动经济效益与社会效益的双重提升。这一趋势也为未来的商业模式创新带来了广泛的可能性。

共享经济正逐步与 AI、区块链等新兴技术深度融合，创造出全新的应用场景。例如，共享单车公司 ofo 曾与区块链公司 VeChain 合作，利用区块链技术优化单车管理和信用体系。这些技术的结合不仅提升了共享经济平台的运营效率，还增强了数据透明度和系统安全性。

共享经济对新质生产力的影响主要体现在以下几个方面。首先，提高资源利用效率是共享经济的核心，通过提高闲置资源的利用率，实现资源的优化配置，进而提高整体经济效率。其次，共享经济平台创造了新的就业形式，为大量灵活就业和兼职工作提供了机会，增强了就业的弹性和灵活性。此外，传统行业的转型升级也是共享经济的显著影响之一。共享经济为传统行业带来了竞争压力，迫使其加速数字化转型并推动服务创新。同时，消费模式的改变促使人们从"拥有"向"使用"消费理念转变，这有助于塑造更可持续的消费模式。最后，在创新创业的推动方面，共享经济平台为创新创业提供了全新的机会，促进了创新生态系统的发展。

然而，共享经济的发展也面临着诸多挑战。劳动关系的界定和平台责任的认定，以及数据安全和隐私保护等问题，需要通过完善法律法规加以解决。同时，如何在效率和公平之间取得平衡，保护弱势群体的利益，仍是社会各界亟须关注的问题。

9.3.3 数字鸿沟与包容性增长的挑战

随着数字技术在经济社会中的渗透，数字鸿沟问题日益凸显。如何实现包容性的数字化发展，确保所有人都能公平地分享数字红利，成为一个重要的社会议题。

尽管全球互联网普及率不断提升，数字鸿沟依然显著。据国际电信联盟（ITU）

的数据，2021年全球仍有约37%的人口（约29亿人）从未使用过互联网，其中96%生活在发展中国家。这一数据表明，全球在数字接入方面仍然存在巨大的差距，尤其是在经济欠发达地区。

数字鸿沟不仅体现在国家之间，还存在于同一国家的不同地区和群体之间。例如，在美国，农村地区的宽带接入率明显低于城市地区。2019年，城市地区的宽带接入率为83.3%，而农村地区仅为65.4%。这一差距导致不同地区居民获取信息和参与数字经济的能力不平衡，进一步加剧了经济和社会不平等问题。因此，缩小数字鸿沟已成为全球经济和社会可持续发展的重要议题。

各国政府和国际组织正采取多项措施以缩小数字鸿沟。例如，印度政府实施的"数字印度"计划，旨在通过改善数字基础设施、提供数字服务和提升数字素养，全面推动数字包容的发展。不仅如此，私营部门也为缩小数字鸿沟贡献了力量。以Facebook（现Meta）为例，其发起的Internet.org计划旨在为发展中国家提供免费的基础互联网服务。尽管该计划在一些国家引发了有关网络中立性的争议。

随着数字技术的快速普及，数字素养已成为公民必备的基本技能。为了提升全民的数字素养，许多国家正在将其纳入学校课程中。例如，英国自2014年起在中小学中引入了编程教育，旨在提高学生的数字技能。

数字鸿沟与包容性增长对新质生产力的影响主要体现在以下几个方面。首先，人力资本发展的不平衡。数字鸿沟可能加剧不同群体在数字技能上的差距，进而影响整体人力资本的质量。其次，创新机会的不平等。缺乏数字资源和技能的群体可能会错失参与数字经济的机会，从而限制社会的创新潜力。再次，市场潜力的限制。数字鸿沟可能降低某些地区和群体参与数字经济的能力，进而减少市场规模和发展潜力。此外，数字技能差距可能进一步加剧社会不平等，影响社会流动性，最终对经济的长期发展产生不利影响。最后，数字鸿沟还可能削弱数字政务和智慧城市建设的成效，从而限制公共服务效率的提升。

因此，缩小数字鸿沟、实现包容性增长是一项复杂的系统工程。它需要政府、企业、教育机构和公民社会的共同努力。这不仅关乎基础设施建设，还涉及教育培训、政策支持和技术创新等多个方面。唯有确保所有人都能公平地参与数字经济，才能充分释放数字技术在提升生产力方面的潜力。

9.4　人口老龄化对新质生产力的影响

人口老龄化是当前许多国家面临的重大挑战，它不仅影响社会结构，也对经济发展和生产力提升产生深远影响。本节将探讨人口老龄化及其相关因素如何影响新质生产力的发展，以及可能的应对策略。

9.4.1　人口老龄化对劳动力市场的冲击

人口老龄化直接影响劳动力供给的数量和结构，对生产力发展构成挑战。许多发达国家和一些新兴经济体正面临劳动年龄人口比例下降的问题。例如，据日经新闻报道，日本总务省2021年11月30日发布的数据显示，与属于顶峰的1995年劳动年龄人口（15～64岁）8716.5万人相比，2020年的7508.8万人减少了13.9%。这种趋势可能导致劳动力短缺，抑制经济增长。

随着人口老龄化，劳动力的年龄结构也在发生变化。年长劳动者比例的上升可能影响整体劳动生产率。一项针对德国企业的研究显示，员工平均年龄每增加一岁，企业的创新表现出现一定程度的下降。

尽管老年员工在职场中积累了丰富的经验，但他们在适应新技术方面可能面临挑战。例如，一项针对欧盟国家的研究表明，55～65岁年龄组的数字技能显著低于年轻群体。

人口老龄化对劳动力市场的影响主要体现在以下几个方面。首先，随着劳动力供给的减少，工资水平可能会上升，进而增加企业的运营成本。其次，劳动密集型产业可能面临转型压力，而与健康护理和老年服务相关的产业则可能获得新的发展机遇。此外，年轻劳动力比例的下降可能会削弱整体的创新活力。与此同时，为保持劳动力市场的竞争力，老年员工需要不断更新和提升技能，以适应新技术的发展。

这些挑战也推动了生产方式的变革和新技术的应用。例如，自动化技术的加速应用已成为应对劳动力短缺的重要手段。以日本为例，2020年日本的工业机器人密度（每万名制造业员工拥有的工业机器人数量）达到390，远高于全球平均水平。此外，灵活就业形式的兴起也成为留住老年员工的有效策略。许多企业通过采用弹性工作制和部分退休等灵活的就业形式，成功提升了老年员工的工作效率和满意度。德国宝马公司的"Today for Tomorrow"项目便是其中的典型案例，通过改造工作站和调整工作时间，提高了老年员工的工作效率和职业满意度。最后，技能培训的创新也在逐渐兴起。企业和政府正在探索新的培训方式，帮助老年员工适应新技术。例如，新加坡的"技能创前程"（SkillsFuture）计划下的"终身学习运动"为所有公民提供培训补贴，鼓励持续学习和技能更新。这些创新措施不仅提升了劳动力的技术适应能力，也增强了老年员工在职场中的竞争力。

9.4.2　养老产业的发展与新质生产力的机遇

人口老龄化虽然带来挑战，但也为养老产业的发展创造了机遇，有望成为新的经济增长点。随着老年人口增加，养老服务需求快速增长。中国国务院发展研究中心预测，到2030年，中国养老服务业市场规模将达到22万亿元。这一巨大市场正吸引大量投资和创新。

信息技术正在改变传统养老模式。例如，日本开发的护理机器人Paro能够为老年人提供情感陪伴，已在30多个国家使用。远程医疗、可穿戴设备等技术也正在改善老年人的生活质量和健康状况。

随着人口老龄化的加剧，金融业正在积极开发创新型产品以满足老年群体的需求。例如，中国的一些银行推出了"以房养老"这一反向抵押贷款业务，帮助老年人盘活他们的固定资产，提高经济上的灵活性。

养老产业的发展对新质生产力的提升主要体现在以下几个方面。首先，养老产业可能成为未来经济增长的重要引擎，通过推动相关技术和服务的创新，带动整个经济体系的发展。其次，养老服务业的扩张将为社会创造大量新的就业机会，部分缓解由于人口老龄化带来的劳动力短缺和就业压力。再次，老年群体的养老需求将刺激医疗、机器人、人工智能等领域的技术创新，加速这些行业的技术进步。最后，创新的金融产品，尤其是像反向抵押贷款之类的产品，能够有效盘活老年群体的固定资产，从而提升社会资源的整体利用效率。

总的来看，老年金融服务的创新不仅为老年群体提供了更多的经济保障，也在推动相关产业和技术的发展，增强了社会的生产力和资源利用效率。

9.4.3　人口结构变化对消费模式和产业结构的影响

人口老龄化不仅影响生产端，也将深刻改变消费模式和产业结构。老年人口比例上升将改变社会的整体消费结构。例如，日本的研究显示，65岁以上人群在医疗保健、食品和住房方面的支出比例明显高于年轻群体。这种消费结构的变化将直接影响产业发展方向。

针对老年群体的产品和服务正成为新的市场热点，"银发经济"随之兴起。例如，中国的老年旅游市场正快速增长，2019年60岁以上老年人的出游达到1.55亿人次，同比增长19%。

不同代际的消费习惯差异正在重塑市场结构。例如，当前的老年群体相较于前几代人，更加熟悉数字技术，并且对在线服务的接受度更高。这一变化为数字经济在养老领域的应用提供了新的发展机遇。

人口结构的变化对消费模式和产业结构的影响主要体现在以下几个方面。首先，随着老年人需求的不断增长，与其相关的产业如医疗健康、休闲娱乐、金融服务等，预计将获得更快的发展。其次，未来，更多的产品将专门考虑老年群体的需求，推动通用设计理念的普及，使产品适应更广泛的用户群体。再次，针对老年群体特点的创新服务模式将不断涌现，尤其是在健康管理、生活便利性和个人护理等领域。最后，随着老年群体的数字化程度不断提高，数字经济将迎来新的增长点，特别是在远程医疗、在线服务和智能设备方面。

然而，这种转变也带来了一些挑战。例如，如何在满足老年人需求的同时平衡年轻人的需求，如何避免过度依赖某些特定产业，都是政策制定者和企业管理者需要认真考虑的问题。只有在应对这些挑战的过程中做到积极有效，才能确保市场结构的健康发展，并最大限度地利用代际消费差异带来的机遇。

9.5 挑战与展望

9.5.1 发展挑战

在新质生产力快速发展的进程中，我们面临着多方面的重要挑战。首要挑战是数据安全与隐私保护问题。随着数据在新质生产力中的核心地位日益凸显，数据泄露事件频发引发了严重的社会关注。例如，2021年Facebook超过5亿用户个人信息泄露事件，不仅造成了直接经济损失，更严重损害了用户信任。在充分发挥数据价值的同时确保个人隐私安全，已成为一个亟待解决的关键问题。

其次，技术伦理与社会公平问题日益突出。人工智能系统可能存在偏见和歧视，如亚马逊曾发现其AI招聘系统对女性求职者产生偏见。同时，麦肯锡研究估计，到2030年，全球可能有高达3.75亿个工作岗位面临被自动化取代的风险，这对就业市场带来了深刻冲击。

再次，人才培养与教育体系面临重大挑战。世界经济论坛预测，到2025年，全球50%的员工将需要再培训。新质生产力的发展要求具备跨学科知识的复合型人才，然而传统专业化教育体系难以满足这一需求。随着技术融合与产业变革加速，培养能够跨学科解决复杂问题的人才变得愈发重要。

从次，法律法规与政策支持体系需要完善。新兴技术和商业模式的发展速度往往快于法律法规的制定进程。例如，共享经济平台的兴起给劳动关系认定、税收管理等方面带来了诸多挑战。在全球化背景下，各国法律法规的差异也成为阻碍新质生产力全球化发展的重要因素。

最后，国际合作与标准制定面临挑战。地缘政治局势紧张和技术民族主义倾向可能阻碍全球创新生态系统的发展。一些国家基于国家安全考虑限制关键技术的跨境流动，在新兴技术领域的标准之争可能导致市场分割，影响全球技术的推广应用。

9.5.2 应对策略

针对上述挑战，需要采取全面系统的应对策略。在数据安全与隐私保护方面，应当从法律、技术和管理三个维度协同推进。首先，加强法律法规建设，参考欧盟GDPR等先进经验，建立严格的数据保护标准。其次，推动技术创新，发展隐私计算、同态加密等新技术，如微软和Intel合作开发的"机密计算"技术，实现在保护隐私的同时充分发挥数据价值。最后，企业需要建立完善的数据治理体系，包括数据分类、访问控制、加密管理等多个环节。

在技术伦理与社会公平方面，需要制定完善的人工智能伦理准则，提高算法透明度和可解释性。参考欧盟委员会《可信赖人工智能伦理准则》等国际经验，确保人工智能技术的发展符合社会价值观和道德规范。同时，政府和企业应当加大对工人再培训的投入，借鉴新加坡"技能创前程"（SkillsFuture）等成功经验，帮助劳动者适应未来就业需求。

在人才培养方面，需要推进教育体系改革，将STEM教育与人文教育深度融合，培养学生的创新思维和跨学科能力。加强高校与企业合作，借鉴德国双元制职业教育系统的经验，培养符合市场需求的高素质人才。同时，深化在线教育平台建设，通过Coursera等MOOC平台为学习者提供灵活、个性化的学习机会。

在法律法规与政策支持方面，建议采用"监管沙盒"等创新监管方式，为新技术和新业态发展预留空间。借鉴英国金融行为监管局（FCA）的监管沙盒项目经验，在控制风险的前提下促进创新发展。各国应及时修订相关法律法规，通过加强国际合作减少法律差异对全球化发展的阻碍。

在国际合作与标准制定方面，应当建立开放包容的多边合作机制，推动"数字丝绸之路"等国际合作平台建设。通过国际电信联盟（ITU）等组织推动全球标准统一，构建开放的创新生态系统，促进知识和技术的全球流动。

9.5.3 未来展望

展望未来，新质生产力发展将呈现出若干重要趋势。首先，融合创新将成为主流发展模式，技术与产业边界将进一步模糊，生物技术与信息技术等跨界融合将带来革命性突破。其次，可持续发展将成为核心主题，绿色低碳技术、循环经济、清洁能源等领域将快速发展。此外，人机协作将更加深入，人类的创造力与情感智能将与机器的高效计算和精准操作形成更好的互补。与此同时，个性化生产将更加普及，大数据、人工智能和柔性制造技术的结合将推动生产方式向个性化、定制化方向转变。

未来研究需要重点关注以下方向：一是新兴技术的长期影响研究，特别是量子计算、脑机接口等前沿技术对社会经济的深远影响；二是生产力评价体系创新，构建兼顾经济效益、社会效益和环境效益的新型评价体系；三是数字时代产业组织理论研究，深入探索数字经济条件下的产业组织新特征和新规律；四是技术伦理与治理研究，探索平衡技术创新与社会价值的有效治理模式；五是全球价值链重构研究，探索数字技术推动下的国际分工新模式。

随着5G、人工智能、大数据等技术的进一步成熟和融合，新质生产力将继续引领各行各业变革。然而，发展新质生产力是一个长期的过程，需要持续的投入和创新。我们需要不断完善政策体系，加强基础研究，促进产学研深度融合，培养跨学科人才，同时应高度重视数据安全和隐私保护。在这个充满机遇与挑战的新时代，各国的实践和创新将为全球提供有益经验，只有保持对知识的渴望、对创新的热情，才能在新质生产力的浪潮中把握先机、引领未来。

参考文献

[1] AAVIKSOO E, ABBASOV Z. P-351 Analytical platform for employee health management[J]. Occupational and Environmental Medicine, 2021.

[2] ABISUGA A O, WANG C C, SUNINDIJO R Y. A holistic framework with user - centred facilities performance attributes for evaluating higher education buildings[J]. Facilities, 2019, 38（1/2）: 132 - 160.

[3] AI 时代的再培训：哈佛商评 2025 年度必读关键策略 [EB/OL].（2025-01-07）[2025-01-22]. https://www.sohu.com/a/846239308_121798711.

[4] ALANAZI S S, ALANAZI A A. A Framework for Protecting Teenagers from Cyber Crimes and Cyberbullying[J]. International Journal of Advanced Computer Science and Applications，2021，12（6）: 310-315.

[5] ANTHONY D.关于滴滴智能调度的分析和思考 [EB/OL].（2021-08-29）[2025-01-21]. https://blog.csdn.net/weixin_34384681/details/86022020.

[6] BORA G. "数字印度" 崛起背后：五百万印度 IT 人共筑科技创业新生态 [EB/OL].（2019-07-12）[2025-01-22]. https://www.36kr.com/p/1723970093057.

[7] 基于 5G 的工业 AI 视觉检测系统应用 [EB/OL].（2024-02-23）[2025-01-21]. https://www.china-vision.org/cases-detail/217518.html.

[8] 沃尔玛使用区块链技术来追踪虾类食品供应链 [EB/OL].（2019-12-06）[2025-01-21]. https://cn.cointelegraph.com/news/walmart-uses-blockchain-tech-to-track-shrimp-supply-chains.

[9] CWW.2023 年前实现大型工业企业 5G 应用渗透率超 35%！模组企业如何保驾护航？ [EB/OL].（2021-07-30）[2025-01-21]. https://finance.sina.com.cn/tech/2021-07-30/doc-ikqcfnca9857523.shtml.

[10] DAISY.CBD 关于实施《2020 后全球生物多样性框架》指标的网络研讨会 [EB/OL].（2021-10-24）[2025-01-22]. https://www.thepaper.cn/newsDetail_forward_15048873.

[11] DARADKEH T, AGARWAL A, GOEL N，et al. Google Traces Analysis for Deep Machine Learning Cloud Elastic Model[C]//2019 International Conference on Smart Applications, Communications and Networking（SmartNets）. 2019: 1 - 6.

[12] DELOITTE. 德勤：美国制造业未来十年面临 240 万工人缺口 婴儿潮一代逐渐退休 [EB/OL].（2018-11-29）[2025-01-22]. https://www.sohu.com/a/278601494_114835.

[13] DU X M. 环保部：全国空气质量监测网建成 设 5000 余个监测站点 [EB/OL].（2017-02-14）[2025-01-22]. https://news.cctv.com/2017/02/14/ARTIxDUvwrMKvpBHXPWZHDdx170214.shtml.

[14] GURLEY B. 从内部视角剖析 Uber 动态定价[EB/OL].（2014-3-16）[2015-01-22]. https://www.36kr.com/p/1641847422977.

[15] 华为发布城市智能体系列解决方案，深耕城市数字化 [EB/OL].（2021-09-24）[2025-01-22]. https://www.huawei.com/cn/news/2021/9/huawei-connect-2021-smart-city-digital-solution.

[16] IBM.IBM 发布《2024 年数据泄露成本报告》：企业数据泄露成本创新高，AI 和自动化成为"数据保卫战"突破口 [EB/OL].（2024-07-31）[2025-01-22]. https://china.newsroom.ibm.com/2024-07-31-IBM-2024-，AI.

[17] IDC 发布全球信息技术行业十大预测：人工智能将重塑 IT 行业及企业运营方式 [EB/OL].（2023-10-26）[2025-01-21]. https://www.idc.com/getdoc.jsp?containerId=prCHC51340223.

[18] KANTAR. Difference drives cars category brand value growth[EB/OL].（2021-07-14）[2025-01-21].https://www.kantar.com/en-cn/inspiration/auto/2021-global-brandz-difference-drives-cars-category-brand-value-growth.

[19] KIM. 沃尔玛与宝洁的经典供应链合作[J]. 信息与电脑，2006（11）：33.

[20] LANGFORD E L, BERGSTROM H C, LANHAM S N, et al. Evaluation of Work Efficiency in Structural Firefighters[J]. Journal of Strength and Conditioning Research, 2023, 37: 2457 - 2466.

[21] LE Q V, Schuster M. 回顾 | 谷歌翻译整合神经网络：机器翻译实现颠覆性突破（附论文）[EB/OL].（2017-01-26）[2025-01-22]. https://www.sohu.com/a/125177286_465975.

[22] LI X T. 蚂蚁森林的"另类"绿色金融实践：科技拓宽公益边界 [EB/OL].（2017-09-09）[2025-01-22]. https://finance.sina.cn/2017-09-09/detail-ifykuffc4541316.d.html.

[23] 麦肯锡报告解析：AI 重塑制造业，开启万亿级增长潜力 [EB/OL].（2024-05-27）

[2025-01-21]. https://www.industrysourcing.cn/article/459598.

[24] MITRAVINDA K M, SHETTY S. Employee Attrition: Prediction, Analysis Of Contributory Factors And Recommendations For Employee Retention[C]//2022 IEEE International Conference for Women in Innovation, Technology & Entrepreneurship (ICWITE). Bangalore, India, 2022: 1-6.

[25] NBD. "21 世纪金融发展优秀案例（2023 年）" 揭晓：平安人寿荣获 2023 年度优秀客户服务机构、卓越养老金融机构 [EB/OL]. (2023-12-06)[2025-01-22]. https://www.nbd.com.cn/articles/2023-12-06/3149087.html.

[26] Netflix - The value of the data [EB/OL]. (2019-12-03)[2025-01-22]. https://www.datalaria.com/en/post/casos_exito/2019-12-03-netflix/.

[27] PANCHMATIA N. How DBS Bank uses a human - AI synergy approach to enhance customer experiences and improve efficiencies[EB/OL]. (2024-07-25)[2025-01-22]. https://tearsheet.co/artificial-intelligence/how-dbs-bank-uses-a-human-ai-synergy-approach-to-enhance-customer-experiences-and-improve-efficiencies/.

[28] PAUDEL S, SHAKYA A. Ontology based Job-Candidate Matching using Skill Sets[C]//Proceedings of IOE Graduate Conference, 2017, 5: 251-258.

[29] 懂你的不是网易云音乐们，而是这套神奇的算法 [EB/OL].(2018-01-08)[2025-01-21]. https://www.163.com/dy/article/D7KLH1LH0 511RHJB.html.

[30] RANGANATHAN N. 人脸识别 60 年 | 印度：为 13 亿人建立生物识别数据库 [EB/OL]. (2020-12-08)[2025-01-22]. https://www.163.com/dy/article/FTBDUT7D0514R9P4.html.

[31] RAVICHANDRAN D B, VERMA V. Data Collection, Standardization and Usage at Scale in the Uber Rider App[EB/OL]. (2021-09-22)[2025-01-22]. https://www.infoq.com/news/2021/09/uber-data-collection/.

[32] REN H Y. 华为和阿里巴巴都采用的 "绩效使能"，你了解吗？ [EB/OL]. (2019-06-04)[2025-01-22]. https://finance.sina.com.cn/manage/mroll/2019-06-04/doc-ihvhiqay3460564.shtml.

[33] Netflix. 每年靠它节省 10 亿美元，这套个性化推荐系统是怎么回事？ [EB/OL]. (2016-08-03)[2025-01-21]. https://www.huxiu.com/article/158750.html.

[34] 智能时代下的责任担当：AI 开发者的伦理思考 [EB/OL]. (2024-12-16)[2025-01-21].https://www.showapi.com/news/article/675f79a44ddd79f11a022b06.

[35] 平安好医生展示 AI 诊疗系统 AI Doctor 覆盖 3000 种疾病 [EB/OL].（2019-08-29）[2025-01-22]. https://tech.sina.com.cn/it/2019-08-29/doc-iicezueu2031842. shtml?source=cj.

[36] 零售行业中数据分析的经典案例 [EB/OL].（2021-05-14）[2025-01-21].Smartbi https://www.smartbi.com.cn/wiki/3224.

[37] 百科 | 企业如何指定数据质量管理的目标？ [EB/OL].（2022-12-03）[2025-01-21]. https://baike.survey.work/data-quality-management/.

[38] SWANSON K. A Case Study on Spotify：Exploring Perceptions of the Music Streaming Service[J]. Journal of the Music&AEntertainment Industry Educators Association，2013，13（1）：207-230.

[39] TANG, C. L. 彭博推出自有 ESG 评分 为投资者提供透明的数据驱动深度信息 [EB/OL].（2020-08-14）[2025-01-22]. https://finance.sina.com.cn/roll/2020-08-14/ doc-iivhvpwy1007489.shtml.

[40] TechWeb. 腾讯加速脱虚向实 To B 业务收入超游戏成新增长引擎 [EB/OL]. （2022-03-23）[2025-01-21]. https://finance.sina.com.cn/tech/2022-03-23/doc-imcwiwss7720144.shtml?finpagefr=p_114.

[41] The Paper. Gartner 公布 2025 年十大技术趋势：代理 AI、机器人和虚假信息 安 全 [EB/OL].（2024-11-12）[2025-01-22]. https://www.thepaper.cn/newsDetail_ forward_29309604.

[42] The Telegraph.Meet Daisy：the Apple robot that takes apart your dead iPhone[EB/OL].（2018-04-19）[2025-01-21].https://www.telegraph.co.uk/ technology/2018/04/19/meet-daisy-apple-robot-takes-apart-dead-iphone/.

[43] WANG Y. 中国教育科技大会 | 作业帮发力 OCR+AI 技术，持续打造技术壁垒 [EB/OL].（2020-12-25）[2025-01-22].iCloudNews，https://www.icloudnews.net/ a/40077.html.

[44] weixin_47371464.射频识别（RFID）技术的基本原理、特性、发展和应用 [原创] [EB/OL].（2023-05-28）[2025-01-22]. https://blog.csdn.net/weixin_47371464/article/ details/130064735.

[45] World Economic Forum. 技术或替全球劳动力 8500 万工作岗位，将出现 9700 万 新岗位 [EB/OL].（2020-10-22）[2025-01-21]. 澎湃新闻，https://www.thepaper.cn/ newsDetail_forward_9663683.

[46] wxwdesign.MSCI [EB/OL].（2019-04-29）[2025-01-22]. https://xueqiu. com/9368239997/125823753.

[47] YANG J B. 联合利华供应链转型实践：三座灯塔工厂 四种客户连结 [EB/OL]. （2023-06-06）[2025-01-22]. https://finance.ifeng.com/c/8QOeW8ZYgQ7.

[48] YANG R, SHEN Y T. 视域 | 高等教育的"全球视野"，并不是一个空泛概 念 [EB/OL].（2020-05-08）[2025-01-22]. https://www.163.com/dy/article/ FC2NAJH10521LU6F.html.

[49] ZHANG J B. 毕马威中国报告：数字经济已是改变全球竞争格局的关键 力 量 [EB/OL].（2023-04-20）[2025-01-22]. https://news.youth.cn/jsxw/202304/ t20230420_14467636.htm.

[50] ZHANG J, JIANG H Q, ZHANG W, et al.《大气污染防治行动计划》实施 的 费 用 效 益 分 析 [EB/OL].（2020-11-16）[2025-01-22]. https://www.sohu.com/ a/432109471_120530445.

[51] ZHANG J, SHAN Z G, HAN Q. 把握数字时代新趋势 共享美好数字生活 [EB/ OL].（2024-03-15）[2025-01-22]. http://opinion.people.com.cn/n1/2024/0315/c1003- 40196003.html.

[52] ZHANG Q, WANG R Q. 联合国：全球仍有近 30 亿人口从未上过网 [EB/ OL].（2021-12-01）[2025-01-22]. https://news.sina.com.cn/w/2021-12-01/doc- ikyamrmy6168360.shtml.

[53] ZHENG X Q. IDC：2025 年中国市场将迎来 AI 驱动的商业模式转型 [EB/OL]. （2024-12-12）[2025-01-22]. https://www.163.com/dy/article/JJ7NQHD60514R9OJ.html.

[54] Zoom. 2021 年第四季度和年度财务业绩，大超预期！[EB/OL].（2021-03-02） [2025-01-22]. https://xueqiu.com/6959769105/173166745.

[55] 阿里巴巴达摩院.阿里巴巴达摩院公布 2022 十大科技趋势预测 [EB/OL].（2022- 01-11）[2025-01-22]. https://ali-home.alibaba.com/document-1489332469822914560.

[56] 阿里研究院，德勤研究.阿里与德勤发布报告：中国平台经济规模 2030 年将突 破 100 万亿 [EB/OL].（2017-10-12）[2025-01-21]. http://it.people.com.cn/n1/2017/ 1012/c1009-29583248.html.

[57] 阿里云开发者社区.物联网 GE-PREDIX [EB/OL].（2024-11-18）[2025-01-21]. https://developer.aliyun.com/article/1638761.

[58] 北京电信技术发展产业协会（TD 产业联盟）.5G ＋ 工业互联网产业发展白皮书

（2022）[R/OL].（2024-11-18）[2025-01-21]. https://www.iotku.com/News/7649
20006705152000.html.

[59] 北京市公共资源交易服务平台.2021 年市农业农村局乡村振兴大数据平台建
设项目（一期）公开招标公告 [R/OL].（2021-05-11）[2025-01-22].https://ggzyfw.
beijing.gov.cn/jyxxcggg/20210511/1655077.html.

[60] 博世汽车电子事业部.博世发力数字化 AOI（Automatic Optic Inspection）+AI
算法 [EB/OL].（2023-12-06）[2025-01-21]. https://www.elecfans.com/d/2332228.html.

[61] 陈邓西.数字化转型背景下企业业务财务联动的实践案例分析[J].现代商业
研究，2024（16）：89-91.

[62] 此星光明.Google Earth Engine（GEE）：哥白尼大气监测（CAMS）全球气溶胶
AOI 近实时观测数据集 [EB/OL].（2022-06-15）[2025-01-22]. https://blog.csdn.net/
qq_31988139/article/details/125225360.

[63] 戴菲，赵文睿，陈宏.探索垂直农业与都市景观结合的方式：新加坡垂直农场的
研究与启迪[J].城市建筑，2019，16（8）：128-132.

[64] 滴滴 2024 年二季度中国出行日均订单量达 3300 万单 规模持续增长 [EB/OL].
（2024-08-21）[2025-01-22]. https://www.chinanews.com.cn/cj/2024/08-21/10272561.
shtml.

[65] 工业 4.0 的大数据在西门子、博世的应用案例 [EB/OL].（2016-08-12）[2025-01-
21].https://www.elecfans.com/iot/431149.html.

[66] 丁大伟，沙严君，徐丰羽，等.基于百度Apollo平台的自动驾驶理论与实验交互
教学探索研究[J].工业和信息化教育，2024（5）：70-75，80.

[67] 基因测序行业：潮平岸阔帆正劲，乘势开拓谱新篇 [EB/OL].（2023-11-08）
[2025-01-21].https://data.eastmoney.com/report/zw_industry.jshtml?infocode=
AP202311081609374910.

[68] 美国地质调查局（USGS）的水质研究证实了早期的发现 [EB/OL].（2016-03-31）
[2025-01-22]. https://www.docin.com/p-1512770518.html.

[69] 西门子 MES：提升制造效率和质量的关键技术 [EB/OL].（2024-11-21）[2025-01-22].
https://www.feishu.cn/content/siemens-mes-key-technology.

[70] 冯湄娜.数字金融企业风险识别与控制对策：以蚂蚁金服为例[J].老字号品牌
营销，2023（18）：71-73.

[71] 苹果公司专题研究：全球科技巨头，创新不息，增长不止 [EB/OL].（2022-04-

23）[2025-01-21]. https://news.qq.com/rain/a/20220423A02UAU00.

[72] 高保卫.COSMOPlat平台赋能企业转型：全价值链集成解决方案[J].中国工业和信息化，2018（9）：54-58.

[73] 工业和信息化部.工信部：我国已建成2100多个高水平数字化车间和智能工厂[EB/OL].（2023-03-03）[2025-01-21]. https://gdca.miit.gov.cn/xwdt/xydt/art/2023/art_b5da97a8548a46809bbb1a4dfc6c5383.html.

[74] 郭倩，李力可，龚雯.“智”造有“数”企业扩“路”：工业企业加力布局智能制造[EB/OL].（2023-07-11）[2025-01-21]. https://www.gov.cn/yaowen/liebiao/202307/content_6891229.htm.

[75] 国家发展和改革委员会.上海市加快公共数据开放推进数据价值释放 [EB/OL].（2020-07-13）[2025-01-22].https://www.ndrc.gov.cn/xwdt/ztzl/szhzxhbxd/zxal/202007/t20200713_1233617.html.

[76] 国外的节水灌溉模式怎样面对新的农业市场[J].合作经济与科技，2002（4）：37.

[77] 完善推动高质量发展的服务业体制机制[EB/OL].（2024-09-18）[2025-01-21]. https://www.toutiao.com/article/7415759221666447909/?upstream_biz=doubao&source=m_redirect.

[78] 国务院扶贫办.农村贫困人口从2012年底的9899万人减少到去年底的551万人 [EB/OL].（2020-03-12）[2025-01-22]. https://www.163.com/dy/article/F7H2978R0519DFFO.html.

[79] APEC：海尔旗下卡奥斯，数字经济的“中国样本”![EB/OL].（2021-12-25）[2025-01-21]. https://www.haier.com/press-events/news/20211227_174423.shtml.

[80] 海尔COSMOPlat为工业互联网提供“中国答案”树全球制造业“灯塔”[EB/OL].（2018-09-17）[2025-01-21].https://www.cosmoplat.com/news/detail?newsid=878.

[81] 韩迎迎，江南.智能仓储AGV专利技术现状[J].中国科技信息，2024（11）：38-40.

[82] 何江.工业互联网架构实例分析：以GE公司Predix为例[J].信息通信，2017（11）：140-142.

[83] 何艺，肖亦南，韦云凯，等.行为互联网用户数据管控研究现状综述[J/OL].计算机应用，1-15.（2024-08-16）[2024-12-31].http://kns.cnki.net/kcms/detail/51.1307.TP.20240815.1606.018.html.

[84] 侯媛媛，刘云，谭龙.企业专利申请动机及其影响因素[J].技术经济，2012，31

（11）：44-49.

[85] 张馨元，钱海.十四五·双循环系列之二：技术生态内循环，美、德、中比较 [EB/OL].（2020-10-14）[2025-01-21]. https://m.hibor.com.cn/wap_detail.aspx?id=bf231fd6bb9b27742be8728041950846.

[86] 华为"721 法则"：如何让新员工快速融入"狼群" [EB/OL].（2019-03-12）[2025-01-22]. https://www.sohu.com/a/300649882_303910.

[87] 优步公布 2021 年四季度财报 营收同比增长 83% [EB/OL].[2025-01-21].https://tech.huanqiu.com/article/46kzsUB2Wq4.

[88] 黄国庆.专精特新政策对制造业企业研发投入的影响研究 [D].上海：上海财经大学，2023.

[89] 黄倩.数字化转型背景下沃尔玛盈利模式研究 [D].济南：山东大学，2022.

[90] 汇通财经 APP.JPM Coin 日交易额猛超 10 亿，摩根大通新布局 [EB/OL].（2023-10-27）[2025-01-21]. https://finance.sina.com.cn/stock/usstock/c/2023-10-27/doc-imzsnsmy0899072.shtml.

[91] 蒋均牧.IDC：2025 年全球数据总量将达 175ZB 近半数据存储于公有云 [EB/OL].（2018-12-14）[2025-01-21]. https://www.c114.com.cn/cloud/5344/a1074477.html.

[92] 蒋萍.企业多元化发展战略视角下的财务分析：以阿里巴巴公司为例 [J].商业会计，2024（22）：77-81.

[93] 捷佳伟创：首次公开发行股票并在创业板上市招股说明书 [EB/OL].（2018-07-31）[2025-01-22]. http://money.finance.sina.com.cn/corp/view/vCB_AllBulletinDetail.php?CompanyCode=80202473&gather=1&id=4609011.PDF.

[94] 金卯.无处不在的 3D 逼真体验：达索系统 2011 中国论坛在京举行 [J].航空制造技术，2011（13）：62-63.

[95] 平安入选人工智能"国家队"金融壹账通将搭建三层开放平台 [EB/OL].（2019-09-04）[2025-01-21].https://jrh.financeun.com/index.php/Detail/index/aid/69440.html.

[96] 城市大脑：思考城市文明的第四次浪潮 —— 来自杭州、桐乡的调查 [EB/OL].（2017-12-28）[2025-01-20]. http://finance.people.com.cn/n1/2017/1228/c1004-29733347.html.

[97] 孔微巍，于凡钠.智能化对服务行业的劳动力需求的影响：以阿里巴巴智能化服务为例 [J].商业经济，2021（3）：132-135.

[98] 跨付 KF.企业案例 | Monzo：英国传统银行挑战者 [EB/OL].（2022-08-08）[2025-

01-22]. https://www.amz123.com/t/mvj1cV7I.

[99] 雷锋网.谷歌乳腺癌 AI 检测新突破，误诊率远低于人类医生 [EB/OL].（2020-01-
02）[2025-01-21].https://www.leiphone.com/category/ai/QVGiW3F7KEoxBCzX.html.

[100] 李广俊.华为公司知识产权保护实践及思考[J].中国市场监管研究，2019（9）：
37-38.

[101] 李金鑫.工作压力对员工职业健康的影响：基于职业倦怠的中介作用[D].长
沙：湖南师范大学，2017.

[102] 李立.天猫双11总成交额5403亿 交易额崇拜转向长期价值[EB/OL].（2021-11-
12）[2025-01-21]. https://www.toutiao.com/article/7029501899237753358/?upstre
am_biz=doubao&source=m_redirect.

[103] 李晓华，宋孟起.开源的创新驱动作用及其治理机制[J].东北财经大学学报，
2024（6）：3-20.

[104] 李晓睿.以沃尔玛为例谈连锁超市采购与库存策略[J].经贸实践，2018（10）：
224.

[105] 联合利华.构建具有社会使命的品牌 联合利华发布可持续发展四周年报告 [EB/
OL].（2015-05-11）[2025-01-21]. https://www.prnasia.com/story/121452-1.shtml.

[106] 林想.2020年AWS净销售额达454亿美元，增长30%[EB/OL].（2021-02-03）
[2025-01-21]. https://www.c114.com.cn/4app/3542/a1152484.html.

[107] 刘琛.从谷歌流感趋势（GFT）案例分析"医疗大数据"的局限性[J].临床医学
研究与实践，2017，2（10）：116-117.

[108] 刘冲.智能媒体视域下数据新闻生产研究[D].保定：河北大学，2023.

[109] 刘东华.基于数据仓库技术的库存决策支持系统的研究[D].上海：上海海事
大学，2003.

[110] 刘刚.网约车监管中的价值冲突与应对策略[J].特区经济，2024（11）：23-28.

[111] 刘涛.基于AI技术的员工画像模型研究[J].自动化与仪器仪表，2022（2）：181-
185.

[112] 刘婷.流媒体平台的算法推荐、品位塑造与区隔再现：以Netflix为例[J].传媒，
2024（9）：53-55.

[113] 刘艳红，黄雪涛，石博涵.中国"新基建"：概念、现状与问题[J].北京工业大
学学报（社会科学版），2020，20（6）：1-12.

[114] 柳易木.数字金融对新能源企业绿色创新效率的影响研究[D].西安：西安理工

大学，2024.

[115] 罗力.数字政府背景下全球个人数据开发进展研究[J].电脑知识与技术，2021，17（35）：22-24.

[116] 马可远.智能投顾研究[D].北京：中央财经大学，2022.

[117] 孟庆斌，王宇嘉，穆天虹.资本市场向"新"集聚：服务新质生产力发展[J].金融市场研究，2024（9）：12-21.

[118] 木易.华为云首次披露、AWS/Azure领衔，国内外云服务商的2021成绩单[EB/OL].（2022-03-29）[2025-01-21]. https://m.163.com/dy/article/H3LDFPFT053109Y0.html.

[119] 潘建伟，陆朝阳，等.中国科学家实现"量子计算优越性"里程碑[EB/OL].（2020-12-04）[2025-01-21]. https://www.cas.cn/syky/202012/t20201204_4769401.shtml.

[120] 普华永道中国.第27期全球CEO调研中国报告[EB/OL].（2024-03-27）[2025-01-22].https://www.pwccn.com/zh/research-and-insights/ceo27/china-report.html.

[121] 清华大学.清华大学与万科、微软中国共同主编的《智慧办公建筑评价标准》正式发布[EB/OL].（2021-05-24）[2025-01-22]. https://www.tsinghua.edu.cn/info/1181/84359.htm.

[122] 诠释工业4.0：自动化生产全面"解放"人类[R/OL].（2016-11-23）[2025-01-22]. https://www.chuandong.com/news/news189749.html.

[123] 阿里城市大脑1.0发布 接管杭州128个信号灯路口[EB/OL].（2017-10-12）[2025-01-21]. http://it.people.com.cn/n1/2017/1012/c1009-29582289.html.

[124] 从田间到云端：土壤养分检测设备实现数据化精准施肥[EB/OL].（2025-01-19）[2025-01-21].https://www.sdturang.com/article/932.html.

[125] 沈占波，王蒙，刘建泽.开放式创新社区不同用户群体知识共享角色与协同作用研究：基于小米社区的扎根探索[J].现代情报，2024，44（5）：32-44.

[126] 石菲.创新驱动未来：亚马逊云科技展示技术新视野[J].中国信息化，2023（12）：13..

[127] 舒睿.德国兴起贴近客户需求的个性化"速度工厂"[J].中国纤检，2018（3）：127.

[128] 数智启迪录02 | 智能数字化转型能为汽车行业带来什么？ [EB/OL].（2025-01-17）[2025-01-22]. https://www.gongkong.com/news/202501/440410.html.

[129]《2024中国企业数字化转型案例研究报告》重磅发布！ [EB/OL].（2024-12-02）

[2025-01-21]. http://guoqing.china.com.cn/2024-12/02/content_117581475.shtml.

[130] 丝语.人工智能的宏观影响：观点与启示[EB/OL].（2024 - 09 - 04）[2025-01-21].
https://m.sohu.com/a/806208245_122014422/.

[131] 欧盟提交七年科研计划："欧洲地平线"[EB/OL].（2018 -06-24）[2025-01-21].
https://xscx.scu.edu.cn/info/1003/6571.htm.

[132] 斯凯孚大直径滚动轴承专利：引领高端制造时代的技术革新[EB/OL].（2024-
10-30）[2025-01-21].https://www.sohu.com/a/822198391_121798711 .

[133] 制鞋业变天了！阿迪达斯、耐克请来机器人坐镇，工人饭碗不保？ [EB/OL].
（2017-10-09）[2025-01-21].https://www.sohu.com/a/196973385_623786.

[134] 智能家居每月要多少电费 智能家居每月耗电分析【详解】[EB/OL].（2018-01-08）
[2025-01-21].https://product.pconline.com.cn/itbk/digital/znsm/1801/10637157.html.

[135] IDC 发布十大预测：2030 年 AI 将在全球产生 19.9 万亿美元累计影响[EB/OL].
（2024-12-10）[2025-01-21].https://news.qq.com/rain/a/20241210A09LMI00.

[136] 实地探访 | 制造工厂数字提升背后，西门子揭开管理的秘密[EB/OL].（2023-09-
09）[2025-01-21].https://news.qq.com/rain/a/20230909A05ROD00.

[137] 预见 2024:《2024 年中国 IDC（互联网数据中心）行业全景图谱》（附市场规
模、竞争格局和发展前景等）[EB/OL].（2024-05-29）[2025-01-22].https://news.
qq.com/rain/a/20240529A086OO00.

[138] 制造业应对数据孤岛的四大原因及五项措施[EB/OL].（2020-11-14）[2025-01-
21].https://cloud.tencent.com/developer/news/724457.

[139] 佟伟.原生数字化从精益工厂到透明工厂：西门子全球首座原生数字化工厂在
南京正式投运[J].现代制造，2022（7）：14-15.

[140] 王加艳.基于T3平台的网约车运营效益及影响因素研究[D].南昌：南昌大学，
2023.

[141] 王艺璇.AI个性化推荐服务采纳意愿的影响因素研究[D].北京：北京邮电大学，
2024.

[142] 王永华.美国Coursera、Udacity和edX三大MOOCs网络教学平台的分析与比
较[J].吉林省教育学院学报（下旬），2015，31（2）：25-26.

[143] Alphabet 旗下的生命科学公司 Verily 宣布完成 10 亿美元新一轮融资[EB/OL].（2022-
09-10）[2025-01-22].https://www.163.com/dy/article/HGT9DP800511BLFD.html.

[144] 宜家家居一年内减少碳足迹 11%，多亏疫情关闭实体店面[EB/OL].（2021-02-

01）[2025-01-22].https://www.163.com/dy/article/G1P1NMVT0514B52J.html.

[145] 跨境知道快讯：营收5727亿美元超预期，电商版图走[EB/OL].（2022-02-19）[2025-01-21].https://m.163.com/dy/article/H0JGTDH00552DZD9.html.

[146] 西门子如何让千万企业享到工业AI红利[EB/OL].（2024-08-01）[2025-01-21].https://m.163.com/dy/article/J8H34MLQ05118UGF.html.

[147] 微软Windows 8开发者预览版五大亮点[J].科技传播，2011（19）：16.

[148] 网约车行业的转机：Uber和Lyft转型进行时[EB/OL].（2019-12-19）[2025-01-22]. https://www.weiyangx.com/346499.html.

[149] 魏顶，蒋昆，李华田.数字孪生技术在产教融合中的应用研究：以西门子工业软件为例[J].专用汽车，2024（8）：101-104.

[150] 温敏瑢.员工创意新颖性、管理者认知对创意采纳的影响研究[D].广州：华南理工大学，2022.

[151] 沃尔玛的人才培训[EB/OL].（2016-11-30）[2025-01-22]. https://www.hrsee.com/?id=437.

[152] 冼靖.“一带一路”背景下综合型B2C电子商务企业发展策略研究：以亚马逊中国为例[J].金融经济，2019（16）：46-48.

[153] 小猪V5社区社群电商系.全域营销案例分析：成功背后的策略与实践[EB/OL].（2024-07-01）[2025-01-22]. https://www.sohu.com/a/789817507_121783453.

[154] 肖斐.数据共享推动完善个人征信体系问题研究[D].哈尔滨：中共黑龙江省委党校，2024.

[155] 谢瑞丽.小米集团生态链投资对企业绩效的影响研究[D].青岛：青岛科技大学，2024.

[156] 新冠确诊近80万人，线上访问量数倍激增，美国远程医疗支付改革在如何迅速突破？[EB/OL].（2020-04-22）[2025-01-22]. https://zhuanlan.zhihu.com/p/134221470.

[157] 滴滴全球平均日交易量4100万单[EB/OL].（2021-06-11）[2025-01-21].https://finance.sina.cn/tech/2021-06-11/detail-ikqciyzi8969781.d.html.

[158] 特斯拉发布《2023年影响力报告》，继续要求供应商开展铝业管理倡议ASI认证[EB/OL].（2024-06-20）[2025-01-21].https://finance.sina.com.cn/money/future/wemedia/2024 - 06 - 20/doc-inazkytc4183975.shtml.

[159] 邢会强，李泽荟.我国个人数据跨境流动认证制度及其完善[J].郑州大学学报（哲学社会科学版），2023，56（6）：54-60.

[160] 许明.应用程序商店：打造共赢的生态系统[J].信息网络，2010（4）：33-37.

[161] 亚马逊营销策略：如何运用大数据和 AI 实现精准营销 [EB/OL].（2023-11-01）
[2025-01-22]. https://www.sohu.com/a/732923014_120345677.

[162] 人力不够，机器来凑，日企造无人操作"自动插秧机"[EB/OL].（2020-6-4）
[2025-01-22]. https://news.cctv.com/2020/06/04/ARTIjFy9CWTj0WvXY3a0
y2F3200604.shtml.

[163] 杨山山.论A/B测试在电子邮件营销中的运用[J].现代营销（下旬刊），2019
（12）：90-92..

[164] 医脉通.英国 NHS 面临 70 年来最大挑战，所有医疗资源用于治疗新冠患者
[EB/OL].（2020-04-03）[2025-01-22].https://www.cn-healthcare.com/article/
20200403/content-533926.html.

[165] 易山."犀牛智造"看到的未来[J].信息化建设，2020（9）：1.

[166] 印文.中国互联网金融发展研究[D].南京：南京大学，2017.

[167] 于海波.基于大数据的数控机床数字孪生系统研究[D].北京：北京邮电大学，
2024.

[168] 2022全球数字货币市值排名（世界数字货币前十名市值）[EB/OL].（2022-02-
05）[2025-01-21].https://www.yuanhehe.com/bqzs/24712.html.

[169] 袁珩，耿喆，徐峰，等.美国人工智能战略布局与对外策略[J].科技管理研究，
2022，42（12）：34-39.

[170] 原光.数智赋能中华文化国际传播的技术路径、作用机理与优化策略[J].北京
工业大学学报（社会科学版），2024，24（6）：96-107.

[171] 约翰迪尔1030精密播种机：应对紧迫播种期的完美解决方案[J].农机科技
推广，2011（4）：60.

[172] 蚂蚁森林规模超 2 亿棵 5.5 亿中国人参与"手机种树"[EB/OL].（2020-06-05）
[2025-01-22].https://www.chinaz.com/2020/0605/1141018.shtml.

[173] 张国萍.基于大数据的机械设备预测性维护系统研究[J].中国机械，2023（36）：
61-64，69.

[174] 张鸥.Uber与Lyft之现状[J].经营者（汽车商业评论），2022（3）：118-121.

[175] 张申宇.AI 重构基础设施，数据中心进入"数据"本位时代｜ToB 产业观察
[EB/OL].（2024-12-18）[2025-01-21]. https://news.qq.com/rain/a/20241218A0
6YV900.

[176] 张欣，宋雨鑫.人工智能准确性原则的理论阐释与制度展开[J/OL].电子政务，1-12.（2024-12-20）[2025-01-22].http://kns.cnki.net/kcms/detail/11.5181.TP.20241219.1702.006.html.

[177] 张亚麟.数字音乐平台盈利模式比较[D].北京：北京外国语大学，2023.

[178] 赵广立.IDC：到2025年中国将拥有全球最大数据圈[EB/OL].（2019-02-22）[2025-01-21]. https://news.sciencenet.cn/htmlnews/2019/2/423145.shtm.

[179] 赵长梅，李慧东，徐林东.数字孪生技术在提高风力涡轮机性能评估中的应用[J].科技创新与应用，2024，14（28）：193-196.

[180] 铮铮.首个承诺在2030年前实现碳中和的工业企业，进行得怎样？[EB/OL].（2021-03-29）[2025-01-21]. https://news.bjx.com.cn/html/20210329/1144591.shtml.

[181] 郑妮婷.基于综合评价模型的中国聚光太阳能气化生物质的发电/减排潜力研究[D].武汉：华中科技大学，2022.

[182] 郑栅洁.国务院关于《中华人民共和国国民经济和社会发展第十四个五年规划和2035年远景目标纲要》实施中期评估报告：2023年12月26日在第十四届全国人民代表大会常务委员会第七次会议上[A].中华人民共和国全国人民代表大会常务委员会公报，2024（1）：124-136.

[183] 我们需要一台怎样的无人驾驶出租车？[EB/OL].（2021-12-29）[2025-01-21]. https://zhuanlan.zhihu.com/p/451277263.

[184] 中共中央 国务院关于构建更加完善的要素市场化配置体制机制的意见[J].工程造价管理，2020（3）：3-5，7.

[185] 中国工程院.《大气污染防治行动计划》实施情况中期评估报告[R/OL].（2016-07-06）[2025-01-22]. https://www.mee.gov.cn/ywdt/hjywnews/201607/t20160706_357205.shtml.

[186] 瑞士企业Ecorobotix开发智能除草机器人，获巴斯夫投资丨海外案例[EB/OL].（2022-02-11）[2025-01-21].https://robot-china.com/news/202202/11/69668.html.

[187] 中国信息通信研究院与GSMA联合发布《中国5G垂直行业应用案例（2020）》研究报告[J].电信工程技术与标准化，2020，33（4）：76.

[188] 周璐.数字赋能对企业价值与绩效影响的机理与路径研究[J].现代商业，2024（2）：74-78.

[189] 朱晶，赵佳菲，史弘琳，等.2020年中国集成电路产业现状回顾和新时期发展展望[J].中国集成电路，2020，29（11）：11-16，19.